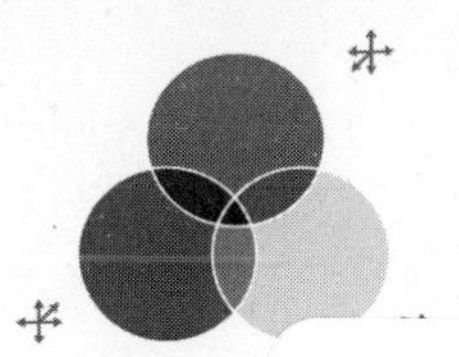

【家校合作丛书】

丛书主编：吴重涵 王梅雾 张俊

国家社科基金（教育学）资助项目：制度化家校合作与儿童成长的相关性研究（BHA140091）

共建大教育格局

制度化家校合作案例汇编·下

主　编：吴重涵 王梅雾　　副主编：范忠茂 张俊 刘莎莎

江西教育出版社
JIANGXI EDUCATION PUBLISHING HOUSE

第四章　实践创新

家园联合　双向行动　共育幼儿健康成长

宜丰县幼儿园　叶妍

家校合作已成为世界各国基础教育研究和学校改革的主题，也是当今教育发展的一个主流趋势。作为江西省家校合作第一、二轮试点学校的我园，一直把家校合作作为园工作的重点工作来抓，特别是在第一轮工作经验之上的第二轮工作更是取得了喜人的成效，现就我园家校合作第二轮试点工作总结如下：

一、搭建家园宣传与学习交流平台，共同提高家园合作水平

陶行知老先生曾说过："教师要有意识地将知、情、意、行有机地结合起来，才能让教育达到事半功倍的效果！"为了让家长在家庭教育方面以"科学的发展观"为指导，在家教理念上坚持以人为本，在家教方法上重视实践、兴趣、沟通及家校合作，我园在初期就从"知"下手、以宣传与学习、更新家长的理念为切入点，并使之贯穿于整个二轮过程，更好地促进了家园合作！

1. 学《指南》，更新理念

近两年来，我园组织教师走上街头、深入社区宣传《指南》内容；将《指南》主要内容制作成广告展板投放在幼儿园"家园宣传栏"、《家长报》和 QQ 群内供家

长观看学习;叶园长向全园家长开展了学习《指南》专题讲座。通过系列活动,让广大家长先了解《指南》,再渐渐熟悉《指南》,逐步走近《指南》,最后有效运用《指南》,让《指南》真正成为孩子学习与发展的福音!

2.专题性的家长讲座

(1)就各年龄段家长在育儿中的困惑,我园组织了相关的专题讲座,如杨小宜园长的《做有思想的家长》,教导主任罗维萍的《如何把握儿童的敏感期》等。讲座通过家园交流沟通互动,使家园共育达到家园互相启发、互相激励的成效,也增加了家长的理解和支持。

(2)普及家庭教育知识,帮助和引导家长树立正确的家庭教育观

我园通过班级家长会的形式向家长进行了《创新现代家校合作》理论知识讲座及有效的家园互动专业指导。家长们踊跃参加学习,积极互动,不但明确了家园合作的重要性,还掌握了"当好家长、相互交流、志愿服务、在家学习、参与决策、与社区协作"六种类型的家校合作方法。家长们不仅懂得了家园合作能促进孩子健康、快乐地成长,还能积极地为幼儿园活动的开展出谋划策。

3.加强教师家教理论学习,提升自身专业素养

我园加强了教师家教理论学习,通过培训活动,使教师认清了当前形势,明确了"家校合作不是难事,而是需要用心做的事;不是增加工作,而是工作的本身"。这不只是美国爱普斯坦的亲身体验,也是我们全园教师的亲身感受,家教理论学习给老师们理清了思路,明确了职责,有助于教师引导家长走出教育误区,纠正部分家长"小学化"的教育理念,帮助家长树立正确的教育观念,掌握科学的育儿知识,共同用科学的方法启迪和开发幼儿的智力,使幼儿全面发展。

4.《家长报》、家园联系栏及宣传橱窗的宣传

《家长报》、家园联系栏与宣传橱窗是我园多年来与家长家园教育交流的一个平台,更是家校合作的一座爱心之桥。每学期各班班主任会结合我园的特色活动及本班的实际,在《家长报》、家园联系栏设计上推陈出新,体现了各班教师

的创新意识，各栏目版块图文并茂，形态各异，内容涵盖了体、智、德、美各方面，成为家长接收幼儿教育信息的主渠道、争当好家长的启迪之窗。它既密切了幼儿园与家庭、教师与家长间的沟通了解，使双方形成合力，同步教育，又促进了幼儿素质的提高。

二、以多种形式、多种途径进行家校合作模式的深入研究

为了更有效地指导家庭教育，使素质教育的思想渗入到每个家长的心田，加强对幼儿的思想道德教育，增强齐抓共管的力度，全面提高德育质量，我们园开展了丰富多彩的活动，提升家长的育人素质。

1.新的学校制度建设，可以有效地进行家园交流

(1)重家委，促合作。每年九月，我园都要成立新一届家长学校、园家长委员会、班级家委会。园家长委员会的每位成员是根据班级推荐，园领导班子审核通过的。他们来自各行各业，是既有爱心、又有志愿服务精神的优秀家长。在家长委员会上，让委员们明确了自己的权利、义务和职责；讨论了本学期学校工作重点；还根据他们各自不同的专业优势把他们分为了教育教学、安全防卫、咨询宣传、社会实践等工作小组，每组选出一名组织能力较强的家长委员当组长，由组长带领小组成员讨论制订本学期家校合作专业行动计划，园家委管理班家委，层层深入，以点带面，为我园教育教学、安全防卫、咨询宣传、社会实践等活动做出积极的贡献。

(2)改进了幼儿成长档案，有效地进行家园交流。在研究中期，我们以现代媒体为载体，立足园所实际，尝试依托“幼教云”建立幼儿电子成长档案，对幼儿实施发展性评价。这一评价方式的主要特点是以高科技软件、电子设备为技术支撑，强调重视幼儿的兴趣，重视其能力的均衡发展，注重教师、家长和幼儿三位一体的和谐互动，让三方成为幼儿评价的主体，促进幼儿全面、和谐、健康成长。

随着网络时代的发展，互联网不仅给人们的生活增添了知识和乐趣，还给人们的交流和联系带来了方便和快捷，能否直接将网络作为教师与家长有效融合、密切联系的快捷通道，使双方进行思想融合，达成共同意见，形成观念认同的连心桥呢？我们利用我园网站、叶妍的名师工作室、班级QQ群、班级微信群进一步推进家园交流、互动，利用多网络平台做好家园“四部合唱曲”。

各班班主任利用班级家长会对家长进行了培训，用网络这种高效、快速、方便、独特的方式与家长交流，使得大家在有限的学习、工作的重压之外获得了更广泛的交流空间，特别是为一些留守儿童家长提供了沟通了解孩子信息的渠道，更加充分发挥网络的信息传递及互动功能，积极架起家长和老师沟通的爱心桥梁。

(3)评选好家长，以点带面发挥榜样作用。每学期我们都会表彰一批在我们工作后面积极志愿服务和默默奉献的好家长。他们在家长中起到了引领和带头作用，为我园教育教学活动提供资源和志愿服务，给了我们工作上极大的支持和帮助。通过这样的活动，我们不仅能激励他们更好地成为家园合作的领头羊，而且还能起到以点带面的作用，更加有效地进行家园共育。

2.亲子互动，促进儿童成长

(1)以家长开放日为契机，开展丰富多彩的家长助教活动。在第二批家校合作试点期间，我们扩展了家园工作思路，利用半日开放活动开展了一系列家长助教活动，成为幼儿园又一道亮丽的风景。许多优秀的家长自愿参与到我们的活动中来，分别在自己孩子的班上或年级组上扮演“爸爸老师”“妈妈老师”的角色。家长们的不同职业、知识与专业背景，对幼儿园来说是一笔丰富的教育资源，如何充分利用这一资源有待继续探索。

(2)激发阅读兴趣、推广亲子阅读。为激发幼儿的阅读兴趣，体验阅读的快乐，培养幼儿良好的阅读习惯，拓宽幼儿的知识面，激发幼儿的求知欲，营造浓厚的“书香县幼”氛围，积极促进校园文化的发展，我们在研究中开展了宜丰县幼儿园大班“在书的海洋里遨游——参观图书馆”社会实践活动。

通过此次参观活动，孩子们了解了图书馆的基本情况，知道了图书馆里的藏书丰富而全面，亲身感受了图书馆的安静和读书氛围的浓郁，提高了阅读的兴趣，在幼儿心灵深处播下了一颗爱书、读书的种子。

此外，我们幼儿园还大力推广亲子阅读活动，每月向家长推荐一些关注孩子成长的热点文章，指导家长与孩子一起阅读，共同探讨当前家庭教育，并积极鼓励家长撰写读后感受，与老师交流阅读心得，发布在校园网、报刊及班级“家长园地”栏目中。在庆“六一”活动中举行亲子故事表演，不仅有效地促进了幼儿口语表达能力、表现力的发展，而且拉近了亲子间的关系，让家长和孩子共同成长。

(3)参与器材制作，展示家长风采。为了丰富孩子对体育器材的认知，激发孩子对体育活动的兴趣，我园发动全体幼儿家长开展了自制体育器材评比活动。此次评比活动以年龄段为单位，班上教师选择和自制了适合幼儿年龄段的体育活动器材供家长参考，各位家长根据要求部署，积极配合，充分利用废旧材料，制作了大量体育器材，如：跨栏、登极梯、举重、打地鼠、套圈等100多余种，这些体育器材适合不同年龄的幼儿运动。家长们做得实用、美观且牢固。此次活动不但体现了《指南》及《纲要》里“能充分利用家庭教育资源，利用身边的物品和废旧材料制作玩具”的精神，而且还展现了家长们心灵手巧、勇于创新、家园共育的精神风貌。

(4)以“借形想象”为合力，增进亲子之间的情感交流。“借形想象”是我园的特色教学，2013年我园就被授予省教学实验基地，在活动中我园立足“借形想象”，培养幼儿的想象力、创造力、构建家园学习共同体。我们分别进行了废旧物品想象制作和“美丽的秋天”主题想象创作，亲子们利用了秋天的落叶和水果、蔬菜等进行“借形想象”，一起构建出一幅幅奇思妙想的作品。当作品呈现在大厅展览时，参观的人络绎不绝，吸引了我园孩子和家长的学习兴趣，参观的孩子久久不愿离开展览厅，孩子们看见自己的作品无比地激动和快乐。

(5)结合“六一”节日，开展亲子间的交流活动。“六一”是孩子们的节日，为了让孩子们能过一个愉快而有意义的节日，我们园还开展了丰富有趣的亲子运动会。如小班亲子“接力戴帽子”和亲子“吹球”赛；中班亲子“接力拉拉链”和“同心协力”赛；大班亲子“扣纽扣”和亲子“灌篮高手”赛。运动会上亲子们斗智斗勇，赛出了水平，赛出了风格，体验了亲子活动的乐趣，同时增进了家园的情感。

我们还组织开展了庆六一“亲子操”及亲子游戏活动。活动中每对亲子们的脸上都绽放着笑脸，荡漾着快乐，家长们都说，和孩子一起做游戏真开心，不仅锻炼了身体，增强了智慧，还增进了亲子感情。

在活动中，孩子们大胆自信的表演赢得了观众们的阵阵掌声。参加表演的家长们也仿佛回到了童年时代。活动锻炼了幼儿的自信，增进了家长与孩子之间的亲情，更增进了家园之间的友谊。

3.利用社区资源，拓展外延交流

《纲要》指出：“幼儿园应充分利用环境和社区的教育资源，扩展幼儿生活和学习的空间。”我园地处于中心商业区，其中蕴含了诸如商场、邮局、银行、公安交警、医院、影剧院、图书馆等周边资源，这些资源既为我们实施相关主题活动提供了真实的场景，又是我们带领幼儿认识社会、认识生活、积累生活经验的活教材。因此，我们尝试以个别教工家属或幼儿家长为桥梁，邀请其所在单位领导协助本园成立社区早教委员会，开设幼儿社区实践基地，鼓励教师在确保幼儿安全的前提下，以年级组或班级为单位有效利用基地资源，并结合课程，充分利用节日，带领幼儿走向社会，体验民间文化习俗。

(1)与家长携手走向社区，开展敬老爱老的亲子社会活动。

农历九月初九重阳节是我国的传统敬老爱老节日，在这个特殊的日子里，我们组织了“走进养老院”的活动，让孩子们、家长们体验与老人间浓浓的亲情，并用自己的行动来表达对爷爷奶奶的情感。在让幼儿感受中华传统美德的同时,把享受"长辈的爱"的感情进行迁移,让孩子们去爱自己身边的每一位老人,帮助弱者,在生活中自然地走进感情的世界,体验幸福生活的喜悦,也增进了亲子之间的情感。

(2)交通知识早知道,安全保护你我他。在研究中期,我园组织了大班亲子参加我县交警大队开展的"警营开放日"活动。孩子和家长们冒着倾盆大雨来到了县交警大队,观看了内容丰富、形式多样的交通安全宣传活动,让孩子和家长们在这个快乐而有意义的周末里提高了交通安全意识、文明意识和法治意识。

(3)快乐远足,走进消防。为了提高幼儿及家长的消防安全意识,普及消防安全知识。研究中期,我园大班组幼儿在老师的带领和家长的陪同下徒步来到县消防大队参观,与消防员叔叔来了一次零距离的接触。本次活动开阔了孩子们的眼界,提高了家长和孩子们的安全意识和自我保护的能力,同时也增进了孩子们对消防员叔叔的喜爱和敬意,那种勇敢、守纪的品质也将激励着他们健康成长。

三、家园合作意识的巨大转变

通过问卷调查,对家长关注幼儿活动和参与家校合作专项活动的跟踪中,我们发现家长们关注幼儿各项活动、家园合作的主动性增强了。在前期调查问卷中调查了包括小班组和中班组家长共 115 名。调查共发放问卷 115 份,收回 115 份,有效问卷达 100%。在回收的 115 份答卷中,绝大多数家长对问卷中的问题,进行了认真的回答。不排除家长的答案存在某些局限性,但从问卷上也可以看出,这些问卷在家长中有一定的代表性。因此我们在对问卷分析的基础上,对家长的答案做了归纳并进行了描述性分析:

(1)本次问卷中,家长学历在本科及以上占 40%,大专学历占 26.5%,中专学历占23.5%，初中及以下占10%；

(2)本次问卷中，家长职业身份是公务员占15%，专业技术人员占28 %，企业人员占12%，自由职业人员占45%；

(3)家长来园接送幼儿时主动向教师了解孩子情况的占63%，很少交流的占30%，没话说的占7%；

(4)家长经常参加幼儿家校活动的占35%，有时参加的占43%，很少参加7%，从没参加的占15 %；

(5)家长经常关注幼儿园网站的占20%，有时关注的占36%，很少关注的占24%，从没关注的占20%；

(6)家长经常关注叶妍学前教育工作室的占10%，有时关注的占39%，很少关注的占31%，从没关注的占23%；

(7)家长最期待的家校交流模式比例最高的是亲子，占60%，次之依次为半日开放和面谈；

(8)目前家长对幼儿园家校交流模式与效果满意的占87%，较满意的占10%，一般的占3%，不满意的0%；

(9)对我园家校交流模式有什么不足之处提出意见和建议这个问题上，很多家长表示没有意见，少数家长表示希望多进行相互交流活动，增进了解。

在后期问卷调查中我们调查了包括大班组共138名家长。调查共发放问卷138份，收回138份，有效问卷达100%。

(1)家长认为在家园沟通中家长应当充当幼儿园合作伙伴关系的占100%；

(2)认为在和教师的合作过程中家长担负主要职责，教师次之位置的家长有135名，占97.8%，认为各负一半职责的家长有3名，占2.2 %，认为教师担负主要责任，家长次之的为0%；

(3)对幼儿园开展的各项家园合作活动中，家长态度非常积极的有130名，占94.2 %，态度积极的有8名，占5.8%，态度不积极的为0%；

(4)在家庭与幼儿园的合作问题上，家长心情非常迫切的有 130 名，占 94.2%，心情迫切的有 8 名，占 5.8%，心情是无所谓的为 0%；

(5)96%的家长认为有效的家校交流模式依次是家校学校、半日开放、各类亲子活动、QQ 群、微信群；

(6)目前家长对幼儿园家园合作感到非常满意的有 136 名，占 98.6 %，满意的有 2 名，占 1.4%，不满意的为 0%。

通过以上数据我们发现，经过家校合作二轮试点之后，家长的育儿观念更加科学了，对于自己在幼儿成长过程中的角色定位明显更加准确，家园相互交流成效显著。

对比结果如下表：

	积极关注、主动交流幼儿发展情况	积极参加各项家校交流活动	关注网站、QQ 群、微信群	关注名师工作室	对交流模式及成效的满意度
课题前	63%	35%	20%	10%	87%
课题后	97.8%	94.2%	96%	96%	98.6%

四、教师和家长在家校合作工作中的成长

经过几年的实践，教师能通过多渠道，采取多种交流模式与家长交流。如：

(1)家长委员会。老师们充分发挥家长委员会的作用。幼儿园大型家园共育活动，可请家长委员会代表参与制定方案并一起组织实施。还可通过家长委员会真实了解家长们的心声。

(2)家长助教。通过调查，许多家长素质较高，具有参与幼儿园活动的愿望和能力。我们不妨以幼儿为中介，让家长自愿报名，然后根据活动内容选择具有相关知识能力的家长共同备课，保证质量。助教教师活动的开展为教师和家长、家长和家长之间提供了一个经验交流和资源共享的机会。教师从家长所拥有的专业知识、生活经验中获得帮助，家长从教师身上获取教育经验和技能，而

且更加了解老师的工作。孩子们也在活动中倍感亲切。

(3)家长辩论会。以往的家长会多以老师说教为主,家长兴趣不大。现在,我们改变老的形式,把家长会改为家长辩论会。老师举出班上幼儿最具有代表性的几个事例,以家长为主,让家长分析讨论,各抒己见。在激烈的辩论中,家长们更新教育观,对照事例,反思自己的教育行为,并产生学习和参与各种教育活动的兴趣。待家长们发言完毕,教师再有的放矢发表意见,表明观点,介绍经验,其效果事半功倍。

(4)家长园地。家长园地是幼儿园与家长交流的一个重要窗口。老师们似乎已习惯于用更多的心思来设计栏目、寻找内容,而忽略了家长参与的深度与广度。我们为什么不准备一块小天地,将家长请到家长园地中来。如"夸宝宝"栏目可写孩子在家的表现;"我的育儿心得"让家长畅所欲言;"我的问题"可写上家长的困惑等等。家长园地不能只是教师唱"独角戏",要调动家长参与的兴趣,为教师与家长的沟通搭起一座彩虹桥。

五、多样性的家园交流方式

由于每个孩子个性的不同,家庭环境的不同,家长文化素质的不同,通常大量的交流是多样性的。个别化家园沟通的方式有家访、约谈、家园联系册、电话、便条以及接送孩子时的交谈等。如今,许多幼儿园接入了宽带网,并且实现了班班通,这样就更加拓宽了沟通渠道,网上交谈也是很方便的。个别化的交流要着重于针对每个幼儿不同的问题和不同的家长在教育上的问题而进行,以促进每个孩子的身心发展为目的。

教师与家长的交流,双方都有责任,但教师更应主动些,并且要努力为交流渠道创造条件。幼儿教师要真正从狭隘的教育观中走出来,必须充分认识到:家长工作的最终目的在于实现家园合作,共同为幼儿奠定良好的素质基础。

教师在研究中提升,又在提升中积淀,为幼儿园积累了宝贵的教育资源。

经过家校合作两轮的试点工作，我们深刻地体会到家校相互交流与合作的重要性，正如苏霍姆林斯基所说，“没有家庭教育的学校教育和没有学校教育的家庭教育都不可能完成培养人这一极其细致和复杂的任务。”因此，今后我们应该更加深入研究和实践，让家校合作模式能在学校教育的更多层面上发挥积极而巨大的作用！

家园携手，为孩子成长擎起一片蓝天

萍乡市实验幼儿园 王平霞

萍乡市实验幼儿园是隶属于市教育局的一所公办幼儿园，省级示范幼儿园，是萍乡市唯一一所“全国家园共育百所示范园”，也是“江西省家校合作试点幼儿园”。本着提高家长工作实效性，达到家园教育和谐统一的原则，我园大力实施“家庭育人”工程，积极探索科学发展观下的家庭教育工作，重视幼儿园、社会、家庭三方面教育力量的整合，以幼儿园教育为主导，充分利用社会教育资源，积极引导家长配合幼儿园教育，形成教育合力，构建了教育工作的立体化格局。家庭教育工作成效显著，赢得了家长和社会各界的一致赞誉。

一、领导重视，组织健全，加强家庭教育工作的指导

我园十分重视对家庭教育的指导，在幼儿园教书育人的总体框架下，努力构建立体化的育人网络。幼儿园成立了家长委员会，园长担任家长委员会主任，业务园长担任副主任，各班推荐重视学前教育工作的家长担任家长委员会成员。家长学校工作也是做到有方案、有计划、明确任务、各司其职，保证家长学校的上课时间，并邀请了多位省市家庭教育方面的专家和成功家长担任顾

问，定期召开会议，研究家庭教育中的重点、难点、热点问题，集思广益，有针对性地开展家庭教育工作，使不同类型、不同知识层次的家长能顺利接受教学内容，增强实效性。

二、加强沟通，密切合作，积极改进家庭教育方式

1. 充分发挥家委会的主动性和积极性

家长是孩子的第一任教师，也是我们的合作伙伴。我园最大限度地发挥家委会的主动性和积极性，并在开展自主性家长活动等方面进行了新的探索。一是民主推选，明确职责。家委会每学年更换一次，家长在明确家委会的职责和家委会成员应具备的条件后，由家长自荐、老师和家长推荐的方法选举产生家委会成员。二是进行培训，提高认识 。以座谈的形式对家委会成员进行相关的培训，首先向他们介绍我园家委会工作的现状、遇到的瓶颈及目前国内外有关家委会运作的一些先进理念。通过座谈让家长了解家园合作的理念，并鼓励家长谈谈自己对于家委会工作的认识。以“自主管理、携手合作”的家委会工作思路，激发家长的主人翁意识，引领家长积极参与孩子的教育过程，鼓励家委会大胆探索，实现自主运作。三是健全制度，自主管理。通过共同讨论，实验幼儿园进一步健全了家委会会议制度，包括家委会换届选举、家委会会议、交流分享会、总结表彰会等内容。四是多元互动，发挥实效。近年来，实验幼儿园不断拓展思维，运用灵活性多样的方式进行家园互动，将家长参与活动的意识、地位和行为上的被动性有效地改变为自主性，如：聘请家庭教育专家来园进行知识讲座，让家长学习掌握科学的教育方法；利用“家园互动平台”“家园联系册”就幼儿近期的学习生活、各方面的发展情况，及时与家长进行交流；开展家长助教、志愿者招募活动，我园教师根据教育教学需要，充分利用各个岗位的家长职业优势，邀请家长来园爱心助教，与幼儿园一起组织活动等等。

2. 引导家长树立正确的育儿观

每学期开学，我园都制定详尽的工作计划，认真实施。请有经验的教师和保健医生就幼儿生理、心理、卫生保健、教育等做专题讲座，引导家长学习家教理论，掌握孩子的生理、心理特点，实行科学育儿。指导家长科学教育孩子，从孩子的生理、心理特点出发，抓住关键环节，既严格要求，又给孩子更多的关心、爱护和鼓励。另外，幼儿园还开展家园互动座谈会，以家园交流沟通互动为主，家长和教师共同谈教子热点问题、谈教育感受、谈家园共育等，达到了家长在教子上互相启发、互相激励的成效，也增加了家园之间的理解和支持。

3.引导家长积极参与幼儿园活动

幼儿园每年都组织一些家长参与活动，积极引导家长确立正确的人才观、科学的教育观，使他们既重视知识技能的学习，又重视培养孩子的健全人格和良好品德；既关心孩子的日常生活，又重视他们的行为规范的养成。家长们在主题活动中，积极配合幼儿园训练孩子“自己的事自己做”的良好习惯，培养他们的责任感和效率意识。我们还要求家长在日常生活中教育孩子关心家庭、孝敬父母、尊敬邻居，鼓励家长既重视孩子的身体健康，又重视孩子的心理健康，学会感恩。引导家长注意培养他们的学习兴趣，激发幼儿创造力，让孩子在怡情中益智，在快乐中成长，在获取知识的同时形成关心他人、爱护他人、尊重他人和以人为本的价值取向。

三、形式多样，力求实效，构建家园教育互联网

为了提高家庭教育的实效性，我园采取多种多样的形式，加强幼儿园与家庭的联系，及时反馈幼儿情况，取得了很好的育人效果。

1.积极开展“九个一”常规工作

每学年开好一次全园性的新生家长会、一次“幼小衔接”的大班家长会，进行一次家长问卷调查，评选一次“孩子最满意的老师”，评选一次“优秀家长”和“书香家庭”，每学期举办一次家长开放日活动、一次亲子趣味运动会、一次节日

亲子游园活动，开好一次班级家长会。借助这些活动来搭建起家园共育的桥梁，解决家园沟通中的障碍，让家长了解幼儿园教育，认可幼儿园教育，从而支持配合幼儿园教育。今年暑假，我园全力开展“万师访万家”活动，老师们利用暑假时间到每一个孩子家中家访，拉近了家长和老师的距离，家访率达到100%，得到了家长的一致好评。我们还规定教师要做到对两天以上不来园的幼儿进行不同形式的家访要求，及时了解幼儿缺勤的原因，并做出跟踪调查。

2. 科学指导家委会组织的活动

班级家长委员会经常自发组织亲子活动，但因缺乏经验，活动常常变成搭伴带孩子吃玩，偶尔出现一些不愉快的事。因此，我们会派出经验丰富的老师，组织亲子活动，拉近家园距离，增进亲子感情。如：春秋季运动会、迎新年游艺会、六一庆祝活动等。热情邀请全体家长积极参与活动，家长和孩子一起在操场上玩二人三足、套圈、赶小猪、吹蜡烛、盲人击鼓等游戏。各个班级还在家长委员会的筹办下，不定期组织户外活动，如：春游、赏桃花、爬山等活动，在亲子活动中，每个孩子的脸上绽放着欢乐，每个家长的脸上都荡漾着快乐。用这种“润物细无声”的方式让老师走近幼儿家庭，指导家长掌握科学教育的方法，让孩子们开心快乐的同时达到在生活中学习的目的。

3. 拓展网络沟通形式，搭建家园互动平台

我园充分发挥信息技术的优势，通过家园互动网络平台，家长们不受地域和时间的限制与教师相互沟通和交流，与教师一起设计和组织活动。“家长助教”、“家长志愿者”纷纷来园协助组织活动，与孩子们互动游戏，角色区“儿童医院”里，医生妈妈来了，让孩子近距离地学习医生怎样为病人诊治；“美食店”里，面点师妈妈来了，与孩子们一起制作蛋糕；集体教学活动中，交警爸爸来了，教孩子们交通安全知识；防火疏散演练中，消防员爸爸来了，给师生们示范灭火器的正确使用。这些活动加强了幼儿园与家庭，孩子与周围人们的联系，让孩子在游戏中习得知识、掌握技能，更重要的是为孩子将来更快更好地融入社会打

下良好的基础。

我园已全面启动"幼教 365"家园互动平台，教师与家长通过平台上传幼儿在家在园的动态，教师每天给每一个家庭布置亲子游戏活动。周一独立日、周二探索日、周三阅读日、周四创意日、周五祖孙日、周六爸爸日、周日家庭日，每天的主题不一样，每天都有家长的陪伴。同时，我们每周每班会评选两个亲子作业优秀奖，给孩子们颁发奖状。有了这些鼓励家长们也更愿意花时间花心思多陪陪孩子。每周五晚我们会邀请教师与家长走进平台直播频道，认真聆听专家讲座，并请家长结合自身教育实例，将教育经验或教育困惑，通过微信群、QQ群、家园栏等途径与家长、老师进行交流。在网络教育沙龙里，家长们不受地域和时间的限制与教师相互沟通和交流，积极参与讨论，提出问题，逐步提高科学育儿能力。另外，作为江西省家校合作试点学校，我园组织开展多种形式的家园合作活动，确保全园的每一个孩子和家长都能参与，都能拥有一个展示自我的机会和平台。各班老师充分利用手机上的家园互动平台，上传幼儿活动照片和视频与家长互动，让家长能更深入地了解孩子的学习和生活，了解幼儿园的工作。丰富的家园互动形式，进一步密切了家园联系，转变了家长的育儿观念。

多年来，我园的家园共育工作重过程，讲实效，求创新，成了我园的可持续发展的有力保证。在今后的工作中，我们将继续探索家园共育的模式、途径与方法，将科学家教带进千家万户，让幼儿园与家庭共同携手，为孩子健康快乐成长，擎起一片美好的蓝天！

家园携手,共促发展

瑞金市直属机关幼儿园 刘芬 肖丹

近年来,社会暴力频频向幼儿园这一弱势群体伸出黑手,为了确保安全,幼儿园不敢组织孩子去春游、秋游,也害怕外出租借场地举行大型的主题活动、亲子运动会或游戏活动,大班孩子去参观小学我们也提心吊胆,甚至幼儿园孩子每天参与的礼仪接待活动也取消了。为了确保万无一失,孩子错过了很多通过直接感知、实际操作和亲身体验获取知识的机会。虽然我们不断鼓励引导家长去完成幼儿园没有组织的各类活动。但我们面对的是有着不同生活阅历、文化背景的各种各样的家长,他们的理念不一,不能真正地实施科学的保育和教育。再加上在现实的教育活动中,我们发现家长对幼儿园活动的参与意识不强,积极性不高,很多家长认为自己与教师应该“各司其职”:孩子在家归家长管,孩子在幼儿园归老师管。家长缺乏主动参与幼儿园教育的意识,没有认识到自己的责任和义务,因而不愿意参与幼儿园的活动。针对这些现状和园所的实际情况,在当前形势下,我们怎样才能做到各项活动正常有序开展,让孩子的情感、态度、知识、技能、能力等多方面得到发展。《纲要》在总则里提出,“幼儿园应与家庭、社区密切合作,与小学相互衔接,综合利用各种教育资源,共同为幼儿的发展创造良好的条件。”因此，我们自 2014 年 9 月被定为江西省家园合作试点校以来，在江西省教科所的直接指导下，开展了形式多样、内容丰富的家园合作活动，取得了良好的效果。

在幼儿园教育中，家园合作对于孩子的发展有积极的意义，能够使我们在家园合作教育的过程中，方向更明确、行动更自觉。研究认为，亲子间的依恋对健康人格的发展具有决定性作用。如我园鼓励各行各业的家长参与到幼儿园工作中来，如图书管理、大型活动的秩序维持、晨检协助。让孩子感受到家长和幼儿园是有连接的，自己的父母得到了尊重，自己也就自然增强了自豪感。家长和教师的合作，使家长和教师认知上得到了互补，推动了家庭教育质量的提升，促成了教师的职业幸福感。怎样组建好幼儿园的家长志愿者队伍，吸引更多的家长参与到幼儿园的志愿活动当中来呢？

一、多渠道转变家长观念，增强家园合作意识

第一，通过对一些指导性文件的学习及形式多样的培训活动，使教师们认清当前形势，理清思路，履行职责。我园也进行了向家长争取家校合作的工作，教师主动联系家长，和家长聊天、谈心、做朋友，渐渐地转变了家长的观念，使家长能够正确地面对自己的孩子，积极地参与到家校合作中来，与学校一起为孩子的进步和成长作出努力。

第二，充分利用班级家长园地。为了使家长了解幼儿班级教育教学工作及需家长配合的事项，共同搞好教育教学工作，我园坚持及时更新班级家园栏内容，每周公布教学活动计划，科学知识，个案观察记录，做到及时和家长沟通，让家长能更加主动、更加直接了解孩子的情况。

第三，利用家长接送时间，与家长保持密切联系。每天下午离园时间，我们保证每个班级两位带班老师都在班上，我们充分利用家长接送时间与家长保持密切联系，双方共同商讨教育方法，交流育儿知识，让家长与老师互相了解孩子

在校在家的表现，以便家园共同引导孩子形成良好的行为习惯。

第四，继续利用现代信息技术做好家园沟通工作。每学期开学初，每个班级都认真登记孩子家长电话，身体不舒服时会在第一时间与家长联系，让家长及时了解孩子情况。每个班都有QQ群或微信朋友圈，一方面宣传了幼儿园的教育内容、教育方法及理念；另一方面，也拉近了教师与家长之间的距离，同时，家长之间的育儿经验、育儿困惑，都可以通过QQ群等进行交流、探讨。这样，无形之中就提升了家长的科学育儿水平，用信息化手段提高家长工作的效率，使家园联系更加快捷、密切。

第五，家长会。按照惯例，每个班级每学期都会召开家长会，家长会的主要内容是帮助家长转变幼儿教育理念，提高家长对幼儿教育的认识。明确了本学期的教育教学内容及需要家长要配合的工作。会中各班以“问题式互动”“经验介绍”“图片介绍”等方式和家长开展互动，使家长了解幼儿园新学期的教育教学工作。

第六，家长开放日活动。每学期举行一次向全体家长开放的教学活动。为了给家长提供方便，家长平时也可随时到园观摩早操等活动，让家长看到孩子在集体活动中的自然状态，并通过观摩和直接参与活动，全面了解幼儿园的教育和孩子在班级集体中的各种具体行为表现，客观公正地评价自己孩子的能力、特长。这样，家长对如何实施家园共育有了更清楚的认识，家长也会将意见和要求反馈给老师，达到共同教育孩子的目的。

二、挖掘有效资源，组建志愿者队

每学期初，向幼儿园每位家长发放《幼儿园家长志愿者活动倡议书》《申请表》，向家长们介绍家长志愿者活动的意义及我园家长志愿者活动的内容。《幼儿园家长志愿者活动倡议书》的后半部分还附有志愿者活动报名表，报名表回收后，我们根据家长报名的情况将志愿者分成助教、健康卫士等11个组，还以短信方式感谢家长的参与，并告知他/她将参与的活动项目。去年，我们还组建了家长志愿者群，活动安排在群里公布。

三、结合实际，安排志愿者活动时间

根据志愿者的专业特长和他们自己所填写的服务时间，结合幼儿园实际需要，我们合理地安排了志愿者活动。如：将10名健康卫士分单双周排好班，确保每天都有家长志愿者参与晨检，减轻了园保健医生的工作压力，也有效减少了晨检中的消极等待时间；每天入园离园秩序的维护和幼儿园运动器械、图书室的管理也像这样安排家长志愿者参与；活动助手（摄影、评委等）会根据幼儿园活动事先联系安排；家长助教则是由家长根据自己的工作，自己找合适的时间报名参加。

四、优化家园合作内容，增强家园合作积极性

1.组建志愿服务队，让各项活动变得丰富多彩，更具秩序性、专业性

（1）参与活动组织管理，让活动更有序。自2015年以来，每周二、周三、周四分别有两名家长志愿服务者来管理小、中、大班图书室亲子阅读的活动，引导孩子安静阅读，指导孩子整理修补图书。每天下午有四名家长志愿服务者来进行离园亲子游戏的秩序维护，提醒游戏安全，整理游戏器械。这样实施下来，这两项常规活动开展地更加有序，参与度更高了。

（2）走进课堂当助教，使课堂丰富多彩。每个学期有针对性地让一些有专业特长的家长走进课堂，如体能老师、花艺人员、红色讲解员，他们将自己的专业知识结合孩子年龄特点，走进课堂，让孩子们的课堂更加丰富多彩。家长进课堂的活动受到了孩子们的喜爱。

（3）专业人员当评委，让比赛更公平。在每学年举行的节日、大型活动、教师的技能技巧竞赛中至少请7名从事相关专业的家长来当评委，活动后请他们进行点评，这样老师们对评比结果都很信服，使得活动更具专业性，比赛更加

公平。

(4)校外活动共参与,维持秩序保安全。每学期根据节日或配合教学工作的需要,我们会定期或不定期组织一些校外活动,如在大班孩子参观小学、清明节组织孩子祭奠先烈等活动时,请警察家长志愿者共同前往,维持秩序,确保孩子安全。

(5)开展了图书漂流活动。每个月初每位孩子从家中选择喜爱的3本图画书、标注好幼儿姓名带入园,并在班级图书资源登记表中做好记录,月末将图书带回家中并带另外3本图书参与次月"漂流活动"。每天家长可自由带领孩子借阅图书。

这项活动赢得了家长和孩子们的喜爱,既为家长节省了资金,实现了资源共享,又为孩子营造了良好阅读氛围,从小培养孩子浓厚的阅读兴趣,提高孩子的领悟能力。

我们充分利用家长资源,让家长参与学校管理及各种活动,使我园的活动更具专业性、科学性,同时家长们在参与的过程中也对幼儿教育有了更清晰的了解,获得进步。

五、完善家园合作机制,使活动规范化、常态化

随着家园合作工作的深入开展,我园逐渐完善了家园联系机制,更好地服务于家园合作工作。

1.完善家长委员会议事制度

学校将家园合作纳入学校整体工作规划,建立了家长委员会议事制度,紧紧围绕幼儿成长、家庭教育、园所发展、教育策略等问题不定期地进行沟通协商,使家长充分的参与到学生教育与学校发展的工作当中来。

2.完善各项激励机制

学校将班级与家长联系情况纳入班主任考核内容,从而使家校联系逐步步入正规化、常态化轨道。在鼓励家长方面,我园学期末根据家校合作情况评选

优秀家长，并在学期末的休业式活动中进行表彰，这极大地激励了学生家长支持家校合作、参加家校合作、做好家校合作的热情。

我们将继续充分调动有效家长资源，让幼儿在我们共同的努力之下健康、和谐、全面地发展，着力改变传统的“封闭式”教育状态，充分发挥幼儿园、家庭、社区的教育功能，走进一个更为广阔的教育空间。

积极开展家校合作，不断提高幼教质量

吉水县中心幼儿园 朱红萍

我园是一所公办幼儿园，创建于1989年。占地面积6000多平方米，绿化面积1000平方米。有13个教学班，在园幼儿500多名。有教职工60多人，其中专业教师34人，学历全部达标。

近年来，我园先后进行了国家、省、市级课题研究和园本培训科研，主要有游戏化课堂，幼儿安全教育教研课题研究、礼仪教育，幼儿早期阅读研究以及家校合作试验，均取得了明显效果，促进了幼教质量的提高和幼儿的健康成长。

一、提高对家校合作重要意义的认识

长期以来，无论是幼儿教师还是幼儿家长，对家校合作的认识存在严重的片面性，大部分家长认为，把幼儿送进幼儿园，幼儿教育的责任全在教师。由于工作、家庭等方面的原因，不少家长无暇顾及子女教育，不愿参与幼儿园的各种活动，很少与幼儿教师进行有效的沟通，而部分教师因此埋怨家长不负责任，把幼儿在幼儿园里所发生的问题的责任全部推给家长，而不是共同探讨解决问题的办法，久而久之，造成部分家长对幼儿教师的信任感逐渐缺失，家长与教师之间的沟通和交流非常少。

为了有效解决这一问题，我园领导首先组织教师反复学习《幼儿园教育指导纲要（试行）》和国内外许多教育家有关幼儿教育中关于开展家校合作的重要论述。如《幼儿园教育指导纲要（试行）》中指出："家庭是幼儿园重要的合作伙伴。幼儿园应本着尊重、平等、合作的原则，争取家长的理解、支持和主动参与，并积极支持、帮助家长 提高教育能力。"苏联教育家苏霍姆林斯非常重视家庭与学校的合作，他说："最完备的社会教育是学校教育与家庭教育的结合。"通过学习，使全体教师提高了对家校合作重要意义的认识，大家一致认为，要提高幼教质量，要让幼儿很快适应幼儿园的生活，要使他们在快乐的学习生活中活泼健康地成长，就必须取得家庭和社会的配合和支持。

认识提高之后，我园成立了以副园长朱红萍为负责人的家校合作试验小组，制定了家校合作实验方案，并按学前、大班、中班、小班不同的教学阶段确定了实验目标，把实验责任逐项落实到人。

紧接着，我园分班级召开了幼儿家长会，老师在家长会上具体说明了家校合作对幼儿教育及幼儿成长的重要意义，宣讲了实验方案，征求了家长对于方案的修改意见。在吸纳家长的意见后，对方案进行了修改，使方案更具可操作性，家长的合作积极性也得到了充分的发挥。

二、积极开展家校合作，促进幼儿健康成长

第一，在开展家校合作实践中，我园主要做了以下工作：逐渐完善办园设备，为幼儿创设快乐、舒适的生活、学习环境。近年来，特别是 2014 年以来，我园不仅逐渐完善了舒适、安全的室外活动设施，也完善了室内的教学设备。教学楼内有配套的活动室、卧室、练功房、多媒体教室和卫生保健室；每个教学班都配有多功能播放机、电子教学设备，电子钢琴、空调、玩具柜、优质幼儿床。在外观上、分楼层、分年级按不同的主题进行了巧妙装饰。从内到外为幼儿创设

一个新颖、时尚而又实用的现代化的生活和学习乐园。

第二，在家长委员会的帮助下，建立了家长档案。2010 年，我园成立了家长委员会，园领导充分利用家长委员会的优势，在全园各班都建立了家长档案，家长档案主要收集以下信息：幼儿姓名、性别、年龄（生日）家长（父母姓名及工作单位），具体监护人（父母或爷爷奶奶、外公外婆或其他亲戚、朋友）的姓名，联系方式等。家长（或具体监护人）人人留有园长和幼儿教师的手机号和微信，便于联系和沟通。

第三，学校教师将家校合作的内容提前一周发送到家长或具体监护人的手机里，让家长提前做好合作准备。例如欧阳晶老师在本班开展“礼仪教育活动周”时，要求幼儿至少口述一次自己在上学途中的有关做法，因此要求家长在护送幼儿上学的过程中，有意识地对幼儿进礼仪教育。到了班里后，老师会要求学生回答有关问题，比如：你离开家时，是怎样和家人告别的？路上碰到了什么人，说话了没有，说了什么话？家长离开学校时你是怎样说的？碰到了同学或老师吗？是怎样打招呼的？上学途中发生什么事没有？教师则在对幼儿发言的肯定或否定中不断端正学生礼仪行为。

第四，讲、练、教相结合，有效地进行安全教育。著名教育家苏霍姆林斯基说：“儿童只有在这样的条件下才能实现和谐的、全面的发展，就是两个教育者——幼儿园和家庭，不仅要行动一致，向儿童提出同样的要求，而且要志同道合，抱着一致的信念，始终从同样的原则出发。”在开展安全教育活动同时，我园着重围绕“火、水、电、交通”这几个词进行：一是讲，要求教师分班、分课时、分内容重点讲解火、水、家电使用等方面的安全隐患和注意事项以及交通安全常识，请消防员和交警来园里上大课，以讲案例为主，让幼儿明白水、火、电的危害和遵守交通规则的重要性，从而养成防水、防火和正确使用家电、自觉遵守交通规则的好习惯。二是练，要求各班分别以说、唱、相声、小品等艺术形式，以“水、火、电、交通”为内容，编排成文艺节目，让幼儿在看节目的同时，愉快地接受安全教育。三是要求家长(或监护人)以身作则地教,要求家长(或监护人)在日常生活中,在带着幼儿外出游玩时,要即情即景对幼儿进行防火、防水和正确使用家电的教育,教育幼儿逐渐识别交通标识,严格遵守交通规则,正确使用报警电话。

第五,开展多种形式的家校交流活动,使学校教育得到家长更多的支持。要使家校合作卓有成效,家庭和学校就必须加强交流,使学校工作得到家长更多的支持,也使家长更多、更乐意、更自觉地支持学校,使家校合作变得更加紧密。在几年的实践中,我们深刻地体会到,家校联系的平台越多,学校就越开放,幼儿的教育就越轻松。在家校交流的活动中,我们所采用的形式有:①定期召开幼儿家长会,幼儿教师向家长汇报近期学校对幼儿的教育情况,比如开展一些教育活动,幼儿的表现及进步,还有哪些问题。汇报中,以成绩和优良的表现为主,而不是以缺点和“告状”为主。同时与家长一起商讨解决存在问题的办法。②在班级中,定期刊出幼儿成长专栏,把幼儿平时学习、生活的照片张贴在栏目内,以便家长看到照片后给幼儿更多的支持和鼓励。③利用现代传媒的优势,将幼儿在园内的优秀表现,通过手机传递给家长(或监护人)。④在中班、大班、学前班,经常举办一些亲子活动,比如:登小东山,游鉴湖公园,参观国光购物广场,到人民广场举办歌咏活动等等,让家长(或监护人)和幼儿一起参加活动,让幼儿感受到亲情,也让家长感受到幼儿成长的喜悦。

第六,坚持开放式教学,更好地发挥家校合作的作用。在各个教学班的家校合作计划中,每月都有开放性教学日的安排。在开放性教学日,学校让学生家长(或监护人)到学校听课,在听课之前,教师告诉家长听课的内容、教学教育目的、老师的教学方法、幼儿活动形式以及要达到的教学效果;听课结束后,家长可以在评教簿上写下自己的意见和建议,教师则可以根据家长的意见和建议改进和调整教学方法和教学目标。在开放性教学日,学校还可以根据家长的职业特点,安排家长给幼儿上课,例如:安排当老师的家长给幼儿讲故事,讲古诗词，安排从事消防、公安工作的家长讲防水、防火、防盗、防骗方面的常识。这样不仅充分利用了社会资源，也使教学形式更加生动活泼。

三、家校合作，让幼儿教育的成果越来越显现

通过近四年的实践，我们越来越感觉到家校合作在办园过程中的重要作用，它加强了幼儿园与几百个家庭的联系，密切了家校关系，强化了教育速度和教育效果。通过检验，我校500余名幼儿中，对防火、防水、正确使用家电和基本懂得交通常识（如斑马线、红绿灯、12岁之前不能骑自行车、礼让行人等等）的达到80%以上，90%以上的幼儿可正确使用文明用语（如：你好、谢谢、对不起、再见、不用谢、没关系等），在集体活动中能互相关心、互相帮助，在亲子活动中能主动和家长配合，90%以上幼儿能积极主地参与班级和学校组织的文艺活动或集体活动。园里有一名学生，是出了名的调皮大王，不愿意参加集体活动，经常欺负小同学和同学关系极差，通过参加一系列家校活动，逐渐改变了打打闹闹的坏习惯，和同学的关系也融洽了，能积极参加集体活动了，今年上半年获得“好孩子”的称号，家长对他的进步十分满意。

现在，我园教学秩序井然，幼儿一日生活、学习习惯规范有序，教师工作心情舒畅，家长对幼儿园教育的满意度不断提高，我园的社会声誉越来越好。

实践证明，家校合作是提高幼教质量的途径之一，同时，我们也懂得，要发展和巩固家校合作成果，教师就必须不断地加强学习，不仅要学好教育学，还要学好心理学。要增强责任感和事业心，不断地改进教育教学方法，更新教学手段，开辟更多的教学途径，让快乐贯穿于教学和活动的全过程，让幼儿在快乐中接受教育，在快乐中健康和谐地成长。

新余中心幼儿园亲师沟通案例

新余市中心幼儿园　钟琴

在幼儿园忙碌了一天，回到家终于可以放松紧绷的神经，正准备躺下休息，这时电话响起，我一看，是笑笑妈的电话，刚放松的神经又紧张起来，脑子就像放电影一样，快速回放笑笑这一天的情况，今天笑笑在幼儿园一切正常，没有发生特殊情况啊。我马上接起笑笑妈妈的电话。

笑笑妈：钟老师你好！我想问问今天笑笑在幼儿园是不是受欺负了？（家长直接奔入主题）

师：你好，笑笑妈！今天笑笑在幼儿园一切都好啊，没有发现她被欺负或者哭闹的情况。（经过仔细回忆，我肯定地回答。）

笑笑妈：笑笑今天在回家的路上一直说耳朵疼，我们问她怎么回事，她说是一个中班的哥哥用棍子捅了她的耳朵。（我班确实与中班相邻。）

我惊讶地说道："我今天一天都在班上，没有发现有这样的事情发生啊，要不请你先等一下，我问问班上其他老师，有没有发现这个情况。"

笑笑妈很生气地说了一声"好"，就把电话挂了。我马上拨打了班上另两位老师的电话了解情况，均表示没有发生这样的事情，我就很纳闷，到底怎么回事呢？这时我想起早上笑笑奶奶送她来时说，笑笑这两天感冒引起了鼻炎，需要保健医生帮忙滴药水，是不是鼻炎导致耳朵疼？在不敢确定的情况下，我向医生朋友咨询这专业性的问题，朋友告诉我，孩子鼻炎如果严重，可能会导致中耳炎，中耳炎会出现耳鸣、耳痛、耳聋、眩晕、呕吐、听力下降等症状，如果是被外力伤到的，耳道肯定会留下痕迹。

我马上拨打了笑笑妈的电话，首先告诉她，笑笑今天一天在幼儿园都没有离开过老师的视线，不存在笑笑被中班孩子用棍子捅耳朵的事件，然后再一次向她了解笑笑鼻炎的情况，并把医生的专业解释告知她，建议笑笑妈妈带孩子立马去医院检查。笑笑妈妈很不高兴地说："我家笑笑说得很清楚，是在走廊上玩耍时，中班的哥哥用棍子捅的，这么小的孩子不可能骗人的。"家长对我的解释很不满意、不信任。为了解除这样的误会，我耐心地说道："笑笑妈妈，我们还是先带孩子上医院检查一下，不管是被捅的还是鼻炎引起的耳痛，我们首先要带孩子上医院检查、治疗。"笑笑妈的口气不再那么强硬，说马上带孩子到人民医院去检查。挂了电话后，我与班上其他两位老师也一同来到医院，陪同孩子检查。最后医生给出的结果是，孩子的耳朵里化脓了，所以出现耳朵疼痛的症状，需要马上治疗。笑笑妈妈听了医生的话，疑虑的心终于放下了，并不好意思地对我们说："老师们，实在不好意思，我们错怪你们了，刚才因为着急，语气不太好，希望老师谅解。"我笑着说："没事的，你也是担心孩子，我们能理解，只要孩子没事就好。我们也希望以后有什么事情你们能及时跟老师沟通，化解不必要的误会。"

一、案例分析

这是发生在小班刚开学一个月的一个案例，案例中的家长与老师还没建立足够的信任，而小班孩子经常把现实与想象混淆，出现耳朵疼痛时，孩子首先想到受伤了才会耳朵疼，才会向家长陈述自己想象，导致家长心中有疑虑和担忧。家长刚开始武断听信孩子的话，没有加以分析而直接找老师询问。

二、教育措施

案例中家长针对自家孩子的情况提出疑问，教师能耐心听家长的倾诉并及时地了解、分析情况，充分尊重家长。教师对家长的问题有针对性回答，遇到专业性比较强的问题，能及时咨询专业人士，给予专业的看法和建议，并配合家长解决问题，及时化解家长心中的疑虑。

三、教育效果

《幼儿园教育指导纲要(试行)》指出："家庭是幼儿园重要的合作伙伴，应本着尊重、平等、合作的原则，争取家长的理解、支持和主动参与，并积极支持、帮助家长提高教育能力。"做好家园沟通工作能及时化解家园间的误会，对促进幼儿园教育效果也有着重要作用。教师理智，控制好自己的情绪耐心倾听，然后再一一向家长解释。教师详细向家长反映事故情况，让家长清楚事实真相，并结合孩子的实际情况，给出专业的建议。沟通时不同角度的切入，耐心倾听，使得这次与家长的交流非常畅通并取得了预期的效果，双方都是有效的沟通语言。教师的耐心和细心，取得了家长的信任，对以后开展家园合作起到了至关重要的作用。由此看来，此次交流是有效的，是成功的。

四、反思与建议

学前阶段的幼儿，其语言表达能力发展还不完善，有时表达不清楚会引发家长对幼儿园工作误解。家园沟通是一座桥梁，连着幼儿园和每一个家庭，教师在园要关注到每个孩子，了解孩子的在园情况。当有状况发生时，能及时与家长沟通，告知缘由，及时化解家长的困惑。这个案例让我充分认识到：在与家长的沟通中，只要对家长把握了尊重、平等、合作的原则，对孩子坚持了"一切为了孩子"的教育理念，家园沟通与合作一定会取得很好的实效。

贵冶幼儿园家长参与膳食决策活动纪实

贵溪冶炼厂幼儿园　曾晓风

2014 年在讨论制定专业组工作计划时，我园考虑到很多家长很想了解幼儿园的膳食情况，于是从“促进家园合力，共同办好幼儿园膳食”工作的目的出发，将“家长参与幼儿园膳食管理”作为决策组活动的一个主题，首先决策组的指导老师将活动的目的，要求等与家委会决策组的组长进行沟通，由组长制订相关的活动方案，分发到家委会群，提前做好参加伙委会的准备工作。

2014 年 11 月伙委会特意邀请了家委会决策组家长代表，现场参与、参观幼儿园食谱制定和食堂管理。在现场，家长代表对目前的幼儿园伙食给予了肯定，同时也对幼儿食谱的改进提出了一些详细的建议和要求。同时对所提供的新菜谱进行了详细的说明，如：菜谱的制作方法及它的营养价值，针对家长代表们提出的一些建议，伙委会非常重视，并采纳了其中一些好的建议，运用到下周的菜谱中。活动结束后，组长以自己的亲身感受，对活动进行了总结，家长的积极性也非常高。

在与伙委会交流中，家长们了解到，幼儿园在安排食谱时不但会根据小朋友生长发育需要，注重营养均衡，每两月进行一次营养分析；同时还会根据幼儿特点丰富食物的搭配，如荤素搭配、米面搭配、粗细搭配、甜咸搭配、干湿搭配等，做到量少品种多，饮食基本两周不重复，让小朋友在摄取不同的营养价值同时，爱吃不厌，保证食欲。

整洁、干净的幼儿园食堂，让家长们印象深刻。尽管食堂人少事多，但分工明确，井然有序。消毒房有一名专门的工作人员负责分菜，尤其是墙上细心地贴了各班小朋友对何种东西过敏的便签条，而且每天的菜品都48小时留样，确保安全。

通过此次活动，家长们不仅深入了解了幼儿园日常的膳食工作，也体会到幼儿园在小朋友膳食上的用心和敬业，纷纷表示活动方式非常好，搭建了家长与幼儿园之间交流沟通的平台，希望以后幼儿园多组织此类活动，让家长参与到膳食管理中来，促进小朋友健康成长。

附录：

“参与食谱制定”活动方案

为丰富伙食种类，不断完善小朋友的膳食营养搭配，拟通过召开园委会、家委会、伙委会等方式，发动全园，集体群策群力，参与制定和完善小朋友食谱。

活动主题：参与食谱制定、参观食堂

活动目标：

(1)家长参与幼儿园食谱制定，了解幼儿膳食营养搭配等知识，协助幼儿园增加食品花样，完善膳食工作。

(2)参观食堂，了解食物的制作过程和食物的卫生情况。

(3)让家长参与的积极性、参与率达到85%。

活动范围：全园

活动频率：幼儿园每周二制定全园下周食谱，家委会成员、家长代表根据时间安排提前一周向幼儿园预约。

活动要求：

(1)由幼儿园指导老师向家长宣传膳食营养搭配的科学原则。

(2)家委会成员提前设计好家长签到表和家长意见记录表。

(3)确定活动时间确认人员，提前一周向幼儿园预约活动时间。

(4)参与食谱的制定，参观食堂，针对全园食谱情况提出有效的建议。

(5)家长有好的菜谱可以告之幼儿园，并告之制作过程。

活动人员：

幼儿园指导老师：曾晓风

家委会参与决策组成员、家长代表

鹰潭三幼家长辩论赛活动纪实

鹰潭市第三幼儿园　万杰萍

背景:问卷调查显示我园独生子女家庭占70%以上,幼儿在各种活动中凸显自私任性、孤僻、不善交际,凡事必要以"我"为中心等问题。针对这些现状,2013年11月我园着手研究以晨锻活动为切入点,以混龄教育为抓手,以中大班幼儿为对象进行混龄晨锻的研究。幼儿园打破了班级的界限,幼儿由单一的同龄伙伴发展为混龄伙伴;由固定的一个活动场地发展为自由选择"玩沙区""平衡区""蹦跳区""楼梯区""踢球区""球区""投掷区""钻爬区"等8个公共区域,活动时间由25分钟延长为40分钟;投入大量的木箱、废旧轮胎、楼梯等制作的体育器械;针对性地安排教师,责任到人进行安全防护。混龄晨锻活动实施2个月后,取得了一些实效,但也出现了许多的问题。许多老师和家长们对混龄晨锻活动开始质疑:"混龄晨锻能促进幼儿的发展吗?大孩子会欺负小孩子吗?孩子离开了本班老师,安全如何把握?"于是幼儿园和家委会成员商量讨论,举办"混龄晨锻能促进幼儿的发展吗?"的家长辩论赛。

时间:2014年3月12日下午15:30

地点:大会议室

准备：横幅 家长活动前 已收集了相关资料 家长签到表 辩论赛反馈表 照相机 桌椅摆放

参加人员：幼儿园 10 人

家长 40 人（中班组 25 人 大班组 15 人）

一、过程

（一）主持人致欢迎词，宣读活动方案，宣布会场纪律和辩论赛的规则

（1）请各位将手机调整为震动！

（2）我们提倡家长使用普通话。

（3）请双方根据辩题及幼儿园晨锻的现状轮流发言，正方先开始，一方发言完毕落座后另一方方可起立发言，不得中途打扰对方发言；同一方辩手的发言次序不限。

正方：中二班至中五班的 20 名家长，辩题为混龄晨锻活动能促进幼儿的发展。

反方：中一、大一至大三班的 20 名家长，辩题为混龄晨锻活动不能促进幼儿的发展。

（二）正反方自由辩论

正方 1：孩子小不会关心，也不知道怎样关心别人，缺乏与人相处的方法，我支持幼儿园开展混龄晨锻活动。

正方 2：混龄是让两个年龄段幼儿一起玩。我园是小跨度的混龄（中班与大班的混龄）年龄跨度只有 1 岁，有以下几点好处：混龄活动中幼儿自由结伴，自由交谈，语言上能最大限度地发展。小的乐于听从大的安排，在大孩子那儿学

会了遵守规则，讲礼貌，大的充分展示自我，同时也付出了爱，懂得照顾别人，这些是独生子女家庭中不易学到的，我支持混龄晨锻活动。

反方1：教育是农业不是工业，豆子、水稻不能一起种。我觉得混龄不科学，大的有组织能力，小的没有自主性，不同年龄的体质是不一样的，安全方面难保障。

正方3：我反对，豆子和水稻是不同类的，孩子是同一类的，都是人。中大班幼儿年龄偏差小，混龄晨锻让大小不一的孩子在一起群体生活，增加了交流机会，大家相互关怀，让幼儿从小进入了一个小社会，现今社会也是让不同年龄段的人在一起，也是小孩和老人相处，大孩子和小小孩，我认为混龄晨锻能促进幼儿社会性的发展。

正方4：我方认为，揣测心理的水平有高低，有兄弟姐妹的人在这方面更好。现今都是独生子女，混龄晨锻活动让大小不一的孩子在一起活动有利大于弊。

反方2：我方反对正方的说法，现在孩子都是独生子女，都比较自私，哪有几个大孩子会带小孩子，混龄晨锻活动小年龄段会被欺负，是弱势群体，家长不放心。再次混龄晨锻还只是一个尝试，全国不多，本市更没有先例，还待研究。我园混龄晨锻活动准备还不充分，没有准备好就推出来不好，弊大于利。最后混龄年龄跨度不大，活动形式较单一，不利于幼儿发展。

正方5：刚才反方的观点我方不认同，混龄教育这个不是新话题，早就有，我们鹰潭已经算落后的。小孩子的天性就喜欢帮助他人，得到表扬。可能偶尔会发生争执，不是还有老师吗？有问题不可怕，有问题就会有发展。另外，混龄晨锻只是混龄教育的一小部分，能促进语言交流能力与情感交流。我方支持幼儿园开展混龄晨锻。

反方3：小孩子小，认知能力差，好坏的辨别差，易学到不好的行为，盲目模仿。

举例“喜洋洋”点火事件，无论是管理层面，还是老师都有难度，时间在消耗，易产生孩子、家长、老师的矛盾。我方坚持弊大于利。

反方 4:有尝试是对的，全市只有三园应慎重，我方认为:混龄晨锻活动应弊大于利。

正方 5:我们混龄教育起步已经晚了，鹰潭市只有三园愿意进行混龄教育的尝试，我们家长应该支持，敢问，你们的孩子为什么放到三园?

反方 5:口碑好，我们不是因三园有混龄教育而来。

反方 6:跑题了! 今天我们讨论的是混龄教育，而不是孩子为什么来三园。我方认为:不是什么活动都能进行混龄教育，比如我的孩子和小一岁的孩子一起学钢琴，混龄教育就不合适，小的与大的同样进度，小的拉大的后腿。

正方 6:钢琴不是社会实践，钢琴是老师教，混龄晨锻是孩子教孩子。

反方 7:开展混龄教育最早的是德国，我国从南京开始。我方坚持弊大于利。第一大带小，小会服从吗? 小不听大的怎么办? 第二:混龄老师是否能有精力与条件教育不同年龄层次的孩子呢? 老师之间的配合到位吗? 我方认为弊大于利。

反方 8:混龄是有条件的。幼儿园混龄晨锻的时间才 40 分钟，孩子之间还没来得及熟悉彼此就开始早操。混龄老师的能力方面，幼儿园创设八大区域，材料也不多，孩子天天玩，创新意识与体能得不到发展。我方不支持混龄晨锻。

正方 7:孩子的角色是动态的，器械与原有模式相比已经有很大的进步，园方也花了精力与财力，这是大家有目共睹的。混龄晨锻是有利于孩子发展的。

正方 8:我每天 8:00 带孩子入园，老师有序组织，不混乱，老师可以照顾过来，《纲要》指出:要从不同角度促进幼儿发展，我方坚持利大于弊。

正方 9: 我女儿是独生子女，通过幼儿园二个月的混龄晨锻，我发现她现在比以前脾气好多了，也会主动与人交流，不会做的事会主动请求大人的帮助。

正方 10:小孩子在混龄晨锻中会被欺负，这是家长的观点。我家 4 个孩子从小就会帮助，我现在只有儿子一个，干什么都有大人的保护。小孩子会被欺负是家长过于保护,重要的是家长的观念。

反方9:是小时候受欺负好,还是长大有能力受欺负反抗好?小孩子跟大孩子玩,但大孩子是不喜欢跟小孩子玩的,你圈子里是同龄的多吗?

正方11:这是个社会问题,以前有春游,现在没有为什么?这是安全问题,过分看重孩子,夸大其词、吵闹,老师要承担责任。赛龙舟好,出了安全就不搞了,正是因为你们这样的家长,才继续不了。国家都可以一独生二胎,混龄肯定是要混的,怎样完善是下一步的事。

反方10:主题错了。

正方12:周六、日你也愿意带孩子接触不同的人,材料同一,可一物多玩。我方认为:混龄晨锻能促进幼儿的发展。

(三)正、反方总结

正方总结:混龄晨锻能促进情感语言发展,它是模拟社会情景。我们是心疼孩子,但没必要剥夺孩子的参与。传统的教学形式、幼儿兴趣不高。我觉得混龄是个性张扬的凸显,冲出可促进孩子的发展,我方坚信混龄晨锻有利于孩子的发展。

反方总结:独生子女,大的可能不会帮助小孩子,《幼儿园教育指导纲要》也是从不同年龄提出目标的,混龄晨锻不能促进幼儿发展。

(四)园长点评

贾园长:首先感谢家长们对幼儿园工作的支持,这次活动对我们以后混龄教育有指导作用,正方、反方提出了利与弊,就看谁大谁小,如何取舍,结合《指南》中的内容对混龄的提出,世界先进教育观念,幼儿园以指南为引领,活动过程中我们遇到了许多的问题,以接送卡为例,安全第一。家长们查找了许多的资料,反方更不容易,我们也听到了许多值得思考的建议。

(五)颁奖

最佳辩手 6 名;优秀辩手 34 名。

(六)分发家长反馈表

二、效果与反响

正方从解决独生子女的社会性问题、混龄晨锻活动的开放性等观点层层深入,而反方抓住混龄晨锻活动所需的软、硬件条件这一关键点展开攻势,双方互相揭露对方的矛盾,用自己的思想去辩论、反驳、交流混龄晨锻的意义,在思维碰撞与交汇中互相学习、吸收幼儿发展的规律。经过一番激烈的唇枪舌剑的辩论,最终评选出最佳辩手 6 名。大家达成共识:只要老师合理利用和制作晨锻器械,有效的观察孩子,给予幼儿适时的指导与帮助;家长与幼儿园携手合作,相互配合,混龄晨锻活动是能促进幼儿各方面的发展。

家长辨析会给幼儿园混龄晨锻课题的研究带来许多的启示,给老师和家长带来深层次的思考,它是三园家长工作形式的一次尝试,也是家园教育观念碰撞的一次珍贵的经历,家长辨析会取得了圆满的成功!

大二班李梦的家长:孟庆云

本次家长辨析会收获颇多。在此之前我从未意识到混龄晨锻乃至混龄教育存在诸多障碍。在家庭、小区家长们想方设法创设条件让孩子与各种年龄段的孩子玩耍;而在幼儿园即使老师创设了混龄晨锻的环境,家长们似乎仍有诸多的不满,这的确很奇怪。

作为反方家长,我只能是拼命地搜集资料来论证我的观点,仔细分析似乎这些弊端也存在于我园的混龄晨锻过程中,要真正地做好混龄晨锻,我个人认为以下几点要思考:

(1)如何做到教师看法过程中“看”与“寻”的平衡。

(2)混龄后,教师不熟悉幼儿,无法做到因人而异指导,如何做好体弱儿与攻击性行为强的幼儿管理。

(3)混龄晨锻时间中有 40 分钟,如何能利用这短短的时间促进幼儿交往能力的培养?

作为家长,我是很赞成混龄晨锻的,这毕竟给孩子提供了一个自由选择的机会,很有利于孩子的成长,让孩子真正地快乐地参与锻炼!

中四班李瑞哲的家长:林春华

下午参加了幼儿园组织的“混龄晨锻有利于幼儿发展吗?”的家长辩论会,深受感触。

活动中辩论十分激烈,屡次我试图站起来陈述我的观点,都被抢先了,最终没有发言,有点遗憾。但所幸的是,大部分跟我有着相同的观点,推崇混龄教育有着相同的观点,推崇混龄教育。

混龄教育虽然小孩间会存在很多的矛盾与冲突,但大人的教育与小孩间的影响是不一样的,他们会从中学会解决问题。在混龄活动中,他们从被照顾到照顾别人,从模仿到被模仿,真正地体会到了成长的快乐!

其实我们人的一生一直都处在混龄模式中,人不断地模仿与被模仿,在模仿中思考,才有了创新,社会才有了进步。

虽然混龄教育在三园实行还没有多久,也存在一些问题,但我们都看见了老师们的努力。所以我坚信,三园会将混龄教育推广地更好,它也会带给我们大家更多的收获。

中四班的卓远的家长:杨柳

此次辩论会开展得很顺利,也达到了很好的效果。

首先,通过正方的阐述,让大家了解到了混龄晨锻,甚至是混龄教育的好处,真正意义上的了解了混龄教育。

最后,这次的活动也增进了幼儿园与家长之间的关系,希望今后能多开类似的活动。

上高县幼儿园书香家园活动纪实

上高县幼儿园 曹雪萍

苏霍姆林斯基说“孩子的阅读开始越早，阅读时思维过程越复杂，阅读对智力发展就越有益。”研究表明：早期阅读有助于语言能力和智力的发展，促进身心发展与协调，培养主动学习习惯，预防阅读障碍。在全民提倡阅读的当前，阅读应从娃娃抓起已形成社会共识，“书香校园”“书香家庭”也已成为当下的热门词，那么如何结合孩子的学习特点，营造书香家园，开启孩子的阅读之旅？现就我园为例，谈谈实践和体会。

一、创设丰富的阅读环境，让书香润泽童心

环境的创设在阅读过程中起着重要的作用，创设良好的阅读环境能激发幼儿的阅读兴趣。《3～6岁儿童学习与发展指南》提出：“为幼儿提供良好的阅读环境和条件，如提供一定数量的、符合幼儿年龄特点、富有童趣的图画书，提供相对安静的地方，保证幼儿自主阅读。”

1. 营造书香校园

结合当下流行的绘本阅读和孩子对绘本的阅读兴趣，我园在空间有限的基

础上，利用教学楼户外场地用阳光棚搭建了一个富有童趣的绘本馆，添置了近千册以绘本为主的图书，按照动物、植物、科学、社会、艺术等类别存放，设立了兼职管理员。本着以儿童为本的教育观，馆内的装修体现了儿童的审美情趣和特点：墙面与地面以淡蓝为主色调，突显宁静和优雅；馆里投放了便于孩子自由取放图书的各种卡通造型的稚趣小书柜和造型活泼、色彩清新的桌椅、坐垫、小沙发；为满足孩子表演需求，馆里设置了小舞台、化妆间，配备了表演道具和服饰，让孩子们在阅读之余，表演自己喜欢的故事角色。整个绘本馆呈现出温馨、舒适和惬意，在这里，阅读是一种愉快而舒畅的体验。一个绘本馆远不能满足全园孩子的阅读需求，我们还在每个班开设了图书角，园里每学期给每个班配发一定数量的幼儿适宜读物，加上班上家长在教师的指导下购买了图书，各班图书的数量和质量都得到保证。此外，在每层楼还设立了公共阅读区，由幼儿园统一投放图书，每天离园时，家长带着孩子流连于此，自由阅读。幼儿园建立了电子阅读库，各班配备了电脑和与之相连接的大屏幕液晶电视，孩子们在教师的引导下，通过资源共享进行电子阅读。丰富的阅读环境，使校园处处书香飘溢。

2.倡导书香家庭

孩子阅读习惯的培养离不开家庭的配合，家园同步才能取得良好的成效。为营造书香家庭，创设良好的家庭阅读环境，我们从问卷调查入手，从了解家庭阅读情况开始。问卷调查主要分为家长的学历、爱好、家庭拥有幼儿图书量、为孩子选择的图书类别、孩子在家阅读的频率、陪同孩子阅读的时间、阅读内容选择权、亲子阅读的意义等。从调查来看，情况不容乐观，存在的主要问题有：有的孩子隔代抚养，老年人缺少文化底蕴，阅读条件不够，形成家庭阅读盲区；有的年轻家长没有阅读兴趣和习惯，对孩子的阅读重视不够，阅读属于盲目散漫式；三是有的家长比较重视阅读，但由于对早期阅读了解有限，缺乏科学引导，存在阅读困惑。为此，我们有针对性地引导家长创设家庭阅读环境：一是开展有关阅读的家教讲座，让家长了解阅读的重要性，了解早期阅读对孩子发展的积极影响，知道培养孩子阅读兴趣的方法和途径，以此提高家长对早期阅读的认识和重视。二是定期推荐阅读书单。针对家长选书的困惑，我们通过阅读专栏、班级微信群、家园联系栏等定期由老师、家长、专家推荐家长和幼儿的阅读书单，引导家长购买适合家长和幼儿阅读的好书，如家长书单：《童年的秘密》《好妈妈胜过好老师》《家是孩子的第一所学校——我在美国做爸爸》《如何说，孩子才会听》等；幼儿书单：《我爸爸》《逃家小兔》《大卫，不可以》《你一半，我一半》等不同年龄段的幼儿读物。三是开展"小书房美拍"评选活动。美国教育家霍力斯·曼说："一个没有书的家，就像一间没有窗的房子。"为打开一个个有"窗"的房子，让书香飘溢而出，教师鼓励家长用手机、相机拍摄自己家庭为孩子创设的小书房，从不同角度展示家庭小书房的魅力。评选由班级、年级、全园逐级推进，对获奖家庭举行授奖仪式并专栏展出，以此带动家庭阅读热情和氛围，倡导书香家庭。

二、营造良好的阅读氛围，让阅读成为习惯

理想的早期阅读培养在于父母或教师与孩子之间拥有轻松、和谐的阅读氛围，让孩子感受到阅读的乐趣，从而养成阅读习惯。

1. 亲子阅读

家长是孩子的第一任老师，是幼儿园教育的合作伙伴。幼儿园充分利用家长资源，开展多种形式的亲子阅读。组建"美丽花"故事妈妈团，经过培训，故事妈妈走进课堂，给孩子带来精彩的故事，深受孩子的欢迎。园内绘本馆定时对全园家长和孩子开放，孩子们在家长的陪同下，带上"阅读存折"分期分批到绘本馆共享亲子阅读时光，一幕幕温馨感人的亲子共读画面，使绘本馆氤氲着爱的暖流。"图书漂流"也是受家长和孩子欢迎的一种阅读形式，各班选择适合本班孩子阅读的好书放入书袋，在班上每个孩子的家庭中漂流，要求家长在家和

孩子一起阅读，并及时记录亲子阅读的感想和体会，供大家交流分享，提高读书漂流活动的质量。这一活动不仅实现了资源共享，还让家长在参与中了解幼儿读物的适宜性，营造了家庭阅读氛围，增进亲子感情。此外，还实行了班级图书借阅，家长和孩子在班级图书角或藏书中自主选择图书带回家看，看完后归还。

2. 师幼共读

在幼儿阅读习惯的培养中，教师起着重要的引领作用，教师要"经常和幼儿一起阅读，引导他以自己的经验为基础理解图书的内容"。在一日活动中，教师把集中式阅读、分散式阅读及开放式阅读有机结合起来，通过多样化的师幼互动，逐步养成幼儿良好的阅读习惯和方法，提升他们自主阅读的能力。在集中式阅读活动中，教师通过绘本和故事教学，引导幼儿观察、思考、分析画面中人物的表情、动作、心理活动，推断故事发展情节，帮助幼儿逐步学会分析、判断、推理、归纳的能力和创新思维。在区域活动时，老师进入阅读区，以谈话、讨论的方式引发孩子的阅读兴趣，如向孩子推荐《母鸡萝丝去散步》一书时抛出问题："母鸡萝丝吃完饭后要去散步，它会经过哪些地方？将遇到什么危险？它会被吃掉吗？"以此引发孩子的阅读兴趣。离园时的碎片阅读也是愉快的师幼互动，有的家长因为各种原因较晚来接孩子，在等待过程中，教师陪孩子共读一本孩子感兴趣的好书，在故事情节的解读或美妙画面的陶醉中，等待的时间变得温暖而短暂。

3. 自主阅读

幼儿园为孩子创设了丰富的阅读环境，也相应给孩子提供了开放式的自主阅读时间和空间。每天的班级区域活动时间，孩子们可自主进入阅读区，自由选择喜欢的书，独自阅读或和同伴一起分享。公共阅读区域也是受孩子欢迎的场所，每天下午的公共区域活动时间绘本馆及各楼层的公共阅读吧按时开放，根据园里统一安排，各班孩子每周有分享机会。在不同的阅读区，同伴间一起阅读或听个别讲述，有效地促进了分享与交流，培养了阅读兴趣和习惯。

三、拓展阅读活动，让分享催生阅读动力

良好的阅读环境和氛围使早期阅读的经验不断丰富，一些与阅读有关的拓展活动也相应开展起来，更点燃孩子的阅读激情，催生阅读动力。

1.亲子绘制图画书

绘画和手工是孩子喜爱的艺术活动，在教师的鼓励下，幼儿和家长一起利用剪、贴、画等多种手法，把孩子喜欢的故事制作成图书。在制作过程中孩子进一步理解了图和文的关系，认识图书结构，极大地满足他们的成就感。同时也增进了亲子感情，愉悦了家庭氛围，加深了亲子间对所绘图画故事的理解。幼儿美术作品展览橱窗、教学楼的走廊、楼梯边，随处可以欣赏到孩子们稚拙的图书作品，如《小威向前冲》《我爸爸》《穿靴子的猫》《愿望树》等经典绘本在孩子的笔下别有一番童趣，每一本图画书都写意着甜蜜的亲子时光和浓浓的亲情。

2.亲子故事表演

亲子故事表演是我园的传统节目，结合阅读节、元旦、国庆等重大节日，园里组织亲子故事表演大赛。一个个经典的绘本故事通过不同家庭的精彩演绎，让观众们从或诙谐有趣，或感人至深的表演中领略到表演艺术和绘本故事的魅力，从中得到启示和感悟。有的家庭男女老少齐上阵，让观众不仅为他们精彩的表演所吸引，更为大家庭浓浓的亲情所感动。在《逃家小兔》的故事表演中，七十多岁的爷爷和奶奶充当了花和大树的角色，虽然只是故事表演的场景，但他们赋予了花和大树丰富的内涵，那夸张的表情写满了对“小兔”(孙子扮演)的爱，恰到好处地烘托了表演气氛，带动了“小兔”的表演情绪，给观众留下了深刻的印象。同时，为更大效益的挖掘图书的综合教育功能，帮助孩子提升认知、社会和艺术等多方面能力，在班级区域或公共区域开设表演区，供孩子们自主表演。

3.读书沙龙

读书沙龙是分享和交流,推进阅读的有效形式。幼儿园定期组织开展教师阅读沙龙,或分享和交流阅读体会,或诵读喜欢的篇章和段落,使更多的好书得到推广,浓厚教师的阅读氛围,提高阅读水平。结合亲子阅读活动,组织亲子阅读沙龙,让家长们畅所欲言,分享亲子阅读经验和体会,探讨存在的问题和困惑。有的家长在介绍自己的亲子阅读经验时,谈到家庭的装修要考虑创设孩子的阅读空间,并向大家展示家中温馨的儿童书房,让在场的家长们深受感染和启发。此外,班级微信群也是开展读书沙龙的便捷方式,老师定期组织线上亲子阅读分享,家长们通过微信语音、视频或文字交流,直接、愉快地进行亲子阅读分享。

4.亲子阅读故事征文比赛

随着亲子阅读的推进,家园阅读氛围的日渐浓厚,园里每学期开展一次亲子阅读故事征文比赛,家长们踊跃参与,收集了大量征文稿件。在评选中,评委们被许多亲子阅读故事所感动,她们把好的文章分享给班上的家长,园里也把获奖征文推荐给市幼教杂志《宜春幼教》发表,同时,园内开辟了获奖征文专栏,吸引了众多家长驻足拜读。征文道出了一个个家庭感人的亲子阅读故事和感悟,引发了更多家庭对亲子阅读的反思和学习。

丰富多彩的阅读活动营造了书香校园、书香家庭,书香润泽了孩子的心灵,阅读丰富了孩子的童年。儿童文学家梅子涵说:“童年短暂,但因为有了优质阅读,孩子们的一生都有可能优质。”书香家园为孩子的优质阅读奠定了良好的基础,打开了孩子认识世界的大门,良好的阅读开端,为孩子美好、优质的人生提供了有力的帮助。

轻言细语话“通知”

樟树市幼儿园 陈晓娥

日常工作中,教师们经常使用“通知”来告知家长一些事项。如,通知家长开会,通知家长协助孩子完成“作业”,通知参加活动等。不论是口头通知,还是文字通知,或是QQ留言,都具有传达使其知道的意思。“通知”是家园沟通的一种方式,能使家园合作工作得到有效的落实。

一、案例描述

小班新生入园后,班级家委会的成立就成了当务之急的一件事。这一天是每周教研日,我提醒各班要成立班级家委会,并制定活动计划。小一班陈老师说:“园长,我们班出了几天的通知也没家长来报名。”我问她:“你的通知是怎么写的?”她马上发了个截图给我。

我一看,微笑着回应她:“如果我是家长我也不会报名。”她反问:“为什么?”我说:“因为我在你的通知里只看懂了责任和担当,没看到对美好未来的畅想与期待。”

“那你说该怎么写?”陈老师又问。

“要把加入班级家委会当作一件很有趣很荣耀的事说出去，让家长知道班级家委会的作用以及家委会成员的职责等。”

“那你帮我们拟一份。”陈老师又给我抛过来一个“带着微笑的黄球”。大家一齐附和着：“你帮我们拟个通知吧！”

“好吧！教研结束就给拟出来！咱们继续吧！”

晚上回到家，我马上就给了她一份关于第一次成立班级家委会的通知(附后)。

想起平时有不少的老师总是互相倾诉着对家长的不满，埋怨家长很不配合幼儿园工作。有的说，要家长交废旧的环保材料充实区角，极少数家长会交，而且不会按时，拖拖拉拉；有的说，要他交盆花到班上的植物角，就说家里没种花；有的说，不少家长对老师的通知不闻不问，视而不见，从来都没交过任何东西，每次交东西都是那几个重视教育的家长；有的说，家长还牢骚满腹：怎么又要交东西啊！显得很不耐烦……

二、案例分析

我静静地思考着老师们为什么会发出这样的牢骚。这些年来，我园陆续进来一批一批的年轻教师，她们年轻有活力，接受新鲜事物快，信息技术水平也比较高，但大多数能力水平不够，教学经验不足，也不太明白家校合作的意义，尤其是与家长沟通的能力缺乏。老教师虽然教育教学经验丰富，家长沟通能力比较强，但由于缺乏学习的机会和学习的意识，总喜欢用老一套的方法来开展工作，缺乏与时俱进的精神，难以跟上当今学前教育理念不断提升的步伐。

三、指导策略

于是，我把这一情况以及我看到的平时老师出通知的情况与园长进行了交流，一起商议立即组织教师进行一次“与家长有效沟通的技巧”专题研讨。

研讨会开始，我把那天老师们的牢骚提炼出来：家长交材料拖拖拉拉；每次能按照要求交的家长少;有的家长对老师出的通知视而不见;每班都有从不交任何材料的家长牢骚满腹,很不情愿。我逐个问老师们家园配合工作中是不是有这些困难,老师们异口同声回答:“是”。我接着问:“家长不配合我们的工作,是什么原因呢?”

老师们想了想,陆陆续续说出了两点:家长不重视幼儿教育;家长素质低,不少是爷爷奶奶接送。

我再问“有哪个老师反思了自己?”

10 秒钟过后,没有一个老师举手。

“好吧,从给家长的通知入手,我们来寻找原因,进行自我反思。”我把话题转入“通知”的解读。

(我出示一个通知)

请老师站在家长的角度思考,从这个通知中获得了什么信息。

老师们你一言我一语地讨论起来

“看到这样的通知你有什么感受?”我问老师。

A 老师说:“冷冰冰的感觉。”

“站在家长的角度思考,看到这个通知时会有什么想法?”

思考片刻,大家你一言我一语。家里有花的家长会想,明天记着带盆花来;家里没花的家长会想,到哪里去弄盆花来呢?有家长会想,交这么多花干啥?反正也不缺这盆花,让其他人交吧!

之后我又出示另外一个内容相同,说法不同的通知,请大家再站在家长的角度,说说看到这样的通知心里有什么感觉。

B 老师:“很温暖。”

C 老师:“很贴心。”

“你获得了什么信息?”我接着问。

教师回答:清楚,知道自己要做什么;目的明确,知道这样做给孩子带来的教育价值;别的家长在积极配合,我也不能落后。

"作为家长你会有何行动?"

教师说:家长会很积极带花来,家里没有的会去买盆花去交。

我把平时收集的各班出的通知一一播放,老师们静静地看着,几个老师悄悄地猜测是谁写的。

我及时做了个总结:语言有温度,文字知冷暖。"一句话可以把人说笑,一句话也可以把人说恼。"家长是幼儿园的宝贵资源。我们在出通知时,首先要注意语气上要体现平等、尊重的态度,切不可抱着"我是老师,你要配合我工作"的想法;其次要站在家长的角度去思考,带着热情,带着信任,带着尊重,让家长看着感觉很温暖,很贴心;再次,重要的是要讲清楚出通知的目的,尤其是对孩子发展有什么价值,让家长明白自己要做什么,为什么要这么做。家长交来材料后,要展示家长带来的材料所制作出来的作品,使家长通过参与幼儿园活动,看到孩子的成长与能力的提高,从而提升自己的育儿观念,积极参与家园共育工作中来。

自此之后,对下发给家长配合交材料、参加会议和活动的"通知"老师们都要认真斟酌,和同伴商讨后再确定,没有了那种"居高临下"的态势,更多的是平等、尊重,温情、有趣,以及蕴含现代信息技术含量的"请柬式"的高端大气和靓丽。

后续:家委会的通知发出去后,各班陆续向我"汇报"家长报名情况,大家都兴高采烈地说:"已完成任务!"

四、案例反思

与家长进行有效沟通合作,共同促进幼儿发展,这是"幼儿园教师专业能力标准"中"专业能力"模块的基本要求之一。这次的讨论虽然让老师醒悟到了平时家长沟通工作中的不足,然而将理念和行为落实到工作中是一个逐渐变化的过程，在这个过程中，无论是口头通知、QQ 留言、文字通知，教师如何运用文字语言来架起与家长有效沟通的桥梁，还有待于教师不断学习，提高自己的语文素养，以及在实践中的历练和探索。要改变家长工作的观念和思维方式，用温情和智慧去引领家长配合幼儿园的工作，推动家园共育工作深入开展。

家校合作　亲师共育

九江市双峰小学　万莹

创新家校合作模式是江西省教育体制改革的重点项目。九江双峰小学作为首批试点学校，在试点工作中不断学习，认真务实地做好试点工作的专业培训创新提高和资料整理的工作。

新学期开始，双峰小学在第一轮试点工作的良好基础上，积极思考和发现两个校区的优势和特色，在省教科所的指导下创新实践，不断提高家校试点工作的科学性和实效性。

一、专家来授课，教师、家长素质在提升

为了让学校全体教师、全体家长了解"家校合作"的意义、目标、内涵、策略，双峰小学加大了对教师和家长的培训力度，学校利用校务办公会议、全体教职工大会、班主任会、家长会、家长学校、家教导报等多种形式组织学习，使大家明确"家校合作""谁在做?""做什么?""在哪儿做?""什么时间做?""怎样做?""为什么做?"，也了解了家校合作的六个类型。通过形式多样的学习、宣传，提高了广大教师和家长对家校合作工作重要性的认识，使大家做到目标清，方向明，从

而更加深入创造性地开展活动。

我校的专业培训工作得到了来自江西省教科所领导与专家大力的支持与指导。继 2013 年 4 月省教科所第一次驻校工作取得显著成效后，2014 年 3 月 25 日至 28 日，省教科所家庭教育研究发展中心专家再一次亲临我校两个校区，开展了为期三天的驻校指导和调研工作。

3 月 25 日下午两点，双峰小学第八届家长委员会的成立和培训大会在老校区竹园隆重召开。学校多年来非常重视建立健全家委会工作机制，庐山区校区在校园内还专门设置家长委员会的办公地点，家长委员会成员也在全校范围内选拔出思想品质好，有一定文化修养，教育经验较为丰富的学生家长。家长委员会的主要职责是：参与学校教育教学管理，研究安排家教工作计划并组织实施，及时进行家长学校工作总结等项工作。多年来，家长委员会成员关心学校发展，定期开展活动，有较强的议事能力，在推动家教工作开展，改变学校面貌的建设中做出了不懈的努力。

本次成立大会有来自省教科所专家，学校校级班子成员和来自新老校区的 47 名家长代表参加。大会通过了第八届家委会的工作章程，王梅雾老师亲自组织了学校家委会常务代表的选举，产生了我校第八届家长委员会常务委员会，并有针对性地做了《家庭教育服务与指导》专题讲座，指导家委会的成员明确作为家长代表这个特殊身份的权力义务和责任，并结合实例引导家长代表们思考履行职责的方式方法，鼓励家长们积极参与学校的教育活动中，以儿童的发展为核心，推动学校和教师的更好发展。

3 月 26 日上午，省教科所的王梅雾老师在双峰小学庐山校区给来自新老校区的近 400 名一年级家长做了主题为“关于小学生家长参与教育行动”的专题讲座。王老师从学生家长参与教育的现状，我们学生家长为什么应当参与教育，小学生家长如何参与教育三个维度结合国内外的先进理论和多年来的广泛调研的经验给家长们做了长达两个多小时的生动讲解，王老师讲得精彩，家长们听得专注,深感受益匪浅。

下午,两位专家在新校区图书馆给双峰小学全体班主任做了创新家校合作模式的专业培训,这是省教科所专家针对我校班主任参与试点工作的又一次提高培训。两位专家采用小组分享交流互动的形式,先结合我们已有的实践经验和大家分享家校合作工作的主要力量来源,引导我们思考怎样挖掘家长的特长,激发他们的积极性,以鼓励更多的家长参与学校活动来。通过小组讨论分享经验,共同思考提高,指导班主任学习怎样参与和引导家委会工作的计划和执行,并现场模拟从六个类型上来制定家校合作工作计划,老师们在现场演练,分享提高活动中得到了理论的提升和方法的指导,感受了专业培训的科学性和实效性。

二、爸爸去哪了,爸爸进课堂

我校在已有的家校合作的工作经验和基础上,通过试点学校的培训和学习,在试点工作中根据新老两个校区学校的实际情况,发挥两个校区的特色和优势,有效地组织了家长志愿者服务队,针对学校的安全保障、文化艺术等活动,邀请家长担当志愿服务的角色,让家长参与到学校管理活动中来。学校还开设家长课堂,让家长走进教室担任教师,发挥家长各行各业专业知识的优势,加强了家校之间的互相沟通和理解,促进亲子关系的发展。

新生家长培训结束后,两位专家观摩了庐山区新校区一(6)班的家长课堂活动。本次课堂,主打“爸爸去哪儿,爸爸进课堂”的口号,充分发挥爸爸的力量,组成爸爸授课团,一人主讲,八人助教,其余听课,给孩子们上了一堂生动有趣的“空气去哪了”的科学实验课。课堂上,爸爸们利用生活中常见的杯子、塑料袋、气球等物品,玩抓空气、给空气称重、做气球火箭的实验游戏,带着孩子们感受空气的存在,空气的重量和空气的作用,还引导小朋友关注环保,不污染空气,做空气的小卫士。小朋友们对爸爸们进入课堂感到非常兴奋,都积极参与,特别是爸爸来参与课堂授课小朋友更是感到快乐，家长们都纷纷表示要常来课堂，不仅可以感受孩子童年成长的乐趣，改善了亲子关系，也体验到了老师课堂的不易，拉近了学校教师与家长之间的关系。省教科所两位老师还在课后参与授课和听课的家长进行深入的交谈，对于他们以家长身份参与课堂教学的行动表示赞赏和鼓励，家长们也结合我校的家校合作工作交流了自己对于家校合作重要性的认识过程。

三、心予工作室，论坛在行动

双峰小学心予工作室是在校长戴芳的领导下，由学校五名具有国家级心理咨询师资质的老师们共同成立的服务于教师、学生和家长的心理辅导团体。工作室成立以来，专门针对家长做了关于亲子关系，亲子沟通技巧，夫妻关系对儿童成长的影响等家庭教育培训活动。本次活动主题为“家有琴童——琴童家长的分享交流”。活动中不仅邀请了几位既是琴童家长同时也是九江市专业的钢琴培训教师的学生家长作为嘉宾，也邀请了并不懂得专业音乐知识的琴童家长作为活动嘉宾和到场的一百多名琴童家长分享作为琴童家长的酸甜苦辣，活动中，专业的钢琴教师从专业技术角度指导家长们如何培养孩子的音乐素养，掌握节奏和弹奏技能，琴童家长们分享作为普通的音乐爱好者如何陪伴孩子练习弹琴，学校的心理老师还从孩子心理需要的角度让家长了解孩子在练习弹琴时心理的成长变化过程，引导琴童家长懂得智慧地调整和控制情绪，让孩子在严格但又和善的氛围中学习音乐，几个各具特色的琴童代表还登台现场表演，他们在活动中也理解了父母的想法和做法，表示要坚持自己的琴童道路，实现自己的梦想。活动现场互动不断，掌声不断，无论是教师、家长还是学生都感受到了分享、共鸣、交流、提升的魅力。观摩活动的驻校专家也对心予工作室面对家庭实际需要开展的丰富活动给予了高度的评价。

四、绿色家访，助力成长

双峰小学多年来实行绿色家访制度，要求教师定期家访，提倡多报喜，少抱怨，多倾听，少指挥。本学期我校绿色家访提倡术课教师和主课教师一起走进家庭，引导家庭注重孩子的全面发展，在专家驻校活动的这两天中，先后跟随老校区的吴琼老师和陈佳老师走进学生扶瑞阳同学家庭，跟随新校区一(1)班的方婧老师来到徐浩翔小朋友家里家访，同行的还有学校的心理教师和品德教师。老师们深入学生家庭，交流了学生在家在校的生活学习情况，了解学生幼儿成长经历的家庭教育情况和家长充分交流家校合作的意义和途径，对家庭氛围的营造和家庭成员之间的关系对孩子成长的深远影响做了有建设性的指导，家长也感受到了科学地进行家庭教育的重要性并充分认同有智慧地做家长需要不断提高学习的观点。

满满三天的驻校活动最后，两位专家和双峰小学的戴芳校长、分管校长吴颖、家校合作试点项目负责人万莹以及德育处的成员交流和总结了这次专家驻校的感受，对我校多年来积淀下来的家校合作良好的基础和试点工作开展以来创新性的特色活动给予了赞赏，表示作为教育的科研部门将一如既往对试点工作给予更大的指导和帮助，也希望双峰小学能够作为试点学校的典型总结和传播优秀的经验和做法，让这项教育体制改革更加深入有成效，促进我省教育改革的发展。

家庭教育助力学校教育,共促素质教育

九江市双峰小学 刘平

2015年6月17日下午,双峰小学庐山区校区的260多名一年级小学生在家长的见证和陪伴下完成了首次期末综合测评项目。此次测评分为"我会读、我是计算小能手、我会写、解决问题我能行、我会说、我能挑战难题"六个板块,从感知、思维、概括、识记等方面检测了同学们对语文、数学两门基本学科的知识把握,标志着双峰小学素质教育的闭环控制形成。整个测评过程中,家长志愿者全程参与其中,考核前学校进行了专门培训,让家长明确检测的目的和内容,了解了一年级课程学习的基本内容和基本能力的要求。在考核中,家长志愿者作为考官和引导者、观察者看到了孩子在学校群体中的表现,角色身份的变化能帮助家长从不同的角度去了解孩子,也对学校教育在推进素质教育,提高学生的知识素养的举措有了更多的了解。

家长非常赞许学校对于测试方式的改变,在学校全面推进素质教育的过程中,家庭如何实施素质教育?避免种瓜得豆的尴尬?下面试着就这个话题谈一点管窥之见。

一、身教大于言教

古人云："律子律孙先律己""上梁不正下梁歪""其身正，不令而行，其身不正，虽令不从。" 对于家庭教育来说，尤为贴切。

孩子的模仿能力很强，而模仿的对象主要是孩子心目中认为的"榜样"，如父母、老师等。父母与孩子长期共处于家庭，父母的一言一行孩子都会看在眼里，记在心上，并观察、模仿、学样。所以，家长一定要真正重视身教重于言教的道理，严于律己，经常检点自身的言谈举止，成为孩子的好榜样。要用自己的行动来引导和改变孩子，培养孩子良好的品行和习惯先自己养成良好的品行和习惯（如坚持每天抽一定的时间看书学习），改变孩子不良的品行和习惯先要改变自己不良的品行和习惯。通过长时间耳濡目染、潜移默化的影响和努力，逐渐使孩子养成优良的品格、良好的习惯和坚强的毅力。以身作则，言传身教，不仅是家庭教育重要的方法，而且是家庭教育成败的关键。

二、父母的一致性

家长在教育孩子时，一定要步调一致，即使有不同意见，"会后"提，绝不当着孩子面相互顶牛。

父母的社会阅历、思想方法、知识层次、教育观念等方面存在差异，对子女的教育也可能不一致。如父亲想对孩子严加管教，孩子却在母亲那里找到了保护伞，孩子有了错误，一个管教，一个袒护；一个批评，一个安抚，容易造成孩子亲近偏爱的一方，疏远严格要求的一方。教育上的不一致，不仅使教育力量抵消，家长的威信受到损害，而且也容易使孩子形成两面性，利用家长的矛盾达到自己的目的。教育的不一致还会给孩子的不合理欲望、坏习惯及错误造成防空洞，掩盖了那些需要纠正的东西，对孩子的健康成长非常不利。

对孩子教育的内容、要求、态度和方法上，不但爸爸妈妈要协调一致，最好和爷爷奶奶、外公外婆也要协调一致。一致的内容可以先少后多、先易后难，毕竟世间万事万物都遵循着量变到质变的发展规律。对孩子的要求还要坚持一贯,不能朝令夕改,更不能忽宽忽严,以自己的情绪为转移。

三、在心理上蹲下来与孩子交流

当父母蹲下身子与孩子同等观察时会发现孩子眼中的世界和大人是不一样的。同样,家长在和孩子交流的时候,不仅身体要蹲下来,心灵也应该蹲下来。

父母应该认同孩子经验的有限性,毕竟孩了了解世界的时间只有短短几年,孩子会用他们自己的高度、方式、眼光去认识和解读这个世界。将自己的心放到和孩子同一水平,不要只讲求形式,身体蹲下来,心理上却还有家长的权威和优势。只有心灵蹲下来,孩子才会看到父母的诚意,乐意将自己的心情和困惑与父母交流,这样才会减少父母了解孩子的困难,及时发现孩子的问题,给予孩子适当的帮助

要孩子理解父母,父母必须首先理解孩子。理解孩子首先要尊重孩子,和孩子能打成一片,而要尊重孩子最好的办法是讲究同孩子说话的技巧,善于从孩子从心理出发,去同孩子谈话。比如,同孩子谈话时,要简单、亲切,让孩子也有机会说话,而不是长篇大论,一人独自说个不停,不能打断孩子说话。在日常生活中要尊重孩子(当然不是迁就)。此外,信任是一剂良药,关心得过分就变成了伤害,把孩子当朋友看待,他才会主动让你走进他的心扉。

四、给孩子创造一个爱学习、求上进的氛围

中国社科院的调查显示,影响孩子成绩的最主要原因不在于家长的职业、文化水平、经济地位,而在于家庭的环境氛围,为孩子创造一个有利于学习的家庭环境至关重要。

有利于孩子学习的家庭环境首先体现在家长对孩子学习的支持和指导。家长应该关注孩子的学校生活,在孩子学习有困难的时候提供帮助,帮助不只

是教他们知识，更重要的是要在态度、精神上鼓励支持，帮助他们树立信心。对孩子的学习要严格要求，“严格”不能理解为要求每门功课成绩都要优秀，而是要求孩子认真学习，在原有基础上不断进步。另外，要及时肯定孩子的进步，使其获得成功的满足。家长对孩子学习的期望应该适当，过高的期望可能会让孩子丧失信心。

在孩子学习时，父母并不是可以随心所欲地做任何事，除非是不得不做的。父母在孩子学习的时候最好不要做一些容易导致孩子分心的事情，比如看电视或蒙头大睡。虽然父母辛劳了一整天，休息一下是理所当然，但这很可能导致孩子心里的不平衡，让他们对学习产生一种反感，而且也容易制造一些干扰孩子学习的因素。父母在这段时间里最好做一些与学习类似性质的事，比如读书、看报等，而且一定要认真。这样，孩子会感觉父母在陪同他们一起学习，会因此而更加重视自己的学习。如果不是迫不得已，尽量不要打扰孩子。这样也会打断他们的思维。

五、开展体育运动，提高孩子身体素质

良好的体质使人反应灵敏、精力充沛，这种功能和价值是人类活动的其他形式无法取代的。经常参加体育锻炼，有利于提高孩子适应环境，抵御疾病的能力。体育锻炼是孩子文化知识学习以外的另一块天地和乐园。在体育竞技运动中获得生命的高峰体验是刻骨铭心的。

体育锻炼有利于培养孩子的团队精神。许多有益身体健康的运动都需几人甚至几十人共同参与。在训练中，孩子们需要相互的关心与帮助。在比赛中，孩子们需要团结协作。面对比赛成绩时，大家共享胜利的喜悦，共担失败的责任。这种由体育运动所展示的集体荣誉感和责任感，是其他许多活动都无法比拟的。

体育锻炼能磨炼孩子的坚韧不拔的意志。人的肉体和精神是不可分的。为了让坚强的精神能够寄寓于强健的肉体，就有了马拉松，有了掷铁饼，也有了

斗牛、拳击、摔跤……正是在这些体育项目中，人类的竞技精神、奋斗精神、冒险精神、创新精神才得以培养和展现。这种追求“更快、更高、更强”的体育竞技精神，对于成长中的孩子是非常重要的。优秀的退役的运动员往往做什么事都能成功，原因就在于他们拥有坚强的意志。

体育锻炼还能改善孩子的气质，形成热情活泼、积极向上的精神风貌。经常参加体育锻炼的人常常兴高采烈，能吃能睡，心胸开朗，学习效率高，乐观自信。汉唐时代的读书人，上马可以杀敌立功，下马可以写诗赋文，其胸襟气概，何等“高大上”！绝非只会夸夸其谈的酸秀才们所能比拟。所以毛主席留下了“野蛮其体魄，文明其精神”的名句。

六、从日常生活习惯纠正孩子粗心

本来不该错的题却答错了，本来不该看错的题目却看错了，本来不该写错的字却写错了，莫名其妙的少答了一道题。有时心里总在提醒自己千万别马虎了，但到那时候，不该错的时候还是错，不该马虎的地方还是马虎。家长如何帮助孩子克服粗心的毛病呢？

考试粗心大意的孩子往往是生活不拘小节和没有严谨的生活习惯的孩子。每个人的生活习惯会直接影响到他的学习习惯，如平时丢三落四，学习用品胡乱排列，思维和说话也是没有逻辑性，这些都是造成孩子学习上粗心的根源，生活上的粗心直接延伸到学习上去，经常的粗心不是偶然出现的，是习惯造成的。

家长应从生活小事抓起，注意培养孩子的良好习惯，甚至一件物品的放置、学习物品的整理、饭前洗手等这样的小事都要严格要求。只有养成好的生活习惯，才能养成严谨的治学态度和好的学习习惯。在日常生活中，家长要用自己的细心去感染孩子，比如把家里布置得井井有条，建议孩子学会自己整理东西、收拾房间，培养孩子自己的事情自己负责的责任感。

对孩子的粗心，家长尽量不要采取正面惩罚的方式，以避免对孩子粗心的强化，而是可以运用正强化的方法。比如在孩子粗心时不去批评他，但是在孩子细心地完成一件事的时候，家长此时及时表扬孩子，强化他的细心，这样孩子就会慢慢接受这种心理暗示，越来越向着细心的方向发展了。

七、努力培养孩子的情商

相对于智商来说，情商对于成功更有价值。卡耐基说过：一个人的成功，只有15%靠他的专业技术，85%则靠他的人际处理能力。

社会是一个群体，任何一项事情光靠一个人单枪匹马的奋斗是不可能实现的，必须依靠群体的力量，这就要学会同不同人打交道，并能取长补短。父母必须培养孩子与人合作的意识，训练孩子的合作行为，增加孩子的合作能力。首先要学会尊重他人，并善于团结和自己意见不同的人。父母应该创造机会，让孩子多参加一些团体活动，鼓励孩子观察别人的需求，主动提供帮助，并在之后立刻给予及时的表扬，如此一来，孩子就能够培养出团队意识及协作能力。日后无论对工作还是生活，皆会大有助益。

对于孩子的从小培养，切记不要操之过急，在一定程度上顺应孩子的爱好是非常重要，强迫孩子做一些自己不喜欢的事情，效果会适得其反。对孩子情商的培养是一项长期的工作，效果是潜移默化式的。家长若能积极地进行情商教育，培养孩子良好的情商能力，就能让其心理免疫力大大增强，得以应付学习和生活中的低潮与挑战，让孩子有能力去经营一个成功与快乐并存的美好人生。

班主任陈莉芬老师对家长一直强调的一句话："您为孩子付出的每一分钟，都将在孩子身上看得到。"可以与众位家长共勉。帮助孩子全面健康的成长，不仅是尽一个父母的责任，也是一个公民的义务。素质教育影响孩子一生，素质教育关乎国家未来。

九江双峰小学班级家委会的建立和运行纪实

九江市双峰小学　吴燕　万莹

当孩子从家庭走进学校成为学生，他就不仅仅是父母的孩子，而是家庭与学校共同的孩子。学校与家庭有了共同的教育目标和对象，但由于环境的差异，角色的不同，教育理念和行为必定需要协调和沟通，所以班级家委会的建立和良好运行就显得尤为重要。

一、家委会的工作以"共同"二字为指导

(一)"共同"，体现了家委会工作中家校共育的理念

"家校共育"是一个中国化的概念，在国外更倾向于把家校关系定义为"合作伙伴"。这种合作伙伴不是因为家长把孩子送到学校而建立起来的硬性关系。如果教育工作者仅仅将孩子视为学生，那么他们可能会发现家庭和学校是分离的。也就是说，学校期望家庭做好自己该做的事，而家庭却将教育孩子的责任丢给学校。直到现在还有些家长会说"孩子送到学校了，教育他是你们老师的责任"。也有些不成熟的教育工作者会说"你把自己的孩子管好，我把我的

学生教好”。这种传统而狭闭的思想无疑已经被后现代教育理念所摒弃。那么什么是家校合作？除了书上传递给我们的概念外，我是在女儿入校后身上的一个微妙现象感受到这种“伙伴关系”的。记得有一次放学回家若晴跟我说：“妈妈，我今天不小心把王老师叫成了妈妈。”还有一次，我们一家三口在桌前玩竞猜的游戏，女儿抢答时并不像以前那样直接喊出来，而是先举手再回答。事后，我把这两种现象结合起来想了很久，琢磨为什么会这样？最终我给自己的答案是——孩子的行为在无形中透露出了家对校、校对家的双重影响，而且这种影响是潜意识的。其实家校合作诸多行动的背后最关键、最根源的本质是孩子需要共同的积极关注。他需要老师和父母对他的成功、失意、焦虑、忐忑予以同样的关注，并为此有所期待。如果家、校任何一方在这个关注上出现了闪失，往往会造成孩子心理上的同一性失调，久而久之还可能出现一些行为问题。如果我们的教育工作者能将学生同时视为孩子，家长在家也能将孩子赋予更多学生的角色。这个时候，我们会发现家校之间，合作伙伴才是最好的关系，因为它涉及我们共同的利益，因为它体现了对孩子的责任。只有建立和保持好这种合作关系，家校才能通力合作，才能为孩子创造更好的计划和机会。

(二)“共同”，也是指家委会和班主任老师的带班工作之间需要保持一个共同的理念

有很多朋友可能会认为，家委会无非就是老师命令的执行者、班级事务的跑腿人、学校意向的传声筒。是的，以上等等我们都在做，而且往往是事必躬亲，但如果家委会和班主任之间理念上存在分歧的话，恐怕更多的是硬着头皮干，心怀委屈办、办完就解散。所以，家委会和班主任之间的理念相容很重要。在这一点上，我班班主任王老师的做法还是值得一提的，王老师带班三年以来，对我们班家委会和家长们的态度一贯是尊重的。在带班问题上，她有什么想法和思路都会积极地首先与家委会沟通，听取大家的意见和想法，在了解和沟通

的基础上争取达成一致意见，然后才会去实施，大到我们班班规的制定、小到班级菜园该播什么菜种，都会广泛民意，而不是“我计划，你执行”，甚至是“你计划，你执行”。通过长期的体验和实践，我班家委会认为，和老师一起做大家认可的事、做大家觉得值得去做的事，才能把事做好，而且才能持续地把事情做好。所谓合作，先是“合”后是“做”，合意味着理念的合拍。节奏一致，大家才能跳好“集体舞”。所以我认为，家委会恰当的角色之一是班主任理念的理解者、支持者和传播者。

（三）“共同”，更是指家委会委员必须坚定的一个理念——“不谋私利谋发展”，而且是为了全体孩子的共同利益谋发展

我班曾有个别家长对家委会存在一些偏见，认为加入了家委会，自己的孩子就可以受到老师的特别照顾，为此不止一次想加入家委会。那么我们也不止一次婉言谢拒了这位家长的入会请求。原因只有一个——家委会绝不是以自己孩子的利益为出发点，而是以全班大局为重，很多时候还可能要为大局自己不得不受点委屈。带着私利去干大家的事，南辕北辙，根本不可能做好。这位家长一开始不理解，后来有一次在校门口接孩子，恰好那天下午下雨了，孩子们都没有带伞，她看到我手里拿把伞就说“你不是可以进校吗？怎么不进去给孩子送伞？”我开玩笑说：“我怕送完出来后，其他家长的唾沫星子来得比雨点还大。”在这样的一句玩笑话中，她逐渐理解了家委会的立场和信念。

二、家委会工作要创建优化家委会工作队伍

（一）科学设置组织机构

2014 年 8 月 29 日下午，在我班召开的新生入学家长会上，经家长们自愿报名，班级进行了家委会竞聘选举仪式，由此成立了我班首届家委会。由于班主

任组织得力，在竞聘前详细说明了家委会的设立意义以及各委员的岗位职责，这使大家在竞聘时能够根据自身特点和优势，有针对性地选岗竞聘，并且在第一时间明确了自己的岗位职责。

时报名竞聘的家长很多，全班有一半以上家长都参与其中。虽然从结果上来看，大多数家长没能如愿以偿，但这种参与是极具意义的：一方面使老师能快速了解到哪些家长是对班级工作有服务热情的；二是让更多家长认识了什么是家委会，家委会是干什么的；最重要的一方面是使刚刚成立的家委会迅速发现了哪些伙伴是你以后的工作中能得到积极配合的人选，他们各自的优势是什么，这些所谓的家委会外围人力资源是我们工作强有力的支持者和传播者。

（二）优化家委会体制结构

1.“分工不分家”、“补位不缺位”、“到位不越位”

家委会成立之后，由于职责清晰、分工明确，工作局面很快打开，七名委员之间合作有序，相处的时间长了，更是能彼此体谅、互相帮助。基于这种团结和谐，我们家委会的工作原则逐渐转化为“分工不分家”，每项工作“补位不缺位，到位不越位”，优势互补、共促共建。每一次的具体任务中，主席只负责统一思想、提出任务目标，各位委员充分发言、集思广益，然后细化具体任务。但这个任务往往不是主席来布置，而是由各位委员自愿来领，大家的工作热情普遍比较高，我们目前的工作状态是活儿还没来，各位委员就已经撸起袖子了，彼此之间配合得非常好。

2.民主集中、安全高效

另外一点值得一提，可能很多班级的家委会群会把班主任请进来，但我班家委会群并没有请王老师加入，这并非是对王老师不尊重、不信任，而是基于这样的考虑：班主任工作任务重、事务杂，更多的精力投入到了教学和班级管理上，如果需要交流思想或布置工作，可以先单独跟主席沟通，主席充分领会了老师的思路后，再转达到家委会。反方向也是一样的，家委会有什么议题，先内部讨论，达成一致意见后，再跟老师汇报。最后在家长群里向大家汇报。主席在这里主要担任了一个传达者和沟通者的角色。这样做有几个好处：一是节省班主任老师和各位委员、家长的宝贵时间；二是避免了群聊天中常常出现的主题易分散、意见不统一的弊端；三是主席替代“隐身人”的角色可以分担家委会其他委员和家长的后顾之忧。这种模式在我班运行得很顺利，家委会工作效率提升很多。

3.对口交流、渠道畅通

另外，我班七名家委会委员还分别与班上其他家长建立了对口交流的工作模式，每位委员分别负责联系五六位家长的日常沟通和答疑解惑。这种点一线一面相结合全方位的运作模式提升了家委员们的责任意识，同时也使家长的诉求能通过理性的、有秩序的方式来解决。

4.加强监督、以评促建

家委会工作离不开全体家长的支持和监督。为此，我们设计和制作了“家委会工作满意度调查问卷”，从家长对家委会的认识评价、对家校合作的了解参与度、对家委会在帮助孩子学习实践上所能提供什么样的帮助等方面做了详细的调查。这份问卷的统计结果为家委会后继的改革提供了很好的参考。家长们一方面肯定了家委会各位委员的工作，另一方面还提出了不少很好的建议。这些建议对于我班三年级后活动的开展起到了建言献策的积极作用。

根据调查结果，家委会经过讨论，起草了工作分析及推进方案，并在班级群公布。一方面是将家长们关心的问题给予一个反馈，希望得到大家更多的支持，另一方面也是为家委会工作机制的完善统一认识。

5.财务公开、班费明晰

班费财务收支是家长们比较敏感的一项工作，财务透明是家长们交班费的一个底线原则。为此，我班家委会本着“财务公开、班费明晰”的原则，力争每一项支出透明公开，让家长放心。每次有项目支出时，我们都会提前在班级群做一个公告，在全体家长无异议的情况下，出纳才会把这笔钱支出去，避免因家长的不支持或不理解留下日后的争议隐患。

每学期末由家委会会计在班级群公布本学期的各项收支。这项工作得到了家长们很高的评价。上学期家长会上，我班王晨曦同学的父亲在听完财务汇报后，毅然决定个人捐款1000元作为班费供孩子们使用，这种义举不仅体现了晨曦爸爸对班级的关爱，而且说明家长们对财务工作很放心和满意。

6.花开撷果、共同耕耘

家委会工作比较繁杂，很多时候我们做过了就做过了，做过了也就忘了。但如果真正想把它做好，我个人认为只有不断总结才能更好地提升工作质量，因为总结不仅仅是写出新闻、写出报道给大家瞧，更多的是当事人自身的一个思考和修正的过程。所以，我们在一年级初始，制作了一份家委会工作简报。每个家长人手一份。家长们看了之后，对家委会工作有了更加清晰的量的概念和质的肯定，同时也为班级留下了一份美好的回忆。

后来在班主任的提倡下，我们在网络开辟了班级博客，及时生动地把班级的点点滴滴记录下来，因为博客记录的内容比较丰富，孩子、老师、家长、学校，可能每个人的足迹都会在此有所体现，所以撰写博文并不是一件轻松的事情，因此我们班成立了一个“博客家长携手团”，由王老师和9名家长以及这9名家长的孩子共同担任携手团团员，大家轮流记述班级博文。轮到哪位家长写时，家长可以优先请自己的孩子拟文，这对孩子的写作也是一个很好的锻炼。

三、家委会工作要畅通信息渠道，做好双向沟通

（一）让家长更真实生动地了解学校

我们常说家委会是纽带、是桥梁，如何去发挥好这个桥梁纽带作用，我个人

认为可以体现在很多细节上。比如对于绝大多数家长来说，尽管人人通、短信、QQ 等通讯工具每天都在家长和老师之间传递信息、互通有无，但家长们还是迫切地想得知孩子在学校的第一现场。所以我个人有个习惯，每次来学校办事时，有意无意会留意下学校、班级的新变化，随手拍下来发给家长们分享，让家长对学校有更真实的了解和感受。

(二)让家长对学校更全面详细地知情

学校定期组织各班家委会主席召开工作会议。我班主席在听取了学校工作会议精神后，会将会议中所涉及的学校发展规划、教学安排、重要决策等一些重大消息详细成文，然后传达到家委会和班级群，争取让每位家长能更加全面详细的知情学校。

(三)让老师更充分地了解家长

家长会召开前，我班家委会往往通过对口交流的方式，私下联系每一位家长，询问他们在家长会上希望听到老师讲解哪方面的内容，为家长会的召开做好话题准备，以便老师就大家关心的热点问题有针对性地进行讲解。一方面使家长会的声音掷地有声，另一方面也提高了会议效率。

(四)让家长更真切地信任家委会

尽管大多数家长对家委会持以理解和支持的态度，但每个班总会有个别家长在这个问题上有所差异。比如，我班某同学家长在第一次交班费时态度比较冷漠，与他对口交流的家委会成员说了好几次也收不上来。最后没办法，我只好硬着头皮亲自去收。当时收钱的场面很尴尬，那位家长是看在我站在雨里苦口婆心说了近一个小时的可怜份上，最后从裤兜里摸出 100 元直接丢给我，转身就走了。当时我拿着这张钞票看着他的背影远去的那一刻，第一次觉得家委会主席确实不好当。

不过后来当得知他家里经济条件比较困窘时，我逐渐能理解他了。于是就给他写了一封信，肯定了他最终能交班费的做法，表达了对他孩子的希望，而且表示今后家里有困难，家委会会一定帮助他渡过难关。虽然直到现在我也没收到他对这封信的回复，但他不久之后能主动加入班级群，并能在需要帮助的时候主动来找我这些现象可以看出他在逐渐转变。家长们信任家委会，家委会的工作才能良性循环。

四、家委会努力培养科学家教理念，让家长和孩子共同进步

我常常跟家长们提到的一句话是“我们期待孩子能优秀，但我们扪心自问，我们是优秀家长吗?”我们期望孩子好好学习，自己却一边给孩子听写一边玩手机。

因此，加强家长的思想引导，培养科学的家教理念是我们家长朋友们必须去完成的一项家庭作业。在这项工作上，我班家委会常常会考虑如何加强家长们这方面的教育意识，在工作中也努力也做出了一些小小的尝试。比如以下几项活动：

(一)“爸爸妈妈听我说”真心话采访活动

很多父母由于教育理念有偏差或者意识不到自身的教育误区，导致孩子受到影响。为此，我班家委会在孩子一年级时特别录制了一期“爸爸妈妈听我说”的节目，在征得家长同意的情况下，家委会成员分组采访每一位孩子对于爸爸妈妈的看法和建议。当父母们在家长会上看到自己孩子平时在自己面前不敢说的真心话时，内心特别激动，有的家长当场落泪，悔过、感动、内疚……节目引起了大家的共鸣。

(二)"家长微课堂"活动

对于家长而言,光悔过、内疚是远远不够的,如何提升自己的家教技术和艺术才是真正的瓷器活儿。帮扶家长掌握科学的家教方法是家委会一项不可或缺的职责。因此我班借助网络微信的便捷性特点,陆续举办"家长微课堂",目前已经成功举办三期,分别围绕孩子作业拖沓、校园欺凌、独立性差、叛逆不从、如何作文等家长关心的热点问题进行了讲解和交流。这项活动受到家长的普遍欢迎,也是我班家委会诸多工作中点赞率比较高的一项活动,同时在社会上也取得了一些影响,光明网、九江教育网、双峰小学校园网等媒体都对此陆续进行了报道。当然,这其中功劳最大的是我们双峰的诸位老师,感谢他们对家长微课堂的倾力支持和帮助!

(三)积极参与学校家长课堂

除了网络课堂,我们同时倡导家长积极参与学校举办的家长课堂,家长们在课堂上学到了更多关于亲子教育的方法和技术。

(四)"家长朋辈课堂"活动

家委会积极利用"本土资源",邀请班里有专业特长的家长进校为其他家长举办交流讲座。如:我班何俊龙妈妈是一位优秀的中医按摩师,我们请她来为家长们讲解中医保健知识,现场演示相关技能。讲座不仅仅面向我班家长,我们还热情邀请了兄弟班级的其他家长来一起来受益,力争资源共享。

五、班级家委会之间加强学习交流,共促业务能力

虽然每个班级的家委会工作各有各的特点,但绝不是各出各的牌,单打独斗。因为我们同在一个学校,我们的视野不能只局限于本班家长的利益和感

受，同时还需要与其他兄弟班级多多沟通，就如运动会开幕式入场，虽然每个方阵各有自己的特色，但是整体上要保持整齐协调的步伐。因此彼此之间多沟通、多交流、多学习是非常有必要的。这样不仅有利于各自班级家委会团队的建设，而且可以有效避免各班家长在有些问题上因比较而产生的不平衡心理。

（一）团队互助、携手共建

比如，我们2014级家委会的各位主席相处得非常融洽，几个班级之间互动和交流的氛围比较好。我们之间有一个约定，由各位主席轮流牵头组织亲子交流活动，在轻松愉快的氛围中畅谈工作，取长补短，彼此帮助、相互支持。

（二）学习理论、提升品质

家委会工作虽然是一项实践性很强的任务，但绝不仅仅是跑跑腿、办办事这么简单，理论的指导和引领才能使这项工作如虎添翼。因此，我们需要多学习关于家校协同教育的新理念和新技术。手边常备一些关于家校共育的书籍是非常必要的。值得一提的是，在《在路上：江西省家校合作试点学校工作案例选编》这本书中我有幸看到我们双峰小学家校合作的优秀案例位列其中。作为双峰家校工作的一名成员，我感觉到满满的幸福，同时也期待学校有机会能把我们这些主席组织起来进行一些专业的理论技术培训，我想我们会做得更好，走得更远。

家长“点菜”，学校“买单”

永丰县恩江小学 陈永保 张云华

江西省永丰县恩江小学是一代文豪欧阳修故里的一所百年学校，是江西省第二批家校合作试点校，拥有师生5000余人。

2016年2月，习近平总书记视察井冈山时深情地说：“井冈山时期留给我们最为宝贵的财富，就是跨越时空的井冈山精神。江西要在弘扬井冈山精神上努力走在前列，创造新的经验。”在家校合作的实践探索中，我校弘扬跨越时空的井冈山精神走在前列，通过“三级家长委员会”和班级微信群、人人通、校园网、学校微信公众号等平台的建设与推广，家校合作与交流方式越来越多样、广泛，家长学习、参与学校生活的意愿越来越强烈。学校适时转变工作作风，根据家长需求，开展主题活动，构建出家长“点菜”，学校“买单”的家校共育模式。

一、“主打菜”——让学生读有所依

背景一：近几年来，许多研究中国传统文学的学者纷纷呼吁、提倡学习中国传统文化，“国学热”悄然兴起。

学校教师在深入开展“万师访万家”活动(注：2017年9月4日，学校“万师访万家”工作案例《让家访成为深化家校合作的源动力》受到江西省教育厅表彰，成为全省首批18个家访工作优秀案例之一）中，不时听到：

爸爸说，学习传统文化能让孩子学史明智，把根扶正；

妈妈说，学习国学能让孩子养成好的习惯，让父母比较省心；

孩子说，学国学能让他们明白“对父母长辈要尊敬，与同学朋友要友好相处，怎样才能赢得别人的尊重”等；

校长说，作为弘扬社会主义核心价值观的主要场所，我们有责任和义务将优秀的传统文化与当前道德建设的要求接轨，让传统文化回归学校本位。

我们围绕“经典诵读”这一主线，将小学生必背古诗词，欧阳修诗词、故事，《弟子规》《三字经》《大学》《中庸》《老子》等国学经典分别刊印成书，先后组织编写了《小学生经典诗文读本》、《欧阳修——永远的课本》、《诵读经典》（上中下）、《读点国学》（上中下）四套校本教材，把这些教材作为“主打菜”，订计划，做方案、造氛围、定时间，积极引领孩子开展经典诵读活动。为了落实读书效果，激发读书兴趣，学校还围绕“海量阅读”课改实验，精心制作“绘本故事”“写作素材单”“循环日记”“亲子共读卡”等实践作业本，免费发放给学生，组织开展“月冠军”争夺赛，“阅读之星”争霸赛等，让学生读有所依。

二、“特色菜”——让学生读有所乐

背景二：在家长对学校满意度测评和学校工作评价问卷调查中，我们发现，家长对学校关注集中在孩子的成绩、学习习惯的养成、学生素质的培养、老师的态度和能力、学校的设施，等等。同时，家长非常希望学校在寒暑假社会实践活动的基础上，多开展一些有益学生身心健康的活动。

家长的需求，就是学校前行的动力。一方面，我们利用平行班级多的优势，改革备课模式，进行集体备课，每周确定一个中心发言人，整合单元教学资源，阐述教学要素，然后大家集思广益，各抒己见，提出修改意见和建议，进行教材拓展与补充，丰富课程资源。另一方面，我们创新教学方式，以“海量阅读”课议实验为抓手，改变一学期学一本语文书及一课一文的传统教学模式，实行单元主题教学，倡导海量阅读。教学实践中，家长纷纷表示，学生的阅读效果家长无法检测与监控，希望学校围绕“海量阅读”做好评比量化工作。根据家长的建议，也为了扎实推进“海量阅读”开展，学校精心设计了“课前预习单”“阅读记录卡”“阅读专列”“跟帖式循环日记”“习字作品集”等特色作业，以作品展示等方式，做好三至六年级手抄报、阅读专列读书心得和一至六年级的阅读笔记、写字作品展示评比活动。系列特色作业的设计，促进了学生阅读效果的提升与阅读习惯的养成，丰富了学生的课内外阅读，激发了学生的学习兴趣，做到了课外阅读课内化，课内阅读课程化。2016 年 12 月 24 日至 25 日，学校“海量阅读”成果在国家会议中心进行展示，受到全国各地与会专家、领导的好评。

三、“时令菜”——让学生读有所获

背景三：一名转学生的家长，拿着自己孩子的试卷到办公室找老师询问，孩子为什么分数如此低？他说，原来在乡镇读书时，一直名列前茅，是三好学生，是什么原因呢？

面对家长的困惑，学校反思：学生是水土不服？还是教师的课堂教学行为存在问题？影响教育教学的“课堂”这一关键环节如何评价与监督？一番思考研究之后，张云华校长向家长宣布：学校实行“推门听课”教学开放活动，欢迎家长到校听课、评课，督查教学常规，参与学校组织的各类活动，分享孩子的快乐，见证孩子的成长。随后，家长们纷纷走进考场，感悟孩子学习的辛苦；走上讲台，体验教师教学之艰辛；试卷批改，发现问题而知不足；赛事评委，享受参与之快乐；爱心护学，懂得孩子成长不易。2017 年 3 月，我们丰富活动形式，推出了“第三课堂”教学活动。学校邀请家长根据自身优势进课堂讲课，让学生课程丰富起来。50 多位家长先后走进课堂，对学生进行卫生常识、安全防护、手工制作、武术围棋等课程教学，丰富了校本教材内容。2017 年 9 月，学校开展“让读书成为一种生活方式”校园读书节活动，进一步拓宽学生发展的平台，表彰“阅读之星”“书香班级”“优秀书香家庭”，开展“读、写、说、比”等系列主题读书活动，倡导海量阅读让中华优秀传统文化进课堂，为孩子今后成长打好底色。除此之外，各班级家长委员会还充分利用“六一”“元旦”等节庆假日甚至双休时间，纷纷出谋献策，带领学生走出校门，开展以“红色、古色、绿色”为主题的“三色”文化活动，围绕“知”“行”“践” 这条主线，从“知”入手，积极培养学生阅读兴趣，提高其阅读能力，为“行”和“践”奠定良好的认知基础。以“行”促 “知”，带领学生走出校门，亲近自然、了解社会，让学生在“行”中感受红色基因的伟大、生态文明的重要和传统文化的宝贵，开阔视野、磨砺意志。如 2017 年 5 月 8 日，四(11)班和四(13)班班级家长委员会，围绕 “赏庐陵新景，做文化传人”“传承井冈山精神”等活动主题，到吉安市组织开展了“弘扬井冈精神，感恩幸福生活”户外拓展活动。2017 年 10 月 6 日，学校家长委员会，将再次带领学生走进第一次反围剿主战场——永丰县龙冈畲族乡接受革命传统教育，瞻仰革命烈士纪念碑、敬献花篮，看望慰问龙冈畲族乡敬老院老人。

我们还以赛促读，提高学生阅读兴趣。2017 年，学校制订“诗意教育”实施方案，组织“诵读展示”“课本剧”“故事比赛”“征文”“手抄报”等专项比赛，开展读书沙龙、道德讲堂、诗意诵读等活动，师生共答，读有所获。特别值得一提的是，学校与永丰电视台联合创办了“诵读经典”专栏，把课堂搬上银幕，每月一播，一年下来，学生得到锻炼，家长受到启发、社会高度关注，校风影响了家风，促进了全民阅读活动的开展。

四、“加味菜”——让家长提升素养

背景四：在 2017 年春季开学典礼暨表彰大会上，学校邀请一位优秀家长大会发言。她为全校师生分享了三个育儿故事。会后，我们得知，许多家长面对怎么样教育自己的孩子感到茫然，迫切希望学习相关知识，通过一些案例的学习，查找自己家教中的误区。

经过思考，学校以优秀家长发言内容为切入点，面向全校家长征集“我的育儿故事”“我的教育理念”，并进行征文比赛，将征集的育儿故事结集刊印，免费发给各班级家长委员会成员和优秀家长，进行教育理念案例分享，倡导家教理念。开展校园读书节系列活动，落实亲子共读、师生共读项目工程，进行书香班级、优秀书香家庭评比。近两年，学校分别将《家教对了，孩子就一定行》《真正的陪伴》《陪孩子走过小学六年》《正面教育》等家庭教育专著，奖励给654名优秀家长和优秀书香家庭，让家长为孩子树榜样，浓氛围，带学风，兴家风，促民风。

教育合力的形成，需要家长转变教育观念，改善教育方式，提高教育效果。需要学校担当起教育主导者、服务者和资源利用者的角色，指导一线教师履行组织、引导、合作的职责，帮助家长成长。对此，我们一是成立家长委员会、建立班级微信群，让家长在群中分享"育人心得""我的家庭教育观"，让教师在群中答疑解惑。二是开设家长夜校，提升家长素养。定期不定期地邀请省教科所专家、家长委员会代表等领导嘉宾到校开坛讲学，分享育人理念，转变教学观念，提升家长素质。三是针对留守儿童家庭开展公益讲座及系列专场教育活动，邀请名师进校园开展"亲子读心术""五种类型的父母""跨越人生的标杆""预防校园暴力"等家庭教育讲座，开展文体游戏活动，进行团体心理疏导。

三年来，我们立足为学生终身发展负责的理念，组织开展丰富多彩的读书活动，免费发放校本教材、阅读专列、习字作品稿纸等学习用品，想家长所想，供家长所需，家长"点菜""买单"，营造出良好的育人氛围，取得了一定的成绩，活动得到了省教科所及《江西教育》编辑部的高度评价。2017年5月26—28日，在全国家校合作经验交流大会(昆山会议)上，我校代表江西省在大会主会场作经验交流；《江西教育》A版(2017年第7～8期管理版)，对我校亲子共读以"立学以读书为本"为题进行了详细报道。通过家校共育，提升了学生的语文素养、促进了教师的专业成长、构建了恩小的办学特色，引起了家庭、社会对阅读的广泛关注。

家校合作的实践与思考

新余市渝水区第三小学　陈忠英

自2012年上半年开始，渝水三小在全市中小学校率先提出了“孩子在校学习六年，家长到校工作一天”的办学思路，引进科学、民主、程序化的家长参与学校管理机制，让家长以主人翁的身份参与学校管理、决策，成功实施了共十二届家长进校园、进家庭、进社区工作制，打开了学校民主管理之门，创新了未成年人思想道德建设工作，形成了富有特色的开放型家校合作的教育管理文化。

一、家校合作的方式

1.体验课改，幸福花开

针对传统课堂教学模式教师“一言堂”、学生“沉默听”的现象，2012年2月，渝水三小自下而上对传统课堂教学方式进行了主动课变、大胆创新。由于家长对课改的不了解，甚至是误解、怀疑，2012年初，我校就启动了首届家长志愿者进校园工作实施计划——让家长以志愿者的角色进教室观摩并参与新课堂，与孩子一道在课堂当中亲身体验独学、对学、群学、展学、查学等全新的课堂模式。通过广大家长的跟踪、参与课改，我校的课改工作稳步、持续推进，家长对课改的支持率从最初的45%上升至100%。六年来,家长志愿者进课堂听课及参与课堂教学活动计1600余节。家长志愿者的参与、体验,铸就了我校课改实验的成功,给渝水教育带来了全新的活力。六年来,全国、省、市、区兄弟学校领导、骨干教师近2000人次莅临学校观摩新课堂教学及家校合作成果展示。

同时,我校先后有数十位课改骨干教师走向山东、厦门、浙江、贵州等地进行课改传经送宝。

这些成果的取得,与有心有力的家长志愿者的奉献是紧密相连的。

2. 参与决策,共管共融

让家长参与学校决策,培养家长领导者和家长代表。目前,我校的采取措施有两个渠道:一是每个学期召开三次家委会,与家委会成员建立伙伴关系,把学校的重大决策与大型活动交由家委会商议和沟通,然后再执行。比如:学生综合实践活动地点的选择、校服的设计、教师的加班工资、校本教材的开发、收费,家校矛盾的化解等;二是家长志愿者进校园工作一天,凡是星期一当志愿者的几位家长可自行推荐一位列席我们的班子会,对于会议所有的决策,家长有权提出异议。通过六年的坚持、坚守,我校有113名家长志愿者代表直接参与了班子会的行政决策,其中有85.6%的建议被学校采纳。这一举措,切实增强了家长参政议政的积极性和成就感,成功实现了学校由封闭走向开放、家长由"局外人"向"局内人"的角色演变。

3. 亲临讲堂,共育相长

家庭教育是爱的教育,要改变孩子,从改变家长自身做起,身教重于言传。秉持这种科学、正确的家庭教育理念,渝水三小于2016年9月成立了父母讲师团暨星期三课堂宣讲课程。计划每两周一堂课,每学期预开设8至10场育子课程专题讲座,分别由有一技之长的家长授课。近三学期,共授课20余场,受益家长2600余人次。家长讲堂,让更多的孩子从普通变为不平凡,让更多的家长与孩子一起成长。

4.结对认亲,惠泽学子

在我校教师志愿者的带动下,广大家长又积极响应学校开展的“结对认亲,三小有爱”志愿帮扶活动,这些有心有力的家长爱心认领家庭经济困难的学生或留守儿童,与他们“一对一”或“一对多”进行长期结对帮扶。例如:家委会会长林际与他的儿子林恩浩五年来长期帮扶我校孤儿简烨的故事,被全校师生、家长传为佳话;家委会副会长薛兰娟长期帮扶我校35名贫困生与留守儿童,在当地也是家喻户晓的故事……三小有爱,爱在三小。在广大家长志愿者的爱心和资金资助下,这些特殊学生得以顺利完成学业。六年来,有138名家长志愿者共爱心帮扶特殊儿童365人次,帮扶、筹集资金10万余元,帮扶活动已走上了常态化、品牌化之路。

5.校建维修,爱熠光华

让家长利用他们的爱心、责任心和职业优势,直接参与或监工校建维修工程,也是我校的一个特色品牌活动。如:家长易敏夫妇耗时15天搭建的用于教师停放电动车的车棚,他只收取了材料费与成本费,共节约资金5万余元;江建夫妇利用两个双休日帮助校园改造老化线路,共节约资金3万余元;林际家长义务监工校庆亭的建设;黄茂青家长提议教学楼走廊栏杆加高加固并亲自每天前来义务做小工;一批家长志愿者自主参与维修桌椅;支持校庆工作……像这样的案例不胜枚举。通过这些家长的爱心技能帮扶,我校节约校舍维修资金近30余万元,为创建平安、节约型校园开创了管理新局面。

6.协调矛盾,诠释和谐

我校还有一支“美在路上”家校矛盾纠纷调解志愿服务队,这些有心有力、综合素养较高的家长自愿自主报名成为家校纠纷的调解员,实现了家校之间的无缝对接,和善交流、沟通,对协调工作带来了极大便利。例如:学生与学生之间磕磕碰碰的事经常发生,有些家长过于计较、较真,导致双方家长矛盾激化,甚至在校园大打出手,班主任与科任教师家访也无济于事,而家长志愿者本来就是家长，是广大家长的代表，学校组织他们来调解这些矛盾纠纷能达到事半功倍的效果。又如：一位中午酗酒的家长强闯校园打骂学校音乐老师以及一位为孙子送书包的老婆婆在校园被高年级一学生撞倒要求理赔之事，都在家长志愿者的友好调解下化干戈为玉帛。这些年来，我校家长志愿者参与家校矛盾纠纷调解 6 起，为家校和谐发展立下了汗马功劳。

7. 走进社区，传递文明

每月的最后一个双休日，我校的另一批“美在路上”家长志愿服务团与广大师生携手，有时走进福利院为残疾儿童奉献爱心；有时走进敬老院，弘扬中华民族敬老爱老的传统美德；有时走进贫困生、留守生、单亲生家庭，对他们嘘寒问暖；有时又走进社区清理垃圾、传播文明，扮演城市美容师……六年来，为社区献爱心 3000 余人次，受到周边居民的热烈赞誉，为社会传递了温情和正能量。

二、家校合作的成效

1. 受益了孩子

家长进校园当志愿者是孩子们最自豪的事：清早上学，看到自己的父母来学校当志愿者，孩子们走路更神气；课中，父母坐在自己身边一同听课或走进课堂上课，孩子听得格外认真，发言格外积极；大课间时，父母和孩子们一起跳绳、转呼啦圈、玩老鹰抓小鸡的游戏，孩子们玩得特别开心……通过一天的接触，家长志愿者无形当中给自己的孩子树立了榜样，从而激发孩子的学习兴趣，形成积极的个性、习惯，为孩子树立了正确的人生观、价值观和世界观。根据我们学校的调研报告显示，95％以上的孩子迫切希望他们的父母来校当志愿者。实际上，通过共十二届家长志愿者的奉献效果来看，学生不但形成了积极的个性、习惯，更能理解、尊敬家长的监督。

2. 成就了家长

(1)能理解和体谅教师工作的艰辛与烦琐。

(2)可以获得更多的教育技能、技巧；比如：有的家长通过走进课堂听课，明白了一些知识点的传授讲解方法；有的家长通过参加亲子运动会、经典诵读评委等，懂得了孩子的品德教育往往比学习成绩更重要的道理。

(3)亲子关系更和谐。

(4)提升家长参与学校工作，与教师、孩子打交道的自信与自身综合素质。例如：有的家长由此戒掉了麻将，有100％的家长争当优秀家长志愿者，并鼓励孩子争当优秀学生，时时处处与孩子比成长、晒进步。

3.成长了教师

我们的教师受到来自家长反馈的影响，会不断地审视和反思自己的教育理念、教育行为和教育效果，从而促进自己的专业发展。如：更加关注学生，更好地设计家庭作业，更重视课堂教学纪律和教学效果等。

4.发展了学校

学校不但丰富了教育元素，建立了家长资源库，而且减轻了教师的工作负担，减少了家校之间的矛盾和误会，让家长更加理解和支持学校的工作，让家校教育找到了共同的话题，使家校教育产生了合力，促进了家校和谐发展，促进了校园精神文明建设。

5.改变了民风

同时，我校另一批家长志愿者携手广大师生利用双休日、寒暑假等业余时间走进特殊儿童家庭、走进社区义务工作，加大活动的辐射面和影响力度，将家庭、学校和社会的力量有效整合在一起，共同教育孩子，共同奉献爱心，让良好的校风影响家风，让家风改变民风，从而让更多孩子向真、向善、向美，让更多家长、教师感恩互助，提升自我，走出重分数轻品德的育人误区，让学校管理更科学，让家校教育理念更超前，为孩子、为社会传递了更多的正能量。

三、家校合作的做法

1.统一认识，加强领导

为了组织实施志愿者工作制，首先，我们召开了校委会、家委会和学生代表大会,分别征求了他们的意见,取得了他们的统一认识之后,我们颁发了《致全体家长倡议书》和《渝水三小家长、教师、学生志愿者自荐表》。

2. 建章立制,注重管理

为了规范志愿服务团工作,让他们有章可循,有度可握。学校组织家委会讨论,制定了《渝水三小“美在路上”志愿服务团管理章程》《渝水三小家长志愿者进校园、进家庭、进社区的工作细则》。每位志愿者人手一份,明确职责。同时,由家委会代表设计了志愿服务团团旗及徽章,制作了红马夹。

3. 上岗培训,悉心指导

成立启动仪式,对家长进行上岗前的培训:指导家长如何开展志愿者工作、工作的时间地点、工作时的注意事项、要求、工作记录本的填写、与学校当天的校务值日联系方式等。家长、学生通过岗前培训,明确了志愿者工作的重要性,知道了操作要点,对自己的这份工作有了更多责任感。

4. 总结表彰,激励先进

每一届活动中,我们都会召开志愿者总结表彰大会。总结一学期志愿者工作的开展情况,表彰热心服务的优秀志愿者,广大志愿者也会谈谈自己工作的体会感受,特别值得肯定的是部分志愿者会对下学期如何更好地开展这项活动,提出许多很有见地的意见。这为志愿服务团制度一如既往地坚持下去提供了强大动力。

四、家校合作的思考

1. 年龄结构不容乐观

学校的初衷是让孩子的直接监护人——父母进校园、进家庭、进社区进行家校合作活动。但事与愿违,部分家长为了外出打工或以工作忙为由找借口,往往让“爷爷奶奶”“外公外婆”级的家长抱着完成学校布置的工作任务为目的来校进行家校合作活动。家校合作的当天,由于孩子监护人年龄的边缘化,学校相关工作人员不敢让他们参与任何活动，即使进课堂听课，也由于其监护人的眼花耳背，听不出、看不出一个门道来。这样的家校合作基本无意义和价值，面对此类种种，学校很无奈，也很沮丧。

2.综合素质有待提高

活动过程中，少部分家长不配合学校的工作，他们来校的目的只有一个，为了来看护自己孩子的学习，来保护自己的孩子不受他人欺负，对于自己服务的本职工作职责熟视无睹，对其他的孩子言行更是冷眼旁观，一副事不关己、高高挂起的样子。更有甚者，在一次摘橘子的秋游活动中，有个别家长甚至忘记了自己家长的身份和任务是来充当自己孩子班的平安护花使者的角色，居然自带大麻袋在橘园摘橘子，“满载而归”。此类现象，虽属少数，但会对孩子的心理产生严重的负面影响。

3.性别比例严重失衡

在当今社会，由于激烈的生存竞争，大多数家庭中的父亲忙于工作，在职场上全力打拼，照顾家庭和教育孩子的重任落在了母亲一个人的肩上，致使父亲在孩子成长过程中的作用逐渐被弱化，甚至渐渐淡出，出现了“亲情关系向母性群体倾斜”的现象。同样，家长志愿者进校服务队伍中也出现了女性化的倾向。据这十二届家长参与活动的资料显示，男女比例的数据是1∶7.5。学校的初衷希望有更多的父亲进入校园服务，以弥补教师队伍中男女性别比例的失衡。虽然家长或教师的优秀与否与性别无关，但从孩子将来的成长和发展来看，长期受女性化教育的孩子在心理上缺乏安全感，而且缺乏果敢、自信、独立等优秀品质。由于学校男教师偏少，有些活动是女教师无法胜任的，而父亲家长可以弥补其不足。

家长志愿者

——搭起圆梦的平台

新余市渝水第三小学　易敏

参加学校的组织的家长志愿者进校园活动，是每个家长非常乐意做的事情。因为“家长志愿者”是学校与家长之间的桥梁，每个家长都希望通过与学校之间的互动，了解学校的最新动态，为孩子的成长营造一个良好的氛围，而儿子学校的“家长志愿者”正好帮我圆了一个关心教育、丰富人生、回报社会的梦！

我是在学校发出倡议后主动报名的，后来经过学校的培训于 5 月 28 日正式上岗，正好是第一批志愿者第一天上岗值勤。到目前为止，我们全体家长志愿者开展了指挥停车、引领学生安全通过斑马线、帮助孩子提书包、帮助孩子雨中打伞、课间巡视、纠正个人不良习惯行为、劝阻安全交通行为等护生护校活动。

家长志愿者活动是一项非常有意义的工作，虽然我牺牲和奉献了时间与精力，但我也收获了很多。

首先，通过这次亲身体验让我更能体会老师的辛苦，对教师有了深层的了解。他们平常除了教学、备课外，还要搞好班级的管理、学校的管理，非常的辛苦和不容易，请家长多给他(她)们一些理解和尊重。

其次，家长做志愿者的时候，能充分了解学校的教育和管理工作，更好地与老师在培养学生方面进行互动，增进育人效果。家长们在投入到孩子的日常教育中后，不仅打开了教育的另一扇窗，而且也增长了教育孩子方面的知识。家长的参与，不仅让孩子感到光荣，而且让家长懂得“如何最好地教育孩子”，近距离接触也加深了家长对老师的认识和对教育的理解。

第三，通过家长志愿者活动，我收获了可贵的友情。我们的家长志愿者来自不同的年龄段，从事着不同的工作，这些家长志愿者中间有公务员，有企业的经理、职员，也有私营老板和家庭妇女，虽然大家年龄、学历、职业、性别不同。但他们急学校之所急，想学校之所想，对学校、对孩子的关心、教育同样重视，每人都利用进校园工作的这一天做了一件件实事、好事。为了可爱的孩子，大家不约而同地走到了一起，工作之余，我和大家一起值勤护校、网络上和大家一起交流育儿经验、探讨值勤体会，共同为学校的发展出谋划策。我感谢家长志愿者活动让我认识了更多的朋友，开阔了眼界、增进了友谊。

第四，通过家长志愿者活动，我收获了快乐的心情。我们家长之所以能够聚到一起，是因为我们热爱生命、热爱生活！我们关心和爱护自己的孩子。同时，我们也关心和爱护孩子所在的学校、所在的班级，关心、爱护和孩子同在一片蓝天下共同学习和成长的所有孩子。孩子的健康、平安是我们每个家长共同的心愿。加入学校的志愿者队伍，为孩子们做点事，为学校做点事，一直是我的心愿。送人玫瑰，手有余香；送人灯盏，心有余光。

第五，通过家长志愿者活动，我收获了太多的感动。为了孩子们健康快乐地成长，我们家长志愿者不怕日晒、不畏风雨、不顾疲惫，早出晚归，轮流守岗，天天如此，从未间断！他们在校门口这个特殊的“爱心岗”上默默无闻、辛勤耕耘，有时甚至来不及接自家的孩子，处理不了自己的家务。正是因为全体家长志愿者这种关爱学生、服务学校、服务家长的崇高境界和持之以恒的爱心行动时刻感动着我、激励着我，也感染和引领着每位家长，使护生护校活动成了渝水三小校门口一道亮丽的风景线。

第六,通过家长志愿者活动,我体验了成长的历程。家长志愿者活动开展的过程也是我们家长志愿者不断成长、不断完善和不断提升的过程。每次下午放学,因为接孩子的家长比较多,人员相对集中,而且以老年人居多,有些家长随意乱停车辆、堵塞通道现象比较突出。针对这种情况,我和其他家长志愿者一方面耐心劝说、积极引导,特别是对个别年纪大的家长我们更加注意沟通技巧、注重方式、方法,做到有礼有节;另一方面我们身体力行、率先垂范,不但自己带头遵守学校倡议,自觉按规定停放车辆,而且帮那些不肯配合的家长停放好车辆,确保校门口、通道口畅通。与此同时,我的孩子也从学校的家长志愿者活动中受益匪浅。比如,儿子知道我当家长志愿者后,他觉得爸爸能帮学校做事,是爱他关心他的一种表现,他的自豪感和自信心也油然而生。

总之,回顾参加家长志愿者活动的每一幕,我觉得我只是渝水三小家长志愿者中的普通一员,我们没有令人刮目相看的特殊才能,只是用一颗爱心,愿意温暖一个又一个需要帮助的人;没有惊天动地的壮举,只是用点点滴滴的实际行动,回报社会,支持教育,服务他人;没有获得丰厚的物质回报,但每天却过得充实而快乐。

最后,我衷心希望渝水三小家长志愿者活动越办越好,希望更多的家长朋友们参与进来,让学校和家长一起更好地学生的成长提供良好的环境和条件,为孩子营造更好的大环境,提高孩子成长的动力。

家校合作　共建美好未来

吉安师范附属小学　蒋伟平

吉师附小历来重视家长学校工作，注重家长学校的规范管理。学校认真落实市教育局关于“家校合作”的相关政策，建立有效的家校沟通平台，尊重家长的权利，挖掘家长优质资源，激发家长的参与热情，努力构建相互尊重、相互配合、相互支持的和谐家校关系，提高家长对学校工作的满意度。

一、加强家长学校管理

1. 建立家长学校领导小组

家长学校是家庭教育的源泉，是家长们获取最有效的教育方式的途径。我们始终坚持先教会家长，再教育学生的思想，并以提高家长素质和教育水平为目的，形成家庭、学校相结合的教育网络。为了使家长学校规范有序地开展工作，我们成立了家长学校领导小组：

组长：焦旻敏

副组长：龙荣清、刘香群、罗晓萍

成 员：学校中层与各班班主任

2.计划有落实、授课有保障

学年开学初，我校把家长工作列入学校工作计划，加强计划性；同时，家长学校坚持面向全体家长，适时组织学习培训。为了提高家长学校上课的质量，我们针对不同年级学生的特点，组织上课内容。例如，针对一年级孩子刚刚进入小学，没有形成良好的学习习惯，学习又有一定困难。家长如何关注刚入学孩子的学习，需要正确指导。我们专门在九月初安排《幼儿园教育与小学教育的区别和对策》，提出针对一年级孩子的特点，要求家长培养孩子良好的完成作业的习惯。

3.多渠道、多形式开展家长学校工作

针对家长工作忙，不可能长时间集中学习的实际情况，我校采取多种形式，组织实施家长学校工作：

(1)集中学习，应用在了一二年级。

(2)问卷调查。通过问卷调查了解家长怎样对待孩子的优点和缺点及家长对学校的意见和建议。

(3)变纯家长会为讲授家教知识、增加家校对话交流的领地。

(4)实行优秀家长评比制度。激励先进、树立典型，对鼓励家长争做新时代的合格家长起到了一定的作用。

二、以活动为载体，拉近家校间距离

1.深入开展“万名教师访万家”活动

家庭是每个孩子的第一个、最重要的教育场所，了解每个孩子的家长环境有助于老师全面了解学生情况、有效地教育学生。每个学期，我校会定期开展“万师访万家”家访活动。学校坚持“五个必访、三个结合”，落实每个老师通过上门、电话、网络等各式方式进行访问活动。在访问后，每位老师根据家访情况填写家访回馈单，家长也在回馈单上填写了自己想法。这样的活动，让家校充分了解对方，也紧密了学校与家长的合作关系。

2. 家长志愿者进校园活动

家长对于学校活动是热心的，为了让家长充分了解学校的活动，发挥学校成员的作用，我校组建了家长志愿者团队。由各班热心家长组成的家长志愿者们充分发挥了学校主人翁意识，在今年的全市教学开放日当天帮忙接待全市参观者、在"弘扬井冈山精神 争做井冈传人"最美教室评比、"弘扬井冈山精神 争做井冈传人"讲故事、演讲比赛等活动中当评委和统分者。他们早已与附小融为一体。

3. 开展"家长进课堂"活动

为了让更多的家长能够进入学校、进入课堂，共同关注学生的学习活动，学校于 4 月份组织了"家长进课堂"活动。家长在教师和学生的共同邀请下，进入久违的课堂，与孩子们一起上课。家长们在感受课堂氛围的同时，关注了自己孩子的课堂表现，关注了教师的课堂行为。这样充分拉近了家长与学校、教师间的距离，也是家校合作模式的良好探索。

4. 开展感恩教育系列活动

充分利用各种传统节日对学生进行教育。母亲节、感恩节开展孝敬长辈教育，在学生方面，比如给妈妈写一封感谢信、制作一张贺卡、制作感恩节的手抄报等；在学校层面，我们要求每班出好一期相关内容的黑板报、学习园地。为了增加活动的实效性，我们也要求家长对孩子不同形式的作品进行反馈，让孩子与家长进行沟通，以增进彼此的情感，了解各自的内心需求，也为家长与孩子的交流开辟了一个渠道，取得了良好的效果。

5. 开展优秀家长讲座活动

为了开展素质教育，学校邀请一些在事业上有所成就的家长进课堂，让他们现身说法，给学生讲自己创业的历史、奋斗的艰辛，让学生既感受到知识的重要，又懂得学习机会的宝贵；或邀请优秀学生的家长，让他们讲述自己孩子的成长历程，这种草根化的讲座，取得了良好的效果。

三、挖掘德育资源，引导家长学习

1. 利用好《怎样当好家长》

2011 年扩大了周报的征订范围，从三年级开始到六年级，除了个别贫困家庭以外，全部征订。我们要求学生不但自己读报，还介绍给家长读，让家长不断吸收新的教育孩子的理念和方法。

2. 学校为每个班级征订了《班主任之友》杂志，让老师通过阅读杂志，了解家庭教育的技巧，指导家长教育好自己的孩子

在每个学期的家长会上传授家庭教育的基本理论和教育原则，学习儿童生长发育的规律和儿童的心理特点，指导家庭教育，为孩子的健康发展服务。

3. 为了提高家长的家庭教育水平，扩大家校联系的范围，学校专门邀请了家庭教育的专家来校做报告

专家的浅显例子与深切话语，感动了每位到场的家长，一些家长与讲课教师产生了共鸣，休息期间纷纷上台，与专家共同磋商教育良策。

四、利用网络短信，联系沟通家长

1. 充分利用好吉安市网上家长学校资源，扩大家长受教育的参与面

在九月份一开学，学校就把一年级学生和新进入我校的学生家长的基本情况统计好，发放《告家长书》，要求家长尽快参加“家校路路通”，让广大家长能在家里了解网上家庭教育的信息。同时要求学校教师利用好“家校路路通”的资源，沟通学校教育与家庭教育的联系，不但交流孩子的学习情况，而且要交流孩子在学校和家庭的平时表现，为学生的成长发展服务。

2. 充分利用短信、QQ、微信等联系工具，沟通联系家长

以往的家长会，教师只能把班中共性的问题说一下，许多个性问题没有时

间，也不可能在会上去说；家长也主要是听教师讲，他们内心真正的想法也因为种种原因无法和教师畅快地沟通。面对这些情况，因为家用电脑基本普及，利用网络等联系家长谈谈各自想法，不失为一个好办法。低年级的老师，可以把每天布置回家作业，通过QQ、微信告知家长，让家长关注孩子家庭作业的完成情况。

五、成效明显

1.家长素质得到提高，家庭育人环境得到优化

通过参加培训，家长认识到家长是孩子的第一任老师，也是孩子的终身老师，从而增强了家庭责任感，树立了良好的家风，进一步认识到家庭教育的重要性。

2.净化了社会风气，促进了精神文明建设

3.家长学到了科学的教育方法，提高了孩子的学习成绩

4.密切了家庭与学校的关系

既有利于全面准确地了解孩子，增强教育的针对性，又有利于增强家长对教师的了解、信任，使家长能主动地支持学校、教师的工作。

学校不单是老师和学生的学校，同样也是家长的学校；家长不认可的教育，是苍白无力的教育；家长参与的教育，是充满活力的教育，是和谐的教育。因此，在今后的工作中，我们将继续探索家校合作的模式、途径与方法，使每个孩子在老师和家长的共同教育下健康快乐地成长，从而为他们创造一个美好的未来！

吉安韶山路小学家长开放日活动纪实

吉安市韶山路小学　肖安娜　邹星

秋高气爽，丹桂飘香，又到了一个收获的时节。10 月 20 日上午，韶山路小学校园内不仅有孩子们蹦蹦跳跳的身影，还多了家长们的欢声笑语。这是我校开展的家长开放日，是学校向家长展示孩子们在校园里的生活和学习情况的日子。区教育局、区教研室的领导、老师以及北路片课改区的分管教学的副校长、各学科教师和 120 名家长参加了此次活动。

活动分为 7 个流程，主要展示学校的新课堂教学和校园文化建设。上午 8:00全体家长在学校操场集合，分管教学的黄年英副校长致欢迎词；8:25 家长走进课堂听第一节课；9:05 欣赏学校大课间活动——三字经弟子规韵律操；9:25 参观学校特色教育；10:05 参观校园，小小员进行校园文化介绍；10:30 校级家委会委员会议，其他家长集中评课；11:00 校级家委会委员对班级文化布置进行打分评比。

一、走进校园

走进校园，分管教学的副校长黄年英发表了热情洋溢的讲话。她用简短的语言告诉家长这次活动的目的。走进校园，让家长了解学校的发展趋势并参与学校的管理；走进课堂，关注韶山路小学的育人特色，了解我们课堂教学和课改走进新课程的现状，亲历我们课堂的教学氛围；走近孩子，倾听其心声，与教师共同探讨新课程下的课堂教学。向社会展现校园风貌，展示师生风采，创设和谐育人氛围。

二、走进课堂

随后，由教师带领家长进班听课。课上，教师和学生精神饱满，教学过程生动有趣，老师采用多种有效的教学手法，使学生在轻松愉快的氛围中掌握新知。既体现了“以学生为主体”的教育理念，又突出了“基于课标的教学与评价”教学理念。家长们认真聆听，欣喜于教师的教学艺术，欣赏着孩子出色的表现，随时用相机记录下孩子在学校的快乐生活。

家长们在观摩了语文、数学、英语、美术、体育等学科的教学后，齐聚一起，进行了近乎专业水准的评课。他们说，这次活动让家长对学校的教学有了最直接的感受，老师们采用多种新颖的教学手法，借助现代多媒体，开展生动活泼的教学，使学生在轻松愉快的气氛中当堂掌握并巩固所学的内容。课堂上教师倾注爱心耐心讲课，给每位学生展示自我的机会，让他们认真思考，积极参与课堂讨论，师生互动和谐，课堂气氛活跃、民主。家长们看到了孩子们积极参与活动的情景和愉悦、欢快的精神面貌，感受到了老师对孩子们学习上无微不至的照顾。开放的时间是有限的，然而家长的感叹声、赞美声却是连绵不断的：“我的孩子真开心”“想不到孩子在校的进步这么大，还学会了不少本领”“见到老师们对孩子的态度，我们都放心把孩子交给你们”。听到这些的话，老师们备受鼓舞。

三、走进大课间

随着《士兵小唱》音乐的响起，孩子们踩着音乐的节拍，踏着矫健的步伐来到学校操场上做课间韵律操。每个学生都投入地跟着主席台上的领操员跳着、唱着。瞧！孩子们的脸上都写满了快乐，洋溢着光彩。

四、感受校园文化

通过小小讲解员的讲解，家长们对校园文化有了更多的认识，对于我们的教学理念，办学宗旨有了更深的领会。

课外阅读活动、传统美德教育是我校的特色活动。小小讲解员为家长们介绍了学校的非物质文化遗产艺术教育。吉安的非物质文化遗产更是具有鲜明的地方特色。为更好地传承庐陵文化，学校开设了"非物质文化遗产"艺术学习班。学习班上的同学或剪纸或做陶，有时做手工，有时画农民画，他们在丰富多彩的活动中感受着非物质文化遗产的独特魅力，体会着艺术带来的快乐。

五、走进家委会

新的学期，又来了一百多位一年级新生，也就意味着我们的家委会要吸收新的成员了。借着“家长开放日”这个特殊的日子，韶山路小学新一届家长委员会成立了！

会上，由政教处肖安娜主任宣读了《家委会章程》，大家一致举手表决通过！校领导对家委会的工作尤为重视，陈智英校长亲临会场并做了重要讲话，现场掌声雷动！

为了更好地有组织有计划地开展活动，随后，会上委员们一致推选王士勇任家委会主任，喻风兰任家委会副主任，陈校长和万校长为其颁发聘书。两位主任的就职演说简短而真挚，相信在他们的组织下，在其他委员的通力协作下，我校的家委会工作将会开展得愈加有声有色！

这 29 位委员的身后是我校的 29 个班集体，他们是从 1795 位孩子的家长中推选出来的。这一本本聘书是一份份荣耀，亦是一份份责任与担当！

最后万校长对学校各项工作向家委会做了汇报，对家委会今后的工作提出了具体要求，并对家委会提出了希望，希望各位委员能以主人翁的姿态参与到学校的工作中来，做好学校与家庭的桥梁！

六、评比班级文化

会后，委员们就瞬间进入角色，担当实干！他们分为三组，对各班的班级文化布置进行了评比打分。在评比的过程中，家长们认真聆听孩子们的讲解，静静地欣赏老师和孩子们用心的布置，感受着班级文化魅力。同时还提出了不少的建议，体现了委员们主人翁的意识。

“校园开放日”活动是一个极好的家校联系、家校合作的平台，在这个平台之上，家长和学校进行着有效的、快乐的交流和沟通。学校组织的此次活动，得到了上级部门领导、其他学校同仁和广大家长的一致好评，家长朋友们在肯定学校工作的同时，一致表示希望学校在以后能多组织此类活动，并表态会大力支持学校各项工作，为孩子的健康成长而努力。家校携手，必将铸就生命的希望。走进韶小校园，感受生机教育春天。在培育美好未来的路上，学校、家庭，老师、家长，我们与希望同在！

家校携手,为爱护航

九江市浔阳区东风小学　胡慧婷

家庭教育和学校教育是影响学生终身发展的两个重要方面,学校教育与家庭教育相互影响,两者形成合力才能更有利于学生的健康成长。自我校成为江西省第二批家校合作试点学校以来,领导、老师和家长都十分重视家校合作,在家校合作的组织、机制、渠道等方面进行了一系列的尝试,并初步形成了家校合作的新模式,教育效果明显,社会效益显著。

一、战略规划

2014—2017年,我校以列入江西省家校合作教育试点学校为契机,在省项目组的培训和指导下,完善了家长学校的各项工作,以“提升家长素质,提高家教水平,家校合作,共同育人”为工作目标,创造性地开展家校合作教育工作,让家长成为学校教育的合作者、开发者和监督者,充分运用家长智慧为学校教育的健康发展出谋划策,鼓励家长积极参与和大力宣传学校教育的各项革新措施,形成良好的家校合作氛围,构建良好的东风教育生态环境。

二、细化部门职能，完善沟通机制

家长委员会制度的建立是家校合作中一项重要的制度建设。学校目前已建成三级家委会制度，基本实现家委会工作的全覆盖、无障碍格局。

1. 三级家委会

(1)班级家委会

班级家委会在班主任老师的指导下建立家校联系平台(建立班级QQ群、班级微信群等等)，家长代表与全体家长及时沟通；参与组织策划班级和学校的各项活动，如班级文化建设和宣传、学生志愿者服务活动、雏鹰假日小队活动、文化“六·一”活动、校园主题文化节等等。

(2)年级家委会

年级家委会与年级组负责组织落实学校学生培养的中长期规划和家校合作战略规划，参与年级组大型素质教育活动的组织策划工作，在三级家委会中起到承上启下的作用。

(3)校级家委会

校级家委会负责协助学校行政部门制定东风小学学生培养的中长期规划及家校合作战略规划。校级家委会下设“一处四部”，即：课外活动部、家长志愿者工作部、宣传联络部、家长助教团。

2. 完善机制

随着家校合作工作的深入开展，我校逐渐完善了家校联系机制，更好地服务于家校合作工作。

(1)完善家长委员会议事制度。学校将家校合作纳入学校整体工作规划，建立了家长委员会议事制度，紧紧围绕学生成长、家庭教育、学校发展、教育策略等问题不定期地进行沟通协商，使家长充分的参与到学生教育与学校发展的工作当中来。

(2)完善各项激励机制。学校将班主任与家长联系情况纳入班主任考核内容,包括通过家访、电话、家讯通的形式进行家访情况、发放告家长书情况、开放日家长参与活动情况等均纳入班主任考核内容,从而使家校联系逐步步入正规化、常态化轨道。在鼓励家长方面,我校每学期都根据家校合作情况由班主任推荐、学校评选优秀家长,并在学期末家长会或家长开放日中进行表彰,这极大地激励了学生家长支持家校合作、参加家校合作、做好家校合作的热情。

三、工作成效

经过学校和家长的共同努力,家校合作工作已取得一定成效。近年来,我校家长参与家校活动的热情更是日益高涨。今后,我们不仅会在现有基础上一如既往做好上述行之有效的工作,还将研究在教育过程中,如何进一步消除家校教育理念上的隔阂,落实东风小学的教育理念,使家校一体形成教育合力,为学生创设良好的家校成长环境,为学生的一生发展奠定更好的基础。

在上级领导关心支持下,学校德育和教学等方面取得的成绩真可谓是花开满园,硕果累累,在各级比赛中屡获佳绩。学校先后荣获"全国第五届和谐校园先进学校""全国青少年五好小公民示范学校""全国青少年校园足球特色学校""国家教师基本'十一五'规划重点课题实验学校""教育部四结合教改实验学校""江西省家校合作试点学校""江西省校园文化特色学校""江西省德育示范学校""江西省中小学(幼儿园)平安校园示范学校""江西省教育系统先进女教职工组织"的称号。这些成绩的取得,充分展示出东风小学素质教育优秀成果的亮丽风采,积极适应新常态、谋划新发展、开创新局面。

四、传统做法

1. 亲子活动

我校每年都定期举行各类主题活动:迎新春"我学英语我快乐 "英语童话剧

节目展演活动、“开放周”综合实践活动展示、“我爱家校”主题演讲比赛、中华经典亲子诵读、数学亲子竞赛以及每年毕业典礼等。通过活动加强了与学校、与各位任课教师的联系，为做好家校合作工作提供了家校交流的平台。

2.家访活动

我校积极开展“百名教师访千家”活动。安排了行政领导和班主任教师利用下班时间及双休日的时间，走进学生的家庭进行家访。家访前制定了家访计划，集中召开家访教师会议。会议对家访的时间、对象、内容、形式及工作要求作了详细布置。把学生在校的常规习惯、行为表现和学习成绩等，交给了家访负责的教师。交代清楚家访的工作性质，在此基础上进行了分工，既便于任课老师能机动灵活地开展工作，又有利于彼此间的合作。

3.家长座谈会

我校不定期地开展家长座谈会，了解各班贫困生及家庭有其他困难的学生的情况，并根据实际情况及时想办法，帮助家长们解决问题。长期以来，我校以这样的方式为多名贫困生及有特殊困难的家庭提供了帮助，得到了家长的一致赞誉和好评，从而也取得了更多家长的支持与信任。

4.校务公开

我校通过校园橱窗进行校务公开，使家长更深入地了解学校的师资及现状，实现学校透明化办公。另外我校还利用网站、微信、校讯通平台发布学校信息，保证学校每一次活动、学生每一次比赛情况都能及时反映到家长眼中，从而使家长时刻了解学生的在校生活。学校校讯通平台每周还发布一次安全小常识，增强家庭安全教育。

5.校长信箱

我校大门上还专门设立了“校长信箱”一栏，使家长随时能够通过与校长面对面，说出自己的意见，保障了信息的畅通。

五、创新模式

1. 开办家长学校

家长学校是沟通家庭和学校的桥梁，是提升家长素质、形成教育合力的“加工厂”。通过学习交流，家长对学校的办学理念、育人目标、课程设置等有了更全面的了解，并初步形成了这样的共识：作为新时期的家长，要树立终身学习思想，和孩子们一起成长；要重视孩子的体育锻炼、安全管理和品行教育，促进孩子身心健康和全面发展。

为了让每一位一年级家长能更进一步了解学校，了解科学教育孩子的理念和教育方式，真正达到家校携手共同培养孩子的教育目标，每学年，东风小学胡校长都针对一年级家长函授学校讲座，每次活动都有近 300 名一年级家长应约而至，多媒体会议室座无虚席，胡校长主要向家长介绍东风小学的办学理念、办学特色、培养目标和近几年来在教育教学工作中取得的成绩，其次重点讲解了现代家庭教育理念、方法，解决学生成长和家长开展家庭教育热点难点问题。胡校长还站在家长的角度谈了许多关于孩子们习惯养成的方式方法，得到了家长们的一致认可。

2. 家长谈家教

作为父母来说，教育孩子是一生中最大的投资和工程，多责一份，多溺一份都怕影响孩子的健康成长，很多时候会谨小慎微，而很多时候又觉得惘然无助，不知该如何处理。

东风小学德育处为了交流家教经验方法、推广家教科研成果、提高家长素质和育人水平，构建和谐的“学校、家庭、社会”三位一体的教育网络，组织全校家长，开展“家长谈家教”征文比赛活动。活动一推出，家长们纷纷投稿，把自己在家教过程中的点滴体会、成功经验、家教教训与反思汇成篇篇美文，这让我们老师看到的更多的是我们家长对待孩子的教育问题上是认真和重视的，也负有极大的责任心。

3. 家长进课堂模式

为了让更多的家长能够进入学校、进入课堂，共同关注学生的学习活动，我校从2015年始，每个学期都组织“家长进课堂”活动。家长进入久违的课堂，有的担任讲师讲授经典国学知识，有的变身成为白衣天使教会学生急救常识，有的则把各类安全知识教给孩子们……与孩子们一起上课，家长们在感受课堂氛围的同时，关注了学校教育模式，充分拉近了家长与学校、教师间的距离，也是家校合作模式的良好探索。

4. 设立心情交换站搭建沟通桥梁

在东风小学每班教室门口，挂着一个鲜艳夺目的信箱，上面写着“好心情、坏心情、夸夸你、好建议”，那就是“心情交换站”。它作为东风小学又一德育工作亮点，已经成为学生和老师喜欢的一种交流方式。《江西日报》头版、江西教育电视台、九江电视台等多家新闻媒体还对这项活动进行了多次宣传报道，并在全省地市全面推广。东风小学以心情交换站活动为载体，搭建了一个师生沟通的平台，形成了一个学校、家庭、社会三教合一的管理模式，这样学生们才能幸福、快乐的学习生活。学校不仅要培养成绩优异的好学生，更要为祖国培养心理健康充满阳光的好少年。2014年10月，东风小学申报的《小学心情交换站的建立与运用研究》省级课题立项成功。

结合心情交换站东风小学还开展了“爸爸妈妈听我说”主题活动，并邀请了九江一套栏目走进学校现场录制，录制现场还邀请了几十位学生家长共同参与。活动现场学生们畅所欲言，家长们静下心来倾听孩子心声，互相敞开心扉，有欢笑也有泪水，孩子们真切感受到父母养育自己的不易，体谅父母，理解父母寄予高期望的原因。

通过参加此类节目的录制，家长们意识到与孩子沟通的重要性，表示在以后的生活中要尊重孩子，静心倾听，试着走进孩子的内心世界，让爱陪伴孩子成长。

5.践行《弟子规》争做孝敬好少年

传统经典文化是中华文明传承数千年的重要载体，内容博大精深，流传的经典浩如烟海。“孝”是生命与生命交接处的链条，传承中华民族的优秀文化和传统美德，教育学生常怀感恩之心、常立感恩之德、常行感恩之举。我校紧抓家校合作教育契机，引导学生学习《弟子规》，并将学习践行到生活中，从自己做起，从身边的小事做起，学会真切地关心父母、体谅父母、孝敬父母、感恩父母，从而弘扬尊老爱老敬老的社会风尚，弘扬社会主义的道德观，弘扬励志成长，乐观积极的人生态度。

我们将《弟子规》的内容列成学生执行评价表，发给每一个孩子，并将此项活动告知家长，让家长对照《弟子规》的内容，对孩子在家的行为进行记录。从而对学生进行养成教育，形成好习惯养成评价体系。这项践行《弟子规》的活动让东风小学的学生真正做到“读千古经典美文，做谦谦最美少年君子”，在家做个优秀孩子，在学校做个优秀学生，在社区做个优秀少年。让古诗诵读伴随孩子成长落到实处，让孩子们受益一生。

6.千名家长进校园

2015年来，东风小学将家校合作提升到一个新高度，推出了“千名家长进校园”系列活动。每周邀请6名家长走进校园，在行政人员的陪同下对学校的教育环境、教育教学、师德师风等工作进行检查，并对学校的各项工作提出自己的意见建议。家校合作成为家庭与学校之间的一条纽带，为更好地做好学校教育工作提供了保障。

7.开放日活动 携手共成长

每学期我校都要开展家长开放日活动，让家长深入了解学校的教育教学管理工作和学生在校的学习生活，是加强家校之间合作与交流的一项有重要意义的活动。各班通过微信群发出电子邀请函，让家长了解活动内容：启动仪式、语文综合性展示、足球操表演、数学亲子活动和参观学校各个功能室五个环节。

受邀参加开放日活动的家长兴致勃勃地走进了孩子们学习和生活的校园，

通过参与各项活动体验学生在校生活，家长们走进我校多功能厅参观综合性展示活动，孩子们全情投入精彩的表演获得了家长们经久不息的掌声和由衷的赞叹。紧接着又来到操场观赏阳光校园足球操表演。

为了丰富学生课余生活，增强学生体质，增进家庭和谐，促进家校沟通，家长和孩子们还参加了以“运动、快乐、成长”为主题的数学亲子活动。本次活动共有150组家庭参与，游戏包括三种形式，分别是夹球跑、夹弹珠、抱球跑。通过不同形式的游戏，促进了亲子之间和谐关系的建立，使家长更加了解孩子，让他们之间变得更加默契。通过主持人讲解和老师的示范，让在场的所有参与者快速地了解了游戏规则，并使参与者迅速进入了活动状态。顿时，校园内成为一片欢乐的海洋，家长、孩子沉浸在数学亲子游戏竞赛的无比喜悦之中，此项活动收到了家长们的一致赞赏，留下了永恒难忘的记忆。此次活动向家长展示了我校师生的良好的精神风貌，增强了家长之间、家长和老师之间的沟通，增进家长与孩子之间的情感交流，为孩子、老师、和家长之间搭建了互动交流、相互学习的平台。

家校合作，不管是通过什么方式，只要是对孩子身心健康成长好的、对学校的教育有帮助的，都应该提倡、都应该坚持。因为，加强了学校与家长的联系，促进了家长与学校领导、班主任、科任教师之间的思想、感情的交流，让家长更加了解学校的办学目标、管理措施、校园建设、教学动态、学生学习和生活等，从而使家长的思想观念更能跟上学校步伐，与时俱进，使学校对学生的教育更有成效、更有保障。

“树直还需勤培育，教子尚须人品高。”孩子的成长，不仅是家庭的事、学校的事，还是全社会的事，只有综合教子的合力效应，才能取得最佳效果。虽然我校在家校合作工作当中已取得了一定的成绩，但真正实现高水平的家校合作，更好地服务于学生，还须不断努力，相信有广大家长的配合，我们的家校合作工作会越办越好。

九江东风小学家长义工进校园活动纪实

九江市浔阳区东风小学 胡慧婷 张荣

一、"家长义工进校园"的意义

为更好的架设学校、家庭、社会沟通的桥梁，促进我校教育事业的持续发展与教育形象的全面提升，全面展示我校的办学特色、校园建设以及师生员工良好的精神风貌，全面实施素质教育，创设和谐育人氛围，提升学校的社会影响力。让家长亲身经历子女在校的学习和生活，走进教室，关注教育。走进学校，参与评价，增进家长对学校管理、教师教育教学质量以及自己孩子在校学习生活和能力表现的了解，搭建社会、家长、学校友谊的桥梁，就社会、学校、家长共同关心的问题，听取意见和建议，改进学校的整体工作，我校决定组织本次活动。

家长义工组织作为学校教育与家庭教育之间的桥梁纽带，不仅进一步传承和弘扬雷锋精神，而且丰富了现代学校管理制，与学校形成教育合力，对提升学校的办学水平，促进学生健康快乐成长，实现家庭、学校、社会教育一体化深度合作，打造"高质量"教育品牌都发挥了重要作用。

二、我们的做法

1.开展“千名家长进校园”活动

在一学期中，重点推进家校合作试点工作，邀请千名家长进校园，参与学校管理。每周邀请2名家长与德育处的教师一同抽查全校教师的师德师风情况。家长对任课教师是否认真备课上课、认真批改作业、认真辅导学生，是否要求学生参加有偿家教或补课，是否存在体罚或变相体罚或者其他歧视情况，是否存在利用职务之便接受或索取家长礼品、礼卡情况，是否存在向学生销售或强制推销教辅资料情况等作为抽查内容，让家长进行如实记录。同时，还请家长对学校教师师德师风的总体情况进行评价，并提出意见建议。

“千名家长进校园”活动的开展，增进了学校、老师与家长之间的沟通和联系，拉近了学生家长与学校的距离，与教师的距离，为孩子们和谐成长、健康成长奠定了坚实的基础。通过这项活动，将引领我校教师更加规范地履行教师职责，让学生满意，让家长满意，让社会满意。

家长由分管德育副校长及德育主任陪同，走进老师办公室、学生课堂，了解教师们的日常工作和孩子们的学习状态。一沓沓作业、一张张教案，老师们辛勤的工作给各位家长留下来深刻的印象。

2.家长上讲台授课活动

学校积极利用家长们的特有资源，鼓励家长走进课堂，为学生授课，让孩子们学习、掌握一些平时学校、课本学不到的知识。从实际效果来看，“家长”成为“老师”，极大地唤起了同学们的好奇心和注意力。

此次受邀进入校园的学生家长均有着良好的教育背景，属各自行业与专业领域的青年骨干，但当他们初次走进小学课堂，还是抑制不住兴奋、激动与紧张。走下讲台，他们更加切身体会到从事基础教育工作老师们长年坚守的不易，深刻感受到老师们强烈的奉献与敬业精神。组织、发起、举办这次“家长上讲台”活动的教学名师彭皓老师告诉记者:“换位思考,角色互换,设身处地,将心比心,我相信,家长一定会正确理解我们对孩子们的‘严与爱’!”全国基础教育名家、华师附小沈爱华校长对此举颇为赞赏并大力支持,表示要将此类有益的课外教学方式在全校进一步推广,让我校的办学宗旨与育人理念融进学校日常教学与课堂内外的点点滴滴,让家庭与校园实现真正意义上的良性互动,形成合力,共育幼苗茁壮成长。家长资源是学校最为丰富的校外教育资源,通过家长进课堂活动,使学生们学到了很多知识,也使家长们更深入地了解了班级和学校,更好的推动了班级、学校的发展。

3.开展“校园开放日”活动

家长开放日是让家长走进校园,走进课堂,深入了解学校的教育教学管理工作和学生在校的学习生活,加强家校之间合作与交流的一项有重要意义的活动。6月19至21日我校开展了为期三天的家长开放日活动,今天是开放日活动的第二天,东风小学举行了二、四年级家长开放日活动,取得了良好的效果。

早上8:20,受邀参加开放日活动的家长兴致勃勃地走进了孩子们学习和生活的校园,通过参与各项活动体验学生在校生活。此次家长开放日是全方位的,先后安排了家长观摩启动仪式、语文综合性展示、足球操表演、数学亲子活动和参观学校各个功能室五个环节。

首先,家长、老师和学生一起参与本次活动的启动仪式;随后,家长们走进我校多功能厅参观综合性展示活动,孩子们全情投入精彩的表演获得了家长们经久不息的掌声和由衷的赞叹;紧接着又来到操场观赏阳光校园足球操表演。

为了丰富学生课余生活,增强学生体质,增进家庭和谐,促进家校沟通,家长和孩子们还参加了以“运动、快乐、成长”为主题的教学亲子活动。本次活动共有150组家庭参与,游戏包括三种形式,分别是夹球跑、夹弹珠、抱球跑。通过不同形式的游戏,促进了亲子之间和谐关系的建立,使家长更加了解孩子,让他们之间的关系变得更加默契。通过主持人讲解和老师的示范,让在场的所有参与者快速地了解了游戏规则，并使参与者迅速进入了活动状态，顿时，校园内成为一片欢乐的海洋，家长、孩子沉浸在教学亲子游戏竞赛的无比喜悦之中。此项活动收到了家长们的一致赞赏，留下了永恒难忘的记忆。最后由各班主任带领家长参观各个功能室。

此次活动向家长展示了我校师生的精神风貌，增强了家长之间、家长和老师之间的沟通，增进家长与孩子之间的情感交流，为孩子、老师和家长之间搭建了三教合一的平台。

三、活动产生的社会反响

通过本次活动，我们实现了家长对学校的了解，社会对教育的理解，促进了家校的联合，家长与教师的融合。提升了我校的声誉，真正为东风小学教育的特色化、品牌化、艺术化吹响了时代的号角。

让合作成为一种助力。俗话说：独木不成林，滴水不成冰。一个人的力量毕竟有限，因此教师之间、班主任和任课教师之间、家校之间要团结协作，才能培养出更多更优秀的人才，才能把学校建设得更加美好。这就要求我们在日常工作中秉承尊重、信任的原则，加强沟通和交流，携手并进、共谋发展。要充分利用好“家长资源”，让家长参与到学校中来，参与到教育中来。学校与家长在育人上达成共识，在尊重规律上达成共识，在依靠科学上达成共识。追求家校教育的“同向”，切实提升教育的质量。

打造共赢的“家校合作教育共同体”

宜春市第三小学 刘琦

苏霍姆林斯基说过:“教育的效果取决于学校和家庭影响的一致性。如果没有这种一致性,那么学校的教学和教育的过程就会像纸做的房子一样倒塌下来……只有学校教育而无家庭教育,或只有家庭教育而无学校教育,都不能完成培育人这一细致、复杂的任务。”家庭教育是一切教育的基础,是实施素质教育的重要组成部分。宜春三小秉承教育公平原则,尊重每个生命发展规律,以核心文化“秀”文化为引领,遵循“秀出每一份精彩,成就每一个未来”的办学宗旨,在探索中求发展,在实践中求完善,把加强沟通、积极探索家校合作的有效方式作为学校的头等大事。通过“万师访万家”活动和建立“班级—年级—校级”三级家长委员会,强化家长育人意识,提高家长综合素质。通过开展“我行我秀”校园大舞台展示和“家长进课堂”活动,完善学校、家庭、社会三位一体的教育体系,让广大家长进校园、进课堂,零距离与学生、教师沟通交流,感知教育发展,参与学校管理,共同关注每一个孩子健康成长,形成了家校携手同心育人的教育氛围,促进学生全面发展。

一、健全组织，构建育人桥梁

学校历来重视家校合作，将家校合作纳入学校教育教学工作计划，并逐步形成规范化、制度化。学校领导亲自抓落实，每个学期至少召开一次家长会，建立了“班级—年级—校级”三级家长委员会。校长和分管德育副校长分别担任学校家委会的副主任，年级组长担任本年级的家委会副主任，班主任担任本班家委会的副主任，家委会的成员由各班主任、年级组长逐级推荐选拔。他们来自不同的行业，从事不同的职业，有担当、有爱心，有组织能力且热心助人、有特长，能为班级、年级、学校的教育教学工作出谋划策。每年九月，学校都会组织开展一年级家长委员会成立仪式。家委会全体成员统一认识，明确家委会的权利和义务，结合班级、年级、学校实情，每学期要制定家委会工作章程和工作计划，充分发挥家委会的桥梁纽带作用，恪守职责，主动参与、积极配合学校、老师开展各项工作，形成家校携手同心育人的教育氛围。

二、爱心家访，情传万家

为不断树立教师的良好形象，办人民满意教育，学校把家访工作作为密切家校联系，提高家长对教育满意度的有效载体来抓，将家访工作纳入了学校工作的常规管理，组织开展了“立师德，正教风，访民情，传爱心”为主题的家访活动，李万丰校长亲自抓落实，从家访前的工作布置，到家访后的工作总结都能严格要求，并始终参与家访的全过程。她还对班主任及任课教师明确了家访要求：一是明确重点。家访要做到全覆盖，尤其对“贫困、留守、学困、单亲、特殊、务工”等六类学生上门重点家访，要做好翔实的家访记录和自己的家访分析感悟。二是明确任务。对家访的时间、对象、内容、形式及工作要求作了详尽布置，为活动的顺利开展奠定了良好的基础。三是明确原则。主持召开“家校携手，爱心家访”主题班会，向学生阐明了家访的原则、目的，并告诉学生，此次家访不告状不揭短，让学生正确认识家访，欢迎家访。活动中，我校教师家访上门走访率达到了50%，共收到家访记录表2315份，家长意见反馈表203份，教师上交家访手记征文163篇并评出优秀稿件106篇，真正做到了让爱走进三小学子的每家每户。

三、家校携手，同心育人

为了进一步完善学校、家庭、社会沟通互动机制，调动家长和社会各界参与学校管理的积极性，同时也为了让学生拓宽视野，获得更多的课外知识，2017年5月12日，70多位热衷于教育事业的家长走进了宜春三小课堂，拉开"家校携手 同心育人"首届"家长讲堂"活动的帷幕。"家长讲堂"上，每个班级都由一位家长主讲。他们结合自身职业特点，为学生进行相关专业知识的讲授；结合自己的兴趣爱好，向学生介绍相关方面知识；结合日常生活中动手实践能力的培养，引导全体同学共同参与感知，提高动手能力。趣味剪纸、防空知识、儿童保健、神奇的汉字……每一堂课上，学生们都听得津津有味，与家长进行了积极互动，彰显出了活泼有序的课堂气氛。一份份精美的手工艺品让孩子们有一种满足感和愉悦感。别具特色的课堂模式，构建了学校、家长和孩子三方互动的平台，完善了学校、家庭、社会三位一体的教育体系，丰富了学校的课程资源，创新了教育形式，充分挖掘了家校合作的巨大潜力，为孩子们的健康成长营造良好的教育教学氛围，实现了同心育人的教育目标。

四、家校携手，我行我秀

为丰富校园文化生活，给孩子展示自我，增强自信的机会，学校秉着"秀出每一份精彩，成就每一份未来"办学宗旨，坚持"满堂呈彩，枝枝灵秀"的办学理念，组织开展了"家校携手，我行我秀"校园大舞台展示系列活动。活动由"学校—年级—班级"家委会共同组织、策划、完成，学校提供场地设施与后勤保障。

为举办好此次活动，家委会的家长朋友们献计献策，用智慧和行动全程参与，无论是前期的节目策划还是之后的每一次排练到最后的演出，都凝结了学校、家长和孩子们共同的汗水，是家校携手共育灵秀学子的一次有效尝试。校园大舞台展示分年级进行，舞台上孩子们个个神采飞扬，每个节目都展示出了孩子们特有的风采，并与台下的家长同学们产生了极大的共鸣。2017 年 4 月 1 日，校园大操场上气氛热烈，掌声、笑声不断。宜春三小“家校携手，我行我秀”五年级的“活力秀”成功地打响了校园大舞台展示活动的第一炮。活动凝聚了老师、家长和孩子们的汗水与智慧，彰显了宜春三小大家庭的魅力与活力。

三小的校园大舞台是敞开的，只要你乐意你就有机会；三小的校园大舞台是合作的，只要你有能力，我们期待你的参与；三小的舞台是大家的，家校携手，我行我秀，秀出精彩！

家校共育，共促成长

赣州市宁都县第六小学 曹丽珍

有人说，爱自己的孩子是人，爱别人的孩子是好人，而爱别人不爱的孩子才是教师的崇高境界。的确，成为一名优秀教师的前提就是爱自己的学生，因为，没有爱就没有教育，这也是我从教以来一直信奉的教育箴言。广义的教育绝不仅指单纯的学校教育，其中包含了家庭教育、社会教育等多个方面。只有将学校教育和家庭教育等联合起来，才能实现真正意义上的教育。所以，家校共育作用至关重要。首先，我将分享一个我在“家校共育，共促成长”方面的育人故事。

自从当班主任以来，每次接手一个新班级，一个班中总有那么几个问题学生。他们不太爱学习，成绩较差，还调皮捣蛋，喜欢惹是生非。关键是，如果孩子的家长也不太配合教育工作，那么这对老师来说，是一个难上加难的事情。

毫不例外，在去年接手的一个班级中，有一位小刚同学，成了我班的一个问题学生。小刚刚到班上时，不太爱说话，但是上课也不听老师讲课，总喜欢自己一个人摆弄自己的物品，沉浸在自己的小世界里。老师提醒一次，他最多可以端坐两分钟，一不留神，他又开始了自己的小动作。由于上课不认真听讲，作业也做得不好，经常不能按时完成，各科任教师均表示毫无办法。过了段时间，他跟同学混熟了，就开始呼朋唤友，不仅课堂上与同学挤眉弄眼，课后还带同学去追跑，攀爬等，有时还去欺负低年级同学。

每次小刚出现问题，我都在班上直接点其名，当众批评，并警告其他同学不要与其合伙，给他小组重重的扣分。和他同一小组的同学总是叫苦连天，自称被他拖累了，对他怨声载道。因为经常受批评，同学们开始笑话他，渐渐地远离他，他又回到了自己的世界里，独自干坏事了。有一次，接到一个家长电话，说他孩子被小刚敲诈了两块钱。我感觉事情严重，马上让小刚家长来学校。来校的是小刚的爷爷，他知道了事情的原委后，说："我也管过他啊，但他不听我的，我也没办法。他爸妈都在外地打工，都没人管得了他了"。原来小刚是个留守儿童，父母长期在外打工，缺乏父母的关爱和教育，他的爷爷奶奶对他百般溺爱，却养成了他胆大妄为，不守规矩的习惯。

了解到这些后，我想，如果长此以往，孩子的将来令人担忧。于是，我取得了小刚妈妈的联系方式，通过微信聊天，我把小刚的情况跟他妈妈反映了。小刚妈妈说她感到非常惭愧和内疚，觉得自己对孩子疏于管教，没有尽到应尽的责任，主要是因为很少陪伴孩子，跟孩子的交流太少了。她说今后会配合学校教育，随时关注孩子的家校表现，并好好跟小刚爷爷交流孩子的教育问题。

后来，小刚妈妈经常跟我联系，探讨孩子的教育问题。她也加入了本班的微信群中，向其他家长请教管理孩子的办法。我对小刚妈妈提意见，让她跟孩子"约法三章"。比如，每做一次好事或完成一项学习任务，都给孩子一次奖励，相反，如果没有完成就扣除奖励。还要跟老师随时了解情况，如果一周下来，其表现得到了老师肯定，也有奖励，如果有不良表现，就会取消奖励。先给他物质奖励，再慢慢过渡到精神奖励。更重要的是，让他体会到学习的乐趣和懂得规范自己的行为所带来的自信和幸福。小刚的妈妈高兴地答应了。

接下来，我也开始反思自己，觉得小刚这孩子也有一些优点，比如他能尊敬老师,劳动积极,做喜欢的事时不怕苦不怕累。于是,我也调整了对他的教育方式,尽量发现他的闪光之处,多鼓励和表扬他。在课堂上,我密切关注他的一举一动,稍有走神就提醒,经常让他回答一些简单的问题,或叫他到黑板前板演,每次答对了,都能得到同学的掌声鼓励。几天下来,他似乎也慢慢地更喜欢听课了,更能专注听讲了,小组讨论时,也叽叽喳喳地愿意参与其中了。上课听懂了,作业自然也顺利完成,家庭作业也能在家长的监督下按时完成。他在小组内的得分也越来越高,有一次还得了最高分。一次考试进步了,他还获得了最佳进步奖。我还让他担任临时班干部,让他懂得要管理好同学的同时更要管好自己,他也积极地争当了和美巡礼员和环保小卫士。在同学面前,他越来越自信了,经常主动帮助有困难的同学。有一次,他高兴地跑过来跟我说,他妈妈每周都会给他寄礼物,以前可是电话都很少打给他。我对他说,其实你妈妈一直都很关心你,没有哪个父母是不爱自己的孩子的。看着他羞涩的笑容,我感到欣慰不已。

今年我班在家长委员会的组织下,还举行了一次家校联盟活动。班上很多孩子都参加了,但是小刚没有参加,看他一脸的失望我知道他肯定也想参加。于是我跟他妈妈介绍了家校联盟的情况,并说这次的红色游学和"手拉手"活动对孩子的成长是很有意义的,没想到他妈妈竟然决定回来带孩子参加。活动那天,老师和家长们一起带领孩子参观了红色历史小镇,了解了革命历史和红色文化。孩子们还跟当地的小学生进行了"手拉手"活动,互赠礼物和学习交流。最后家长们和孩子们还一起玩起了亲子游戏。

那天孩子们和家长们都非常开心,特别是小刚,他说这是今年妈妈给他的最好的礼物。小刚妈妈跟小刚的交流也越来越顺利了,孩子感受到了家长的关爱,自然也更愿意听家长的话了。后来小刚自觉地改掉了一些坏习惯,对生活更加充满热情,也能严格要求自己的言行,不仅学习取得了较大进步,还积极地争当了阳光向上的和美少年。我想,孩子的健康成长是离不开父母的关爱和陪伴的,有了家长们的用心陪伴,孩子们的童年才能充满美好和快乐。

小刚的进步就是家校共育所取得的成果。孩子的健康成长不仅需要学校老师的用心关爱，也需要家长的密切关注；不仅需要学校的正确引导和精心教育，也需要家长的亲身示范和严格监督，所以孩子的教育不能只是由学校一方面来承担，更应该联合家庭教育同时进行，家校共育，形成合力，共同促进孩子的健康成长。

家校共育需要学校与家庭的联系与合作，我认为可以开展以下一些家校合作活动来进行：

第一，召开家长代表座谈会。家长座谈会由学校组织。每班选出若干名家长作为家长代表，参加家长座谈会议。通过会议向家长宣传国家的教育方针政策，推广和普及科学的教育方法，从而提高家长的教育能力，提高家庭教育的质量和效率。还可以通过会议向家长介绍学校的办学理念和办学目标，让家长在了解学校教育的同时畅谈想法，提出意见和要求，并积极地参与到学校教育中来。学校亦可从中了解家长对孩子教育的见解和期望，随时完善教育目标，达到教育目的一致。

第二，召开班级家长会。每学期每班至少要召开一次家长会，由班主任组织，各学科科任老师协助完成。每次举行的家长会要有一个主题，结合学校近期开展的教育活动进行介绍和布置相关家长需要配合的事宜。家长会上主要给家长介绍学校教育活动情况和班级情况，学生的在校表现以及需要家长共同配合完成和注意的事项。同时还要通过家长了解学生在家表现，让家长对孩子的教育引起重视，更加加强与学校的联系与合作。

第三，定期家访。老师根据班级学生情况，定期对部分问题学生，特别是留守儿童进行家访。通过与家长面对面的交流，深入了解学生家庭情况，与家长共同分析问题原因，帮助学生解决学习和生活中的困难。通过家访的形式交流，积极与家长沟通交流，家长对孩子的情况会更加关注，孩子也会有更好的表现。

第四，建立班级微信群。通过班级微信群后，可以使家长与老师之间的联系更加紧密和方便。家长和老师随时可以在微信群中反馈孩子的各种问题。比如可以上传学校活动图片或孩子在校表现图片给家长了解,老师还可以展示孩子们的学习作品给家长观看,鼓励和表扬表现出色和有进步的孩子。家长和家长之间也可以互相交流,探讨孩子教育问题,互相帮助和学习。

第五,成立家长委员会。学校各班级成立一个家长委员会,由家长志愿者组成。在班级和学校组织活动时,由家长志愿组织参与,联合举行活动。比如,班级举行活动时,家长志愿者帮助学生一起组织。

第六,举行"家校联盟"活动。以班级为单位,由家长委员会组织策划进行。可以举行参观学习的活动,亲近自然的旅游,户外亲子活动或一些关爱他人、回报社会的公益活动。通过家长的参与,使孩子受到更为深刻而有意义的教育。

除了以上活动的开展,学校还可以充分利用互联网等工具,建立学校内网,并邀请学生家长进入,让家长及时了解学校动态,查看教育类文章,发表见解等。学校举行大型活动时,也可以邀请家长代表参加或观摩。学校还可以给优秀家长颁发"优秀家长"证书或"书香家庭"证书等,在表扬家长的同时也鼓励家长更积极地参与到学校教育中来。

通过多种活动的进行,可以让学校和家庭联合起来,共同完成对孩子的教育工作,为孩子的未来奠定坚实的基础。

每个孩子都是一颗幼苗,每个孩子都需要爱的阳光和雨露才能茁壮成长。只有学校和家庭联合起来,共同努力,用爱浇灌,才能让每个孩子都健康快乐地成长!

家校合作

——共促孩子健康成长

赣州市寻乌县实验小学　谢春燕

苏联教育家苏霍姆林斯基在《帕夫雷什中学》中提到："儿童只有在这样的条件下才能实现和谐的全面发展，就是两个教育者，即学校和家庭，不仅要有一致行动，要向儿童提出同样的要求，而且要志同道合，抱着一致的信念。"为了学生的发展，家庭教育与学校教育必须联合起来，形成一股强大的教育力量，切实为青少年的发展奠定坚实的基础。因此，近年来，我校高度重视家校合作，成立了家校委员会等，并开展了一系列的家校活动，促进了孩子们的健康成长，受到了家长的欢迎、广大群众的好评，上级单位的一致肯定，并获得了"全省家庭教育工作和省家长函授学校办学工作先进教学点""家长学校办学先进单位""德育示范学校"等荣誉称号。

为了更好地完成教育教学工作，更加有序地开展学校活动，让孩子在更好的环境下茁壮成长 ，近年来我校高度重视家校合作，通过各种形式进行家校合作，取得了良好的效果。使我校拥有了丰富的家校合作经验及良好的家校关系。下面是我校已经开展的家校合作的一些活动：

召开家长会。家长会是学校教育的有机组成部分，是学校教育的有目的的延伸，是班级管理的有效拓展，也是家校合作的重要模式，启到了一个很好的桥梁作用，所以，我校每个学期都会召开家长会，一年级上学期还会开二次家长会。家长会的形式也是多种多样的。有传统的座谈式家长会，还有才艺展示式家长会、亲情互动式家长会、经验交流式家长会等等。规模上也有大有小，除了有必要的把所有的家长邀来一起开会，还会根据目的和要求，分门别类的进行，如留守儿童家长会、关爱女孩家长会、后进生家长会、早恋学生家长会、家教经验家长会等。这样开展限定了一定人群，规模较小，能够有的放矢，具体解决一些针对性的问题。

开展万师访万家。教育家苏霍姆林斯基说："教育者如果不熟悉教育的对象，那教育只能像在'黑夜里走路'一样。"当我们感叹于对孩子教育的迷茫与失望时，不妨进行一下家访。家访是班主任展开工作的一个重要手段。但是随着现代通信工具进入千家万户，登门家访似乎被人们所忽略，很多老师都是打个电话一切 OK 。但家访作为一项特定环境下进行的工作有其不可替代的一面。它可以让教师更全面的了解学生的家庭教育背景，家长的教育观念、兴趣、性格、习惯以至世界观，使学校教育更具针对性，所以我校每学期都会开展家访活动，让老师深入到每一个孩子的家庭，掌握第一手资料，为教育和帮助学生提供了扎实的基础。我校每年寒暑假开展大规模的"万师访万家"家访活动，全体教师全员参与，全校每一名学生的家庭都要去。为使家访取得预想效果，学校还通过家长委员会提前与家长进行预约，家访后通过家长委员会及时反馈家长的意见和要求。

开办家长学校。家长是一个没有经过培训就上岗的职业，因此，家长们的素质参差不齐，教育理念和手段也是各不相同。我们知道家庭是社会的基本细胞。注重家庭、注重家教、注重家风，对于国家发展、民族进步、社会和谐具有十分重要的意义。家庭是孩子的第一所学校，父母是孩子的第一任老师。家庭教育工作关系到孩子的终身发展，关系到千家万户的切身利益，关系到国家和民族的未来，必须高度重视。

学校每年都会邀请知名教育专家、育儿成功家长为家长举办教育讲座或现身说法。高水平的专家借助他们的研究成果，深入浅出、以案说法，对于不同层次的学生家长进行专业培训。专家们精彩的教育案例分析、全新的教育理念让家长们受益匪浅，而成功教子的现实案例，则激发了家长教育孩子全面健康成长的信心。特别是 2017 年 10 月 12 日我校特请了北京博星家庭教育指导师、赣州市家庭教育指导中心特聘讲师王雨山讲师来我校给一年级 90 多名家长进行“儿童心理与行为”的专题培训，家长们一致认为受益匪浅。2014 年和 2016 年两次邀请退休干部卢平权老人，结合多年的从医经验，给 2000 多名学生、家长作了“怎样指导孩子健康饮食”的专题报告，受到家长一致好评。学校的这一系列做法带给家长们深刻的启示，家庭教育的理念和方法也在一次次聆听与交流中得以更新。

家长开放日。借助每年召开一次的文艺汇演和运动会，我校设置开放日，把家长请进来，向家长介绍学校教育教学的进程，展示课题阶段成果。活动中家长孩子之间的互动，不仅增进了亲子关系，也激发和培养了家长强烈的教子兴趣，提高家长关注孩子教育的热情，增强家长教子的自觉性。

不断加强家校委员会建设。要做好家校合作，家校委员发挥了非常重要的作用。在开展的大多数家校互动活动中，都离不开家长委员会的支持和帮助。家长委员会不但可以解决教师人力物力不足的问题，有时还能缓和教师和个别家长紧张的关系问题，起到润滑油的作用。在家长会的基础上，我校建立了家长委员会制度。有校级家长委员会、年级家长委员会、班级家长委员会三个等级，由班到级再到校层层选拔，选举出家长们自己信任的家长委员会成员，参与到学校的各项活动中来，是各项活动得以顺利进行的重要力量。

开展形式多样的社区活动。社区是学校之外的一个良好的教育场所，我校通过家长委员会的协调组织，与县里社会机构建立了校外德育基地和社会实践活动基地，如历史纪念馆、文化馆、敬老院、体育馆等。我校有一个坚持了30多年的传统：每年春节前夕，家长委员会的几十名优秀家长都会携同我们的学生，带着精心准备的精彩节目和年货到寻乌县敬老院进行社会实践活动和德育教育，引领学生树立正确的人生观和价值观。带动和组织许多家长及学生成立了学生义工小组，走进养老院、社区孤寡老人的家、医院，为孤寡老人洗衣服、打扫卫生、表演节目、慰问、帮助病人等，还带去不少物资。

关爱留守儿童工程。“留守孩”工程我们学校早在2005年就已开始，特别是近两年由于寻乌的实际情况—柑橘黄龙病的发生，使我校的留守儿童人数越来越多。针对这一现状，我们学校成立了关爱工程领导小组，由骆鸿艳副校长负责，制订具体计划，实施了“留守儿童”教育工作方案，真正地使学校成为了学生学知识，学文化，不断提高思想觉悟的主阵地。把留守儿童分派给任课教师结对帮扶，帮扶教师每周与留守儿童谈心，随时把握留守学生的思想动态，定期家访、关心生活、指导学习，引导他们健康成长。建立教师关爱留守儿童的成长日记，让留守儿童在教师、同学的关爱中成长，以对他们缺乏家庭教育进行补偿，使他们走出孤独和忧郁。

组织丰富多彩的关爱活动。对于每个人来说，家是温暖的，对于留守儿童来说学校就是他们温暖的第二个家，老师就是对他们全权负责的“父母”。每年的六一儿童节，学校都会专门组织留守儿童特别活动，今年的中秋节，学校还组织了结对帮扶的学生给留守儿童送月饼和祝福的活动。各班在日常活动中格外照顾留守儿童：班队会上给留守儿童更多倾诉的机会，课外辅导时让留守儿童在最前面，组织“心连心”活动也让留守儿童有更多的参与机会，实践活动中细致地教他们自主生活、自护自救的知识。利用节日开展的一系列关爱活动，让留守儿童在远离父母的日子里也能健康快乐地成长。

利用校讯通，微信群，QQ群加强家校合作。学校启动家校互动短信平台，

使家长和老师间的沟通更为便捷、畅通。此项活动办得非常好,一下子缩短了学校和家庭的距离。通过家校互动短信这个平台,教师提醒家长督促孩子按时完成作业,为第二天的学习、活动准备用具等。在家校互动短信活动中有一个亲子教育短信栏目,这个栏目内容更精彩,每天有一个教育孩子的经验和方法,涉及孩子良好习惯教育的方方面面。在教育孩子的同时,也使家长的某些习惯得到了改变,使家长更加了解孩子。同时,每个班级还开设了微信群或 QQ 群,可以实现和家长实时联系,让家长在第一时间掌握孩子的学习状态和情况,也是家长和老师、家长和家长之间的一个良好的沟通平台。

我校校长一直以来把办人民满意教育作为教学理念,重视家长和学校的配合,关心孩子的健康成长。我校扎实做好家校合作,连续 11 年蝉联全县年度考核第一名的好成绩,受到了家长的欢迎和广大群众的信任和好评,也得到了上级单位的一致肯定。虽然我们已经取得了不俗的成绩,但我们相信,我们仍然还存在不足,教学和教育是没有止境的。我们将继续推行家校合作方针政策,在这条正确的道路上全力以赴,继续探索真理,寻求一条适合我校发展的家校合作模式,不断优化家校合作理念,提高现有的家校合作方式,进一步完善家长委员会制度。相信如果有专家团队的带领,我们还可以做得更好。

如果我校能获得此次试点学校的机会 ,我校将在此方面做出以下举措:第一,成立家校合作领导小组,由陈校长担任组长,统筹全局;第二,成立家校合作科研小组,发挥集体的力量,不断探索新模式和整理各项资料;第三,安排各负责人,落实各项工作 ,责任到人,责任到位,全校教师齐心协力,加强家校之间的合作,为孩子们的健康快乐成长撑起一片蓝天。

双臂合力

——教育的真正力量

于都县实验小学　李燕秀

为什么要家访？不仅仅因为家访是班主任的日常工作，在班主任的管理工作中，家长还是老师最好的合作伙伴。

一、家访的意义

班级管理中常常发生一些令班主任百思不解的事情。一周五天辛辛苦苦培养的某些好行为，仅过了一个周末，非但没有得到巩固和强化，反而弱化得所剩无几；班级组织学生为地震灾区捐款，非但得不到家长的支持，还遭到一部分家长的质疑。我们就纳闷了：在班主任与家长的要求之间到底存在着多大的差异？

一般来说，学校教育在孩子的一生中起的作用是极大的。学校教育所具有的场所、教师、教材的固定性和规范性的特点，使进入学龄前的儿童很快就能摆脱幼儿“小朋友”角色，转化成小学生。儿童入学以后，意味着走出家庭，接触新的生活环境，他们自然会把班主任当作崇拜对象，并以班主任的话反驳家长，出现了学龄期教育与学校教育抵触的局面。

这种现象一方面受制于儿童心理发展的特点，另一方面受制于教育途径由单向性向双向性或多向性发展的规律。教育一致性的原则正是针对学校教育和家庭教育在对教育对象施加影响时可能出现的差异而提出来的，以达到殊途同归、完成对学生品格、智力、体质的同塑或同构。

应当看到，学校教育和家庭教育就其目的来说是一致的；而在其教育内容、教育方式等方面存在的差异也是难免的。正是基于这样的认识，本着教育一致性的原则，班主任应当也必须在家庭教育与学校教育二育互补的交汇点，找到其同步共振的频道，只有这样家庭教育才能与学校教育同步进行，这也是我作为一年级班主任这次家访的主要动力。

二、家访的目的

认识到家庭教育的不可替代性和家庭教育作用于学生要么顺畅、要么梗阻的二重性特点，班主任不能作茧自缚封闭起来，而应当在有限的视野范围之内找到真正有责任，有能力承负重任的伙伴——家长。由此制定以下家访目的：

一是获得更多第一手育人资料。通过与学生、与家长交流，了解每一个学生的家庭状况，学习环境，学生的个性，在家的表现，了解到家长的希望、要求以及教育方法等，并做好详细的记载，为今后的教学工作奠定基础。

二是取得家长的信任。通过向学生家长讲述我校的办学理念、办学成果等基本情况，帮助家长树立正确的教育理念，解决家庭教育方面的一些困惑，增强家长的责任意识和信任度，使家长也主动参与到学校的教育教学管理中来，更有信心地和学校携手共同做好学生的教育工作。

三是多棱角认识学生。通过家访了解到很多档案上看不出来的东西，认识更真实、更全面的学生。

三、家访前的准备

家访前，想几条学生的优点，并要有具体的事实。让家长听了高兴，学生听了感激，为以后的教育铺平道路。“在每个孩子心中最隐秘的一角，都有一根独特的琴弦，拨动它就会发出特有的音响，要使孩子的心同我讲的话发生共鸣，我自身就需要同孩子的心弦对准音调。”这句耐人寻味的话是教育家苏霍姆林斯基说的。是的，现代高速发展的社会，为孩子提供了一个五彩缤纷的世界，在这样的环境下，孩子的内心世界也会像外面的世界一样纷繁复杂，不可揣摩。这样的时代需要的教师，就是能进入学生内心，与学生共同感受，共同欢乐，共同倾听，能与之进行心与心交流的人，不仅在学校，而且能走进学生的生活圈子，了解他的另一面。

四、我的家访故事

不要听信青蛙的嘲笑

蝌蚪那又黑又长的尾巴

……

允许蝌蚪的存在

才有夏夜之蛙声

我不记得这首诗我是从哪里摘抄下来的，翻开薛瑞萍老师的《给我一个班，我就心满意足了》，这首诗赫然印在赤色肩页上，时间是 2008 年 5 月，我踏入教育行业的第九个月。

老师说：如果给我丰厚的收入，以及足够职位，我还会要求更多的东西，然而，只要他们是爱我的，给我一个班，我就心满意足了。我不能像薛老师一样做到：爱读书、爱学生同样重要。但我告诉自己要“向名师看齐”。

经过多年的雕琢，我才明白对于学生那份爱不能说是爱而是责任。特别是对于“后进生”，我们更要给足时间，给足耐心，给足鼓励。多给一个微笑，多给一个眼神，多给一次提问，这些之于他们——蝌蚪才能慢慢蜕变成青蛙，才能听取蛙声一片……才能有“稻花香里说丰年”的景象。

每个学校，每个年级，每个班级，总有那么一两个学生常完成不了作业，每次拖拖拉拉不交，不是说忘了就是说本子落在家里了。批评、斥责、留下来做，看着做，一切我能想的办法都想了，遇到这样的学生只能叫苦不迭了。本着教育一致性之原则，我开始了这段家访之旅。

借助街巷微弱的灯光，摸进黑乎乎的巷道，我们找到了晶晶的家。出来迎接的是晶晶的奶奶，进到厅堂透过虚掩着的门看到小家伙和哥哥在里屋。哥哥鑫鑫并没有因为我们的到来受到影响，依旧低着头在台灯下写着东西。小家伙晶晶看到我赶紧收拾他养的几条蚕，桑叶上的水还没有沥干，他就手忙脚乱地把叶子扫到桌角。看到我推门进来，羞涩地喊了声“老师”。

我摸着他的头，问了他一些养蚕的问题，说起养蚕小家伙的眼睛透着骄傲，他说他的蚕在同学中数养得最好的。

奶奶是个热情的老妇人，一边招呼我们入座，一边提着热水壶泡茶，说明来意，赶紧差了鑫鑫去装果子。

鑫鑫是个内向的孩子，平时也听话，做事细心，在学习上他从来不用我操心。同是一个家庭的孩子，不明白到了弟弟怎么就完全成了另一个样子。

晶晶的爷爷是于都铁山龙矿上退休的老人，岁月诠释了他这双创造财富的双手，风霜雨雪侵蚀了他每一寸肌肤。从爷爷口中得知，晶晶的父母都是在外面务工，平时很忙，都没有时间跟孩子交流。家里的条件还算可以，电脑一直都是晶晶在用，后来发现他学过的课文也读不出后就把电脑给他停了。

爷爷摇着头说，他的这个小孙子呀，跟大孙子一比就差远了。无奈的话音里又透露无限的疼惜。

爷爷又说晶晶是家中最小的孩子，小时候从楼上摔下来，小手摔成了重伤，手术费都花了一大笔。因为最小,又受过伤,所以全家人都格外地迁就他。他想怎样就怎样,从此就养成了他做事不集中注意力,喜欢边做边玩的习惯。

爷爷是个脚踏实地的劳动者,对于晶晶的教育他也采取了一些措施。爷爷说他每天都亲自带着晶晶复习、预习相关的学习内容。每天如此,坚持了3个月了,我很佩服他的执着,这份坚守也是他对孙子的怜爱吧。每月如此,对于只有8岁的晶晶来说是一件难事,爷爷说他也明白寓教于乐的道理。就像他们在矿上干活干累了,也唱唱歌,接着干。知道繁琐的学习会让孩子疲倦,所以他每天都想尽不同的办法让晶晶参与到学习中来。听到这,我从心底升起一股对爷爷的佩服之情。

爷爷疼爱小孙子,知道小孙子的天资,他啜了一口茶水继而说道,读书是要有几分天赋的,他对孙子的要求也不会太高,要求不高不代表他会放弃他。不会可以学嘛,就算少几分读书的天赋,或是没有读书的天赋他都会耐心地每天坚持辅导,他说他相信天赋是可以培养的。

相对于其他孩子来说,我觉得晶晶是幸运的,他有一个好爷爷。

通过这次交流,我和爷爷达成了默契,爷爷一如既往地辅导晶晶,而我则给予孩子更多的鼓励。

我告诉晶晶可以迟交作业,我会等他,有天我在他的作业上写了一句"有进步",他乐得拿着本子摇回到了位置。其实孩子需要的真的很少,小孩很容易感到幸福,当他拿到我的"好"时,他的小手频频地举起来了,脸上也多了一份自信。

孩子虽和往常一样,也迟交作业,可到现在我还没有听到他说本子落在家了,这就是点滴的进步吧!

搁下笔,又想起爷爷那句:天赋是天生的,没有要靠培养。

是啊,教育的过程是艰辛的,成效也是缓慢的,我在心里告诉自己,请少一些训讽,少一些急切。

慢慢等待夏夜,夏夜会给你一池的蛙声,且听蛙吟……

五、家访的体会

第一,现代家庭中父母外出打工、做生意的不在少数,从而削弱了家庭教育的力量。有些交由爷爷奶奶管教,他们却更加宠爱孩子,使得学生的心理放纵,让学校教育工作难上加难。

第二,正因为家长"望子成龙""望女成凤"心切,对子女有求必应,以至于溺爱和放纵,养成了骄纵的心理,他们在言论、态度、行为等方面表现出挑三拣四、爱要脾气等不良行为,这给学校教育带来诸多的难处。

第三,家长误认为孩子很聪明,小学回家不学习也能取得好成绩;上中学后,希望也能这样。如果不能这样,会不会是老师的教学存在问题或不够关心孩子。实际上,家长最大的失误就是忽视了孩子的行为习惯和学习习惯的培养。当我们在家访中谈起这个问题时,家长意识到问题的严重性,一下子又进入另一个误区:希望一下子能解决问题,企图一劳永逸。

第四,家庭成员内部不一致的教育力量难以与学校教育配合。父母双方教育观念和方法不一致,导致孩子有空子可钻,言行不一。

第五,全面的家访,深入到每一个家庭细致了解,与家长学生面对面的交流,加强了社会、家庭、学生的联系,不仅了解了家长的期望与要求,也了解了学生的个性与想法,加强了师生感情,对以后的工作将起到积极的作用。

第六,全面的家访,了解了家长对子女的关切与期望,也了解到一些学生家庭的困境,增强了我们的责任感,让我们更加热爱学生,热爱工作。

第七,交换访谈方式,为家访工作增加新的内涵。随着社会的发展,家访的方式也随之改变。由于人们的职业特点、个人阅历、经济状况、文化素质、思想修养、性格脾气各不相同,学生家长可分为好多不同的类型。作为任课教师应该具体问题具体分析,"到什么山唱什么歌",如果家访的方式不改变,有时会事倍功半,甚至适得其反。

第八,家访也给教师本人上了一课。因为一个学生在班上不过是五十分之一,很不起眼;而在家里,却是家长的百分之百,被寄予厚望。在家访的交谈中,深深体会到家长的期盼,深感责任重大,对今后的工作丝毫不敢有懈怠之心。

第九,家访的目的是教育孩子更好地成长,父母是孩子的第一任教师,家庭对孩子身体的发育,知识的获得,能力的培养,品德的陶冶,个性的形成,都有至关重要的影响。

总之,家访是为了更好地开展班级管理工作,班主任和家长双臂合力才能使教育发挥最大的效应。

家校共育　成长案例与体会

于都县实验小学　管菁

从来没有想到过，这次分的任教班级是一年级，我是语文教师兼班主任。刚接手没几天，失望的情绪就在工作环节中无形的滋生和蔓延，适逢“两课”活动的开展，我按计划走访了本班一些同学的家庭。其中，我知道了每个学生的家庭状况，也理解了一年级学生家长文化素质的差异带给学生学业成绩和管理上的差距，他们不约而同地对老师严加管教的殷殷希望和无以言表的、质朴的、羞涩的感谢方式，都让我不由自主地重新审视我的这班学生，尤其是通过走访张君富，陈圣妍，吴辰熙三位同学的家庭，使我彻底地明确作为“纽带”的教师的责任所在。

通过家访我体会到了电访所不能达到的效果。面对面促膝交谈与电话里的听声不见面，感觉和效果完全不一样，所以登门家访的传统不能去。俗话说“情感是教育的桥梁”。老写的“亲”字，也说明一个道理：人要常见面才会亲。所以家访能让我们和学生家长打成一片，感情亲切融洽，这样家长们就不再会有什么误会和责怨，我们的工作就能更加得心应手。

以下是我的家访记录与体会：

张君富:父母分居,父亲不管孩子的教育问题,由在超市上班的母亲独自抚养,因此平时的交流不够,对孩子的监管也不太到位。在交谈中,家长对学生的在校表现完全不知,只是一味强调自身的辛苦,孩子的教育问题完全依赖任课教师。针对这种现象,我们进行了较长时间的交流与沟通,最后形成统一的意见,家长平时要抽时间与学生多沟通,掌握学生的心理动态;多交流,了解学生的学习状况;多引导,促使学生能力到的各项活动有的放矢;多鼓励,增强学生的学习动力。教师毕竟和学生待在一块的时间不是很多,在有限的空间内只能引导学生养成最基本的"学会、会学"的能力,使学生力所能及的会说、会学、会做。张君富同学性情比较内向,不爱问问题,成绩中等,但有时胆子还是很大的,要充分利用这一特点,引导学生大胆地说,大胆地学,打消心理顾虑,踏踏实实地学习,相信总会有收获的。

吴辰熙:这学期我第一个认识且留下深刻印象的学生。第一天报道是他妈妈来接他的,他妈妈见我第一句话就说:"老师,我们家吴辰熙调皮得很,你对他一定要严格一点。"上课一两天就让我体会到他妈妈口中的"调皮得很",一节课40分钟几乎没有坐定的时候,即使站着也要一会儿动动手一会儿动动脚,就跟跳舞似的。嘴巴也一刻不闲着,除了跟着老师读,还要见缝插针地跟周围同学讲话。不论坐到哪里,他都能带"活"一片。做作业时,他常常不听老师的指导,心急火燎地草草写完。经过一个多星期的观察我了解到,他头脑十分聪明,接受能力较强,如果能静下心来认真学习,会是一个出类拔萃的孩子。

基于以上了解,我与其家长取得了联系,进行了一次家访。

吴辰熙父母虽然都是务工人员,但工作比较稳定且收入不错。相对其他外来务工子女来说,吴辰熙生活条件比较优越,家里电子产品一应俱全。接待我的是吴辰熙的妈妈,看来家中教育吴辰熙的主要是妈妈。我把一个多星期以来对吴辰熙的了解及看法如实地说了一下。吴辰熙妈妈听了一点都不惊讶而是表示认同，吴辰熙在学校的表现似乎都在她的预料之中。通过交流，我了解到他上幼儿园之前是由爷爷奶奶带的，爷爷奶奶对其十分宠爱。后来，虽由妈妈亲自带，但由于工作比较忙，她对孩子也疏于管教。到幼儿园大班时，家长也认识到了这一点。曾因孩子过于调皮好动还送他前往特殊培训机构训练。家长也曾想过很多方法，期望能改掉其好动的缺点，但都没什么效果。只有他最感兴趣的动画片和电脑游戏才能让他静下来一会儿。且为了尽快玩到游戏或者多玩会儿游戏，他会急吼吼地马虎完成其他事情。为此，家长有几次把电脑设上密码，但只要解密时被他看了一眼，他都能把密码记住。家长甚是着急，担心长此以往，孩子的学习会成问题。

通过深入地了解，我更加确信，吴辰熙只要能静下心来学习，他的学习成绩一定不会是问题。我把这个想法明确地告诉了他妈妈，同时也提出了几点建议：

第一，家长应改变其对孩子错误的教养方式，不要过于宠爱，要恩威并济，要在孩子的心目当中树立家长的威严；第二，周末，可让孩子去参加能让他静坐下来的兴趣班，比如围棋，家长不必太关心、太在意他能学到多少，目的只在于能让他学会专注；第三，每天放学回家，不要先急着让孩子做作业，可让他说说自己的课堂表现及一天所学内容。

这次家访还没过多久，吴辰熙的表现虽然还不尽如人意，但他却在悄然地发生着变化。课堂上，他讲话的次数变少了，有时也能坐端正，静心听一会儿了，站也有点站的样子了，做作业已不再草草了事，字也写得端正了些。我想只要我们老师和家长不放弃，长期坚持下去，吴辰熙一定会给我们一个大大的惊喜的。

陈圣妍：她是我们班的班长，我的小助手，家访路上我的脚步异常地轻快，心情也不同往日家访特困生家庭那么沉重，看着身边花儿一样的白净小脸儿，我满心欢喜。

说起陈圣妍，作为她的老师，我就觉得很骄傲。她是年级五个班长中个儿最小巧的一个，但却是“领导”能力最强的一个，这是在我们一年级组出了名儿的。经常有老师羡慕地对我说：“你真有福气呀！怎么会有这么一个好班长呢？看你多省心！”每每这时我都掩饰不住美滋滋且得意的神情。从开学起，她就担任班长，小小年纪，就展现出了超强的管理能力。每天早晨，她边收作业边组织学生们读书、认字。轮到她们组打扫卫生时，她会安排得井井有条。你负责做什么，他负责做什么，分工都非常明确，打扫完毕后她会一一进行检查，因此她们组每次卫生做得又快又好。偶尔学校搞活动，老师们调不过来课，出现空堂，这时我的小班长就会组织同学们完成好老师布置的任务，或者自己安排任务。或读书，或写字，或领同学们预习新课文等。总之整堂课井然有序，从不会乱哄哄一团。你说这样的孩子能不让我喜欢吗？能不让我自豪吗？

真的很想去见见陈圣妍的家长，因为在我的记忆中，每次家长会都是她小姨来参加的。年轻的小姨总对我说她爸爸妈妈很忙，想着孩子这么优秀我也就没计较。今天，我想知道，他们是怎样把女儿培养的这么优秀。

走了大约20分钟的路程，终于到了。三层小洋楼，有一个大大的院子，院门紧闭着，从院子里传出“轰轰”的声音。我问陈圣妍院子里在干什么？陈圣妍说院子里在加工糕点。也许是轰轰声太大，敲了几次门才开。走进院落，才知道陈圣妍家开了个小小的糕点加工厂，整个一楼都是。此时，陈圣妍已经跑进一楼里屋去叫妈妈了。听说我来了，一个三十岁左右的中等个圆脸的女子浅笑着向我走来，在陈圣妍的介绍下和我打了声招呼。陈圣妍见妈妈和我在说话，就上二楼去了。陈圣妍妈妈知道我的来意，我打电话告诉过她，但她并没有让我上楼的意思。院子里、屋里都轰轰响，工人们也都看着我，我有些不自在，我有意朝楼上看了看，但陈圣妍妈妈转身进了里屋。一会儿，她出来了，给我搬了一把红色的塑料凳子放在院子中间，我没再多想，迅速坐了下来，开始了我们的谈话。也许太忙，我感觉陈圣妍妈妈想快点结束我的家访，对我的问话，她寥寥数语就算作答，问她有何建议和意见，她很干脆说没有。我知道没有再待下去的必要了，于是起身告辞。

走在回家的路上，我的心里有些五味俱全的感觉，不知是喜是忧。如果说喜，那一定是为孩子自身的资质而喜；如果说忧，那一定是为陈圣妍父母没有去了解自己女儿，没有更多地去关爱女儿而忧。谈话中我了解到，陈圣妍在家做作业父母从未督促过，也从未叫她帮着做任何力所能及的事儿，对孩子没有什么要求，一切都由着孩子自己来。从谈话中，我更感觉陈圣妍父母并没有很在意陈圣妍在学校那优秀的一面。我的家访目的没达到，我的家访失败了！我的初衷是通过家访，在老师和家长的共同努力下，让陈圣妍扬长避短，更加出色。毕竟陈圣妍也还有缺点，比如说有点小自私，经常会要点小聪明偷偷懒，不喜欢看课外书，知识面窄，这些都需要改正加强。家长是孩子的第一任老师，也是孩子永远的老师，孩子良好的品性，健康的身心，都将受到父母极大地影响。我认为陈圣妍父母对孩子的教育认识是不够的，同时我也觉得很惭愧，第一次去她家家访，和家长沟通太少了。不过，我还是下定决心改变陈圣妍父母对孩子教育认识的问题，我将锲而不舍地做好陈圣妍父母的思想工作，让陈圣妍在老师和父母引导下，成为学生中的佼佼者，将来成为社会的栋梁。

家访是通过与学生、与家长交流，了解每一个学生的家庭状况，学习环境，学生的个性，在家的表现，了解到家长的希望、要求以及教育方法等，并且我做好了详细的记载，为今后的教学工作奠定了基础。家访是家长老师互相信任，有信心和学校共同做好学生的教育工作。家访能了解很多看不出来的东西，认识了更真实、更全面的学生。大部分学生家里没条件辅导，所以辅导学生的任务要我们承担起来，经常帮助他们克服学习上的困难。通过本次家访，我对这 3 名同学的情况基本做到了心中有数，我想这对以后的教学和教育活动是非常有用的。

同时,此次家访也给我本人上了一课。因为一个学生在班上不过是五十三分之一,很不起眼;而在家里,却是家长的百分之百,寄托了厚厚的期望。在家访的交谈中,深深体会到家长的期盼,深感责任重大,对今后的工作丝毫不敢有懈怠之心。对于这班学生,我会以更真实的爱去引导他们,用更有效的课堂去教导他们,用更无私的行动去提高他们。

因为,爱可以创造一切,也可以改变一切。

兴国红军子弟小学模范家长志愿者服务纪实

兴国县红军子弟小学　周炳金

兴国县红军子弟小学（又名兴国县第六小学），位于兴国县平川北大道，是国家烟草专卖总局总投资7000万元对口援建的重大民生项目。2015年12月，学校被全国红军小学建设工程理事会命名为“中国工农红军江西兴国革命英烈红军小学”。2017年10月，红军子弟小学与赣南师范大学基础教育研究中心签订合作协议，成为“赣南师范大学基础教育改革与发展探索实验学校”，成为赣南第一所与高校联合办学的学校。

学校秉承“扬红色精神，享幸福教育”的办学理念，确立以“传承·圆梦”为学校文化建设主题，牢记“铭恩尚德，有梦敢为”的校训，时刻谨记习总书记对少年儿童的“立志向，有梦想，爱学习，爱劳动，爱祖国”等一系列希望与要求，努力培养“能吃苦，知感恩，会学习，善合作，敢创新”的新时代红孩子。学校赋予红军精神新内涵，把红军精神融入教材、课堂、日常实践、文化建设中，用红军精神铸魂育人。

办学两年来，在弘扬苏区精神，传承红色文化，构建特色校园的思路引领下，学校红色文化、高效课堂、传统礼仪、足球竞技等特色日益彰显，社会影响不断扩大，办学效益不断提升。全国“青少年校园足球特色学校”、全国“华人作文大赛优秀组织单位”、江西省首届“文明校园”“家校合作试点学校”、赣州市“文明校园”“巾帼文明岗”“校园文化建设示范校”、兴国县“最美校园”“三八红旗集体”“防震减灾科普示范学校”等荣誉的获得让学校迅速发展成为赣南教育界的新星。

兴国县红军子弟小学占地60余亩，建筑面积2万多平方米，2015年9月1日正式开学招生，可容纳60个教学班。现有55个教学班，3099名学生，教职工139人。学校从办学伊始就非常重视家校合作工作，从2015年11月开始派人到芦溪县参加家校合作培训开始，家校合作工作开始步入正轨。两年来的实践，我校家校合作工作形成了“模范志愿者服务队”“模范家长学校”“模范家庭教育指导中心”“五彩斑斓百科课堂”“幸福教育课堂开放日”“雷锋红娃爱心义卖”“红娃亲子研学旅行”“心系红娃访千家”八大特色。2017年3月，我校被江西省教育厅授予江西省“家校合作试点学校”称号。

如何利用好巨大的家长资源，发挥好家长作用，是我们自开始家校合作工作开始就思考的问题，我们在实践中进行了有益的探索。

现在，我校就八大特色中的“模范志愿者服务队”特色案例进行汇报：

一、建设一支队伍——成立模范家长志愿者服务队

2016年春，我校着手成立“模范家长志愿者服务队”。每学期初招募家长志愿者，至本学期已启动第四届“模范家长志愿者服务队”。每届160人左右，每天两名家长到校同值日老师一起参与学校值日，并佩戴印有“模范家长志愿者”红色安全帽及红色袖章。早上与值日老师一起迎接学生进校，放学护送孩子过马路、回家；第一节课时间，同值日行政领导巡视校园，检查校园卫生及教师上课情况，听值日行政介绍学校办学理念、校训、校园文化、办学特色及近期取得的工作成绩，感受红小魅力；课间，在巡视过程中感受红小学生礼仪文化；值日

间隙到班上听课或与老师面对面沟通孩子在校学习情况。

在一天的值日中，让家长全方面的了解红小办学理念、校训、校风、办学特色、礼仪文化，了解教师一日工作情况，孩子在班上表现情况。家长值日制度是家长了解学校的窗口，也是学校对外宣传的一个窗口，是家长参与学校管理的起点，更是学校接纳家长的一个开端。

二、建立一个课堂——五彩斑斓百科课堂

为了让红小的孩子有更丰富的知识及更广阔的视野，红军子弟小学自开展家校合作工作以来，每个学期举行一次家长进课堂活动，建立五彩斑斓百科课堂。各班邀请各个领域的家长到班上讲授本领域的知识，有父亲教孩子武术、洗手卫生、健康知识的，也有贤惠的妈妈教孩子们做凉拌菜、蛋糕、水果沙拉、水果拼盘的，更有老爷爷给孩子讲孝道文化、红军故事。“五彩斑斓百科课堂”建立三个学期以来，深受学生们的喜爱，让他们学到了各种各样的知识，拓宽了学生的视野。

三、推动一种合作——社区志愿服务

与社区合作是家校合作的一个重要内容。一直以来，红军子弟小学都积极与社区连接，应用社区资源，让广大热心社会机构有机会进行教育公益活动。两年来，兴国县烘焙叔叔蛋糕店每年给一年级新入队少先队员提供可口蛋糕，为教师集体生日赠送免费蛋糕；我校开校运会时，兴国县第二医院免费在操场边上开设医疗救护站，为运动健儿们保驾护航；兴国县江背志谋石场义务为红小篮球队提供全套运动装备。小孩子们必经的十字路口，交警同志每天为孩子们保驾护航。

四、开展一系列活动——红娃亲子研学、红娃爱心义卖等

“读万卷书，不如行万里路。”为了让孩子们走出校门、家门，在行走中学习

知识，红小每年秋天发出“寻找红军足迹，追寻革命精神”亲子研学倡议，春天发出“走进春天，寻找最美家乡”亲子研学号召，同各班家长委员或家长志愿者组织本班家长进行。活动开展一年半以来，每个学期都有 10 多个班级在家长志愿者的组织下以各种形势进行亲子研学旅行活动，或到反围剿革命旧址；或到革命烈士陵园；或到官田兵工厂；或到风景幽美的大雾山；或到风车转动的十八排……

这样丰富的研学活动让孩子学到了知识，体验了社会生活，传承了苏区革命精神，发现家乡之美。

为让全体同学树立关爱他人的意识，养成乐于助人、乐于奉献的良好品质，实践中学习雷锋精神，学会感恩，红军子弟小学五年级每学年下学期举行一次“学习雷锋·践行感恩”义卖活动，活动由学校组织，家长志愿参与的形式开展。在 2016～2017 学年第二学期，由五年级主办的第一期“学习雷锋·践行感恩”义卖活动中，共筹集 2906.5 元，并成立“红军子弟小学感恩基金”。由家长参与管理，由家长代表参与推荐、审议所帮扶的贫困儿童情况。

那红小是如何有效组织并实施家长志愿服务呢？

1. 学校领导够重视

我校行政班子充分认识到家校合作对学校发展、促进教育教学的重要作用。因此，自办学以来，我校就将家校合作工作作为学校特色工作落实，并充分认识到家长资源、社区资源对学校发展的帮助。

2. 全体教师会支持

只有全体教师特别是全体班主任认识到家校合作工作的重要性，家校合作的工作才有可能开展好。因此，每个学期开学初都组织全体教师进行一次家校合作工作培训，对家校合作的重要性、家校合作工作方法、与家长沟通技巧、以往家校合作中出现的状况等问题与全体教师进行全面探讨。

3. 制度建设是保证

为保证家校合作的顺利开展，自一开始开展家校合作工作，我校就根据江西省家校合作中心要求，建立制度化的家校合作模式。根据《兴国县红军子弟小学家校合作工作要求》，建立“班级家长委员——年级家长委员会——校级家长委员常委会”三级家长委员管理模式；成立家校合作办公室，用于接待家长，管理家校合作事务；建立各级家长委员会QQ群、微信群，家长志愿者QQ群、微信群，学校各级行政领导入群，极大地方便了家长与学校领导的联系。

为保证模范家长志愿者服务队顺利开展，学校预先做好详细的各类家校合作活动方案、制度，制定《值日家长值日安排及要求》，印制《家长值日签到、检查记录本》《值日家长意见建议收集本》等。根据其他各类志愿服务，还制定了《红军子弟小学家长进课堂活动方案》《红军子弟小学家长亲子研学旅行活动方案》《红军子弟小学爱心义卖活动方案》《红军子弟小学社区志愿服务联系手册》等，有力地提高了我校家长、社区志愿服务水平。

4.志愿服务有氛围

为保证我校家校合作活动、志愿服务的开展，充分利用微信公众号、《致家长一封信》、班级QQ群、微信群等多种形式进行立体式宣传。做到活动前有预热，如每一期招募“模范家长志愿者服务队”之前，在公众号中发出《红军子弟小学模范家长志愿者服务队招募通知》，并向家长下发纸质《通知》；活动后有宣传，在每完成一项家校合作活动后出专题报道。

为提升每一位家长志愿者的荣誉感，每个学期都会在全校升旗仪式上举行一次“红军子弟小学模范家长志愿者服务队启动仪式”。由我校校长宣布“红军子弟小学模范家长志愿者服务队”成立，安排学校领导给家长志愿者代表授绶带，安排少先队代表给家长献帽。隆重的仪式让每一位家长志愿者感受到学校的尊重，获得荣誉感。

5.学期结束有表彰

为感谢每一位家长志愿者对红小的热情付出，我校每学期结束时都举行

"红军子弟小学家校合作工作总结会暨模范家长表彰大会"。对一学期的家校合作工作进行总结，向家长报告一学期以来红小取得的喜人成绩，同时表彰一学期以来热情支持红小发展的模范家长志愿者们，并颁发模范家长荣誉证书。这样的表彰会，让家长们感觉到学校对他们付出的认可，极好地维系了广大家长参与家长志愿服务的热情。

6.家长志愿者有优待

当我校家长成为学校家长志愿者后，能享受一系列的优待条件。第一，在家长志愿者群，可直接与学校领导沟通，反映情况。第二，有更多的机会参与学校各类活动。学校经常举行各类学生活动，如各年级联合中队活动，元日、六一庆祝活动，常因场地的限制无法满足全体家长参加的需要。因此，各班邀请家长委员、每学期家长志愿者作为家长代表参加。第三，优先安排红军子弟小学模范家长学校家长课程学习，提高家庭教育水平。

我们一直认为，家长是我们的团队，是我们发展学校的重要后援；家长是我们的合作者，我们有共同努力的目标——培养孩子；家长是我们的窗口，是学校的宣传员。在开展家校合作工作两年多以来，家长志愿服务已融入学校的班级管理及各项活动中，已成为红小一张闪亮的名片，并得到全体家长及各级领导的认可。

兴国实验小学家校合作开发大课堂纪实

兴国县实验小学　曾慧　钟发俊　李作柱

2017年5月22日，兴国县实验小学校园里人头攒动，宛如赶集，好不热闹。

三(1)班的教室里，兴国县交警大队女子中队的几名警花给学生们示范做交通操，教孩子们识别交通符号，学交通法规，过红绿灯、斑马线等安全知识，孩子们听得兴致勃勃。

四(6)班的教室里，一位医生家长正在给四年级的孩子上解剖课，给孩子们讲解人体构造，并现场带来了用于解剖实验的小动物，教大家在日常生活中如何保护自己，防止骨折，孩子们饶有兴趣地聆听着……

这是江西省兴国县实验小学开展的第三期家长进课堂讲课活动的场景。该学校从2016年起邀请来自不同职业领域、不同专业的家长朋友走进课堂当起"老师"，给孩子们讲红色故事、做手工制作、上阅读课、普及健康知识、魔术表演等，带来书本以外而又与孩子们生活成长密切相关的知识。

一、把家长请进课堂，引来教学源头活水

每月一次的家长开放日，邀请家长进课堂活动，在兴国县实验小学已成为

校园内独特的风景线，家长进课堂成了家、校、社会多方联动的纽带与桥梁。“每个月我们都会举办一次家长开放日，让有特长的、热心公益的家长融入我们的教学课堂中，让家长重回课堂，各行各业的家长带来的形式多样的知识，孩子们学到了与课堂上不一样的知识，孩子们很开心。”兴国县实验小学曾慧校长这样说道。

“家长开放日，就是老师与家长的沟通日，家长与学生的互动日。学生们的开心日。”实验小学六年级班主任朱玉华老师这样评价道。

“我扛着摄影机到学校里，把孩子们、老师们一天的生活、学习、运动记录下来，再通过学校的一体机播放给孩子们看，孩子们高兴地蹦起来，纷纷说我们也上电视啦，孩子们可以乐一天呢。”作为学生家长的电视台记者李志海先生这样告诉笔者。

“四星望月”这道名菜曾被毛主席授予美名，它用竹蒸笼粉鱼，美味享誉四方，兴国“四星望月”传承人来到课堂手把手传授技艺，让学生感受家乡美食文化，提高动手操作能力。

“兴国山歌”闻名遐迩，苏区革命时期，有“一首山歌三个师”的美誉，家长开放日，“兴国山歌王”——国家级非物质文化传承人百岁老人徐盛久来到学校，山歌一响，嘹亮整个校园。

自 2016 年第一次举办家长开放日以来，该校累计邀请医生、律师、交警、著名工匠、技术工人等 300 余名家长来校上课，“家长重回课堂”，在江西兴国实验小学已蔚然成风。

二、把学生带出校园，感受不一样的美丽天空

2016 年 1 月 23 日，北京，室外温度接近零度。政协大礼堂内却春意融融，灯火辉煌，兴国实验小学 56 名小演员与来自五湖四海的宾客同台演出，以一首悦耳动听的“兴国山歌”赢得掌声雷动。

这是兴国县自2015年12月被教育部批准为全国研学旅行实验区后，学校第一次组织“德银山歌队”的学生走出学校，来到祖国首都研学旅行。孩子们登八达岭长城，游故宫，在天安门广场看万人升旗的盛况，带着笔记本仔细记录北京的胡同文化，感受首都北京的博大、开放与繁荣。一周的研学旅行，虽然很疲惫，却是孩子们一生的幸福回忆。

相较于学校常规教育教学活动，走出课堂、走出学校到社会中去，来一次拓展与实践，也是孩子们成长不可或缺的营养。“亲子研学拓展活动”是兴国县实验小学家校合作教育活动的重头戏。学校成立家长委员会，在家长委员的发起和组织下到红色教育基地与孩子一起接受革命传统教育；去田间地头与孩子一起体验乡情农趣和劳动的光荣；到陌生的城市来实践与考验，提升社会感知能力。该校钟发俊主任向笔者娓娓道来。

在苏区干部好作风纪念馆，在革命圣地井冈山，在“共和国摇篮”——红都瑞金的红井旁，处处都能看到实验小学学子研学的身影。“穿越赣州”是学校近期开展的一项研学活动。四年级100多名同学来到江西赣州，五个孩子组成一个队，要学会看地图、学会坐公交、用有限的经费、只能寻找路人帮助的前提下穿越赣州，用有限的经费完成通关任务，超越自我！“通过这次的活动，让我们孩子学会了很多东西，一改以前饭来张口衣来伸手的毛病，知道了学会尊重、学会沟通、学会交流，学会生活、学会生存，知道了人与人之间怎么去沟通、钱在生存生活中怎么去使用，怎么去得到他人的帮助又怎么去帮助他人……作为家长，我真的很欣慰，很感动！”在参加“四年级学生穿越赣州研学拓展活动”后，四(10)班刘捷慧同学家长如是说道。

走出校园的同时其实是进入了另一个更为广阔的知识课堂，在这个课堂中，同学们可以获取更多的知识获得更多的成长，在社会这个大课堂成就大教育。

“老师的知识毕竟有限，我们把学生带出校园，感知生存、感知社会，把现实生活中的知识汇成教学资源，就是给实验小学的课堂带来了源源不断的教学活水。”兴国县实验小学副校长刘东这样介绍学校研学旅行的初衷。

三、把师生导入互联网＋，让智慧融于课堂

“教育是一种动态的、不断创新的工作，唯有与时俱进，才能让学校永葆青春。”年轻的实验小学曾慧校长这样谈她的治校理念。兴国县实验小学以一种开放、包容的思想，在努力构建“大课堂、大教育”，让新时代下的教育与时俱进，顺应潮流。

2017年1月17日，腊月二十日，兴国大街小巷挂起了红灯笼，处处洋溢着新年的喜庆氛围。该校小学二年级(7)班家长群中有家长说有学生被人贩子给抓走了，弄得人心惶惶，消息四处传遍。学校领导获悉后，第一时间向公安部门取得联系并求证，后经查实不存在被人贩子抓走之事，小孩没有及时回家是因为去一个亲戚家中没有及时告知家长。该校通过“兴国实验小学微信公众号”第一时间发布该消息的来龙去脉，告知广大家长勿信谣传谣。“通过微信公众平台，让家长知道我们学校的办学理念，规章制度，学校举行的活动，最大限度地把学校透明公开，让家长信任老师，让家校沟通无盲区，零距离。”曾慧校长这样阐述互联网＋下教育的融入。

“以往，学校要举行什么活动，往往要印刷大量的宣传单让学生带回家，而其效果还不够理想；现在我们通过家校通、家长微信群，学校公众号等网络平台，可以全覆盖家长群体，效果彰显。”六(6)班班主任张敏谈到班主任管理工作时，掰着手指头与笔者说现在管理方式的创新，“比起以往的班主任工作，现在更加理性、科学、高效了。”该校微信公众号还独辟蹊径，专门开设家教专栏，分享家教前沿资讯，同时开辟“我的家教故事”子栏目，向家长朋友征稿，择优刊发，引来家长朋友分享育儿热潮。

“非常感谢学校为我们搭建这么好的学习平台，让我们家长有机会学习到

科学的家教理念和方法，与其他家长朋友分享家教心得。”五(1)班李婷同学家长在参加完由学校主办的家长学校家庭教育知识讲座后感慨道。

新时期，新教育，新变化，兴国县实验小学以“大教育”智慧，先进的理念深化家校合作方式、拓宽家校合作内容，把家长引进课堂，学生带出校园，将师生导入互联网大潮，努力构建“从课内到课外、从线下到线上，从学校到家庭”共培教育沃土，共抚教育幼苗的“大课堂模式”，用大智慧引来不竭活水，创造着义务教育的多彩春天。

定南一小安全护卫活动纪实

定南县第一小学　郭建红

一、百年老校重安全

定南县第一小学，位于县城解放路中段，始建于1906年，是一所有深厚文化底蕴的百年老校，是市信息化建设的示范学校，也是定南小学对外展示的窗口学校。学校有在校生三千四百多人，教学班63个，任课教师一百六十多人。

近年来，学校高度重视平安校园建设，立足实际，强化责任，精心谋划，周密布置，充分发挥家校合作机制的作用，联合多部门协作，以做好排队放学工作为突破口，带动各项工作的开展，有力促进了平安校园建设，为百年老校注入了勃勃生机。

二、问题源起及意义

学校位于县城繁华热闹路段解放路中段，学校门口至老印刷厂路口一段及校门口到三经路一带，是孩子们上下学的交通要道，也是众多行人过往的必经之地。学生上下学时段，适逢市民出行、上下班高峰时期，因为人多且道路狭窄，经常造成交通拥堵，存在着重大安全隐患。

排队放学工作是学校的一种共性教育。实践表明，文明、有序地组织学生排队放学，让学生养成良好的排队习惯，有利于培养学生的组织纪律观念，提升学生文明素养，有利于学生将来更好地融入社会集体生活。其次，通过排队放学预知学生去向，可以缓解学校门口交通拥堵状况，也有利于学生上下学的安全保障。

三、领导高度重视

随着社会的发展，城市化建设进程不断推进，学校近几年面临的工作困境是：学生众多，每天接送孩子的上千家长、车辆也特别多，因一些老师和家长的安全意识不足，相关职能部门配合不够，还有不少小摊小贩占道经营……校门口一段道路拥堵不堪，让我校师生和行人苦不堪言！此外，学校教师中女教师占有很大比例，自二胎政策出炉，怀孕、产假、请病假的教师日益增多，维持正常的教学工作已是困难重重，每天要派出更多值日教师进行纪律维持更是难上加难。

学生安全工作涉及千家万户，事关社会稳定。教体局主要领导指示：要构筑家校一体的安全防控体系，学校可以从排队放学这项基础工作做起！

四、思路创新求突破

面对重重困难和安全压力，学校领导毫不动摇，毅然决定：再难不能难安全，决定迎难而上，创新思路，多管齐下，多为成功找方法，定要突破学校排队放学工作的瓶颈。

学校领导通过深入调查研究后发现，虽然学校人员很紧张，但百年老校沉淀下一批认真负责的好老师，还有许多积极支持学校工作的热心家长，以及十分关心学校发展的上级领导部门。县委宣传部主要领导指示："切实做好小学生交通安全工作，相关部门必须积极配合。”同时，要求交警、治安大队、城管每天上下学时派出人员，共同维持学校及周边秩序，做好学校排队放学工作。

因此，学校决定建构以学生为主体的教师、家长和社会共联合参与的排队放学“1＋X”排队放学安全管理体系，为学生平安上学、回家保驾护航，为平安校园建设注入新的活力。

五、多方协作出成效

什么是“1＋X”排队放学安全管理体系呢？

“1”是一个主体，也就是学生，就是要充分发挥学生在排队放学中主体作用，“X”代表多部门，也就是联合多组织多部门共同协作，做好学校排队放学工作。

1. 训练教育，充分发挥学生的主体作用

学生是排队放学的主体，为了体现学生的主体作用，学校从七个方面进行了扎实的工作。

（1）家校沟通，统一认识。学生是排队放学的主体，为了体现学生的主体作用，学校根据学生居住地点分为 A、B、C 三环路纵，同时组织人员画好引导线。然后，在校召开家长会，由班主任向全体家长讲清排队放学工作重要意义和要求，提高家长的思想认识，并告知家长接人的时间、地点和要求，并要求接送小孩的家长不要将车开到门口来堵塞交通，因为统一了认识，所以得到了家长的配合和支持。

（2）课堂落实，扎实训练。为了训练学生排队达到“快、静、齐”的要求，学校将每学期开学每一周和第二周，规定为队列队形训练周。体育老师要扎扎实实对全体学生进行队列队形训练，让学生学会排队，学会走路。同时要求平时的每一节体育课，体育老师都要有学生排队的训练内容。

（3）平时出操，严格要求。学校每一天都要做广播操，要求每次广播操出操时各班必须队伍整齐，排队下楼，做到“快、静、齐”。体育组每天对各班做操出场情况进行通报，特别对学生进退场情况重点检查通报。

(4)比赛考查，促进提高。学校每学期还举行一次广播操比赛，将有序进场、退场，队列队形变换，队伍的整齐度等纳入比赛重要的评分体系，比赛结果纳入《班主任考评方案》。

(5)思想教育，重点整治。针对个别学生一开始对学校的规定不放在心上，或者逃学，或者不排队的情况，学校政教处充分发挥政治工作优势，先由各班提供三至五名德育潜能生名单，学校集中进行学习培训。通过政教处工作人员的谈话、说理、导行和激励，端正了学生思想认识，使学生明白到做好排队放学工作，既是培养自己的组织纪律观念，也是保障自己上下学的安全。做好排队放学工作，最大的受益者是学生自己。通过转变思想，逐渐使这部分学生由拒绝排队到自觉排队。

(6)法治教育，转变观念。学校充分发挥学校法治副校长的作用，通过邀请法制副校长到校给学生上法治教育课，让学生明白在校要遵守纪律，出校遵守法律，让学生懂得做好排队放学其实是自我保护的需要。

(7)“五老”发力，广泛宣传。学校和关工委合作，组织好老干部、老战士、老专家、老教师、老模范组成的“五老”工作宣传队，充分发挥五老宣传优势，积极为学校营造良好的舆论氛围，积极配合学校做好排队放学工作。这些老同志经常深入到校给学生做报告，有意识地强调组织性、纪律性的重要性。

这样，以课堂为主阵地，平时扎实训练，通过比赛促进训练；加强思想教育，转化德育后进生；加强法制教育，提升学生法律安全意识；充分发挥“五老”作用，提高学生和家长纪律意识，将排队放学要求不断植入到每个学生心中，植入家长心中，为做好学生排队放学工作打下比较扎实的基础，为学生主体作用的发挥创造了良好的条件。

2.创建队伍兼包容，齐心协力保平安

学校在抓排队放学工作中重视教师、学生干部和家长义工队伍的建设，加强与交警、治安大队、城管部门的联合，共保学生平安。

(1)值日教师，检查巡视。学校安排政教处牵头，通过召开会议，分析学生上下学存在的安全问题，统一了全体教师的思想，每天派出 2 名值日行政和 8 名值日教师，在校园周边主要路口巡视，维护学生安全。

(2)带班教师，送出校门。每次放学前，上最后一节课的教师必须让学生整理好教室，整齐安静地排好队，按回家路线分 A、B、C 三队，按“六年级→五年级→四年级→三年级→二年级→一年级”的顺序分年级下楼排队，带班教师必须将学生队伍带出校门，带到相应路口，和学生道别后才能离开。

(3)大队干部，检查登记。学校少先队选择优秀的大队部干部，积极参与学校排队放学管理。每天早中晚对排队放学工作进行检查，对队伍不整齐、没按要求佩戴校牌的学生进行检查通报。

(4)家长义工，路口维护。学校充分建立家校合作机制，开设了家长学校，各班成立了家长委员会。通过班主任提名，众多家长的推选，一批有工作热情、工作能力，愿意参与学校管理。富有爱心的家长担任家长委员会委员，选出正副主任各一名，共同参与学校管理，学校设立家校合作联合委员会，组成家校联合行动工作委员会，并设立相关专业工作组，为学校管理献计献策，协助学校管理部分事务。班主任向家长委员会招募家长义工，按年级、分班级、分周次参与上下学时段学生安全保障与排队秩序的维护。

(5)设立班规，分班管理。各班班主任对全班同学进行安全教育管理，对部分纪律性较差的学生单独进行教育，在班规建设中加入学生在排队放学工作的表现的条款，采取一定的奖罚措施，促进学校排队放学工作。

(6)值日行政，巡查通报。学校每天派出 2 名值日行政，各行政值日每天公布检查结果，除将结果及排队放学照片，在学校行政群、教师工作交流群进行通报，还在两大群及校讯通中进行通报。各班班主任和老师根据通报结果进行整改。同时,要求班主任,通过家访、校讯通、短信等加强沟通,和家长交流孩子表现,将学生排队放学表现告知家长,言明利害,指出努力方向,争取得更多家长的支持和配合。

(7)交警执勤,维护秩序。学校联系交警部门,由交警大队派出警员,除对学生排队放学时的人流、车辆进行疏导外,还对不按要求行驶,阻碍学生通行交通的违法车辆进行整治。

(8)巡警巡防,维护治安。为加强治安整治,学校联系了县治安大队,由治安大队每天派出巡警,在校门口和主要路口进行巡逻值勤,给学生和家长增加不少安全感的同时也给伺机违法犯罪的社会人员以巨大的威慑作用,使其知难而退。

(9)城管执勤,清理路障。为清理学校门口各种路障,学校联系城管执法大队,对占道经营、流动商贩、发放广告,乱停乱放的车辆等进行整治,清理了路障,保证学生上下学时道路的畅通。

3.激励机制保持续,考核量化成制度

对值日教师工作进行量化,分A、B、C、D四个等级,纳入教师考核评估加分、扣分体系。对于C级D级的值日教师除扣分外,学校还将重新安排值日一次。对于排队放学值日工作中不作为、懒散怠慢、出现重大事故的老师实行一票否决,年终考核一律为最低档。而对做好排队放学的班级、老师,学校则进行考核加分、期末颁奖。这一系列的制度在一定程度上,激发了教师做好排队放学工作的积极性,为进一步做好排队放学工作打下了很好的基础。

学校每学期还拿出一定的经费,给表现突出的家长义工颁发奖状和发放各种奖品。通过每学期召开一次全校性的颁奖大会,让家长义工和孩子一起上台领奖,让家长义工的付出能得到广泛的认可,大大提高家长义工的积极性。

4.长期坚持出成效,管理成功共提高

排队放学工作不但是形象工程,而且是一项常抓常新的日常工作。学校在长期坚持抓好排队放学工作的过程中，惊喜地发现排队放学工作抓好了，还能带动学校的一系列工作：如学生的课堂纪律性也提高了，作业书写更工整了，学习成绩也提升了，校园内活动更加安全有序了，班级管理、学校教学管理水平都有一定程度的提升！

当人们看到，每周一至周五上午、下午上学时，一队队小学生排着整齐的队伍走入美丽可爱的校园；在每天上午、下午放学时，一队队小学生从学校大门走出，安全有序地走回自己温馨的家，人们都不禁将赞许的目光投向值日教师、家长义工、少先队值日干部、值勤交警、巡警队员、城管人员……

定南县第一小学，为建设平安校园，将家校合作理念成功运用于教育教学工作实践，调动学校、家长、学生及社会各职能部门的力量，共同做好学生上、下学排队工作，确保学生平安到校，平安回家。如今，定南一小运用家校合作“1＋X”排队安全管理模式的成功经验，为本县小学排队放学工作树立了标杆，被广泛地推广到县城的许多兄弟学校。

家校合作,携手育人

新干县逸夫小学 肖咏莉

苏霍姆林斯基有句名言:“没有家庭教育的学校教育和没有学校教育的家庭教育,都不可能完成培养人这样一个极其细微的任务。”因此,学校教育和家庭教育密不可分。近年来,我校始终本着“一切为了孩子”的原则,以“与孩子共同成长”为宗旨,依据学校自身特色,在探索中求发展,在实践中求完善,把办好家长学校,积极构建学校、家庭、社会三位一体化工作模式作为学校发展的重要工程。紧紧抓住家庭在三大教育中的桥梁、纽带作用,抓实三个结合,努力通过开办家长学校,强化家长育人意识,提高家长综合素质。充分发挥家庭作用,群策群力,齐抓共管,力求形成“一切为了孩子,为了孩子一切,为了一切孩子”的育人氛围,让家长学校发挥育人的最大功效,使家长成为孩子成长的良师益友,使家庭教育成为学校教育的好帮手。

一、成立家长委员会

健全的机制是家长学校运行的前提和保障。为确保家长学校各项工作有序开展,我校在以校长为组长的家长学校工作领导小组的基础上成立家长委员会。我校建立家长委员会已有三年历史。家长委员会的组织模式确定为“学校家长委员会总会——年级段家长委员会——班级家长委员会分会”三级机制。家长委员是从各班选出热心小学教育的家长代表。家长委员会委员实行六年聘任制，每学年定期参与学校家长委员会会议，家长委员还承担我校每年大型活动各班的秩序维持工作，部分家长委员参与学校的家长助教活动及学校教学观摩研讨活动。

二、把家长请进校园

我校每年都会请省家长函授学校的专家来讲座，每次家长们都会积极聆听，都感觉受益匪浅，直呼：“听君一席话，胜读十年书。”对今后孩子的教育有巨大的指导作用。

每学期都会召开家长会，学校都要精心组织，统一安排，以班为单位，由班主任组织，请各班家庭教育有成效的家长上课，在家长中树立典型。榜样的力量是无穷的，他们用自己的亲身经历现身说法，介绍如何教育子女，如何做人，如何对待分数，如何配合学校培养学生成才的经验。这些活动，既加强了家校联系，又缩短了家长与孩子两代人之间的距离，纠正了家庭教育中的一些失误，帮助家长确立了新的教育理念，加强了家长教育子女的观念。我们还会组织形式各异的家长会，如：报告式家长会、交流式家长会、会诊式家长会等。

参加学校开放日活动。我校规定每周三下午为学校开放日，我们请家长们走进校园，了解孩子的学习生活，体验久违的学校生活。在实践活动中，以年级段为单位安排，安排家长参加升国旗仪式，进课堂听课，参加学生的课外活动，与教师、学校领导交流思想，填写意见建议表。

请家长走进课堂。特别有意思的是我们还经常请家长走进课堂，给孩子们讲课，那真是一堂堂别开生面的课，很受孩子们喜欢。如：

别样课堂　家长为师

——记逸夫小学“家长进校园开放日”活动

春末夏初薄雨微，几阵细雨洒过，逸夫小学的校园显得愈加明净。今天的课堂格外不同，伴随着上课铃声，一批“特殊老师”纷纷进到逸夫小学各个教学班中。他们，是参加“逸夫小学家长进校园开放日”活动的家长们，他们是给孩子们当老师来了。

四(2)班黄浩然同学的爸爸特意驱车几百公里来为孩子们上这堂课。课上，他带着班上的学生们打篮球，练跑步，指导起跑姿势，示范俯卧撑，汗津津的脸上始终挂着温和的微笑。其他家长的课堂也是异彩纷呈，有给孩子们讲如何保护视力的，有做科学小实验的，有讲摄影小知识的，低年级的爸爸妈妈们更是带着小朋友们玩起了拼图，学做水果拼盘。前来上课的家长都做了精心准备，自制了教具、PPT课件，均显示了深厚的专业功底。与众不同的课，“特殊”的老师，让孩子们精气神十足，眼睛里满是好奇和欢喜。如果是自己的爸爸妈妈在讲课，孩子就表现得格外好，脸上写满自豪。一节课体验下来，家长们与各自孩子的老师纷纷打开话匣子“唠”在一起。不知不觉中，彼此的心贴得愈加紧密，越发增加了对对方的认同、尊重、理解与信任。

家长进课堂，双方均受益；家长进课堂，教育聚合力。逸夫小学的家校合作正朝多样化、多元化、人性化的方向发展，越来越走向成熟，越来越走向精细！

三、让教师走出校园

让教师走出校园，走进学生家庭，进行上门家访。了解性家访，主要针对贫困家庭学生、单亲家庭学生、学习后进生等。如一些刚接新班级不明情况的老师，会进行了解性家访。通过家访了解学生的兴趣爱好、个性特点，学生在家里的表现，家长的文化素养及对孩子的教育方法等。鼓励性家访，当学生特别是后进生有进步时，在家访中当着学生的面向家长作恰如其分的报告及时给学生与家长以鼓励。探望性家访,学生病休在家或其家庭发生变故教师及时登门探视、慰问并帮助解决一些力所能及的问题,这对于教师联络学生与家长的感情密切学校与家庭的关系很为有利。防治性家访,教师发现学生有异常的思想“苗子”或轻微的越轨行为时,及时进行家访,不失时机地向家长及孩子委婉说理、晓之利害,可以起到防微杜渐的作用,如学生进游戏厅打电子游戏、私下去游泳、拿同学钱、与同学打架等。我们进行的家访都是防治性家访。

四、家校沟通携手育人

第一,设立了“家校合作”办公室,为家长、学生提供零距离、一对一、互动式的家庭教育指导与心理咨询服务。室内摆放家庭教育成功经验、优秀书籍或推介读物目录,为家长学习、掌握教育子女的科学知识和方法提供便利。

第二,组建了各班的家校联系 QQ 群,进一步完善“校讯通”及各种通信平台。

第三,以《致家长一封信》的形式与家长沟通。如:针对夏天不能私自下河洗澡的学生安全问题对家长进行了强调,并将学校学生的作息时间告知了家长,以求学校、家长共同监督管理,确保学生的安全。

第四,做好学生、家长的家庭教育问题现状调查、分析。为使我校的家庭教育工作更具针对性、实效性,我们对我校家庭教育的现状进行了调查。

第五,学校以传统节日为契机,大力开展感恩教育,我校开展了系列的感恩教育活动。例如:“给父母端杯热水”、观看著名演讲家邹越的“爱祖国、爱父母、爱自己”主题演讲“给父母洗脚”以及“感恩演讲比赛”等活动。这些活动的开展有力地拉近了学生与家长的距离,起到了良好的效果。

五、家校合作初见成效

家校合作的目标是促使家庭教育和学校教育保持一致,形成合力,促进学生在品德、学业以及身心各方面良好地发展。同时，提高教师和家长的教育素质和能力，促进学校管理水平的提高。一个深刻、全面和真实的教育，必须是教师要了解家庭，做好与家长合作的心理准备，并且要积极鼓励家长成为学校的密切伙伴；家长要承担应尽的职责和义务，积极参与学校事务，本着对教育的负责，用积极的态度成为学校的智囊，为孩子的成长提供良好的环境。

总之，通过开展各项“家校合作”活动，密切了家长与学校之间的联系。建校至今，我校没有发生任何一例家长与学校之间的纠纷，他们理解学校，支持学校工作。家校合作提高了家长对学校与老师的信任度，使家校双方的力量形成合力，促进了学生的健康成长。

家校携手打开家长资源的窗

萍乡市经济技术开发区光丰小学　钟莉

在大力推进课程改革、实行素质教育的今天，青少年儿童的教育仅仅靠学校单方面力量是难以完成的，需要社会各方面的通力合作。我们萍乡经济技术开发区光丰小学为了学校的长足发展，同时也为了给孩子们创建一个更为快乐的成长乐园，也是为了增进学校与家长、家长与家长、家长与社会各界间的联系，更好地构建由学校、家庭、社会三位一体的教育网络，我校在办学实践中，大胆创新家校合作新模式，主动邀请家长中的志愿者，组建家长义工组织，参与学校教育教学全过程。经过多年的探索和实践，家长志愿服务组织，不仅在学校教育与家庭教育之间起到了桥梁纽带作用，而且形成了强大的教育合力，确保了学校教育教学的实效性，也促进了孩子健康快乐地成长。

一、积极研讨，广泛征求意见

众所周知，学生的教育仅靠学校单方面的力量是难以完成的，需要社会各方面的通力合作。《中共中央、国务院关于深化教育改革全面推出素质教育的决定》中指出："学校、家庭和社会要互相沟通，积极配合，共同开创素质教育工作的新局面。" 多年前，我校对学区家长做过多次调查和访谈，主要是征求家长关于“学校办学方向”和“培养什么人”的意见。调查中我们发现，大多数家长渴望学校给孩子适合的教育，希望家校建成统一联盟，共同培育孩子。因此，合理利用家长资源，整合社会力量，构筑开放的办学格局，已是大势所趋。更重要的是，如何将“家校社”三结合工作做活、做实，这是值得研讨的一项课题。学校成立家长义工队之前，召开支委会、行政会、家长委员会等各项会议，广泛征求意见，充分调研，在研讨中进一步明确了成立家长志愿服务队的目的、意义和可行性。经过研讨，学校领导、教师、家长对成立家长义工队的重要性有了充分的认识，在征求意见中，对如何开展家长志愿服务队的工作思路越来越明确。

二、走出去，开阔视野

为了把这一工作做好，学校领导带领一批行政干部和部分教师，多次考察了新余的渝水三小。渝水三小的办学特色之一是学校教育、社区教育、家长教育一体化的联合办学模式。她们的家长志愿者工作开展得有声有色，家长自愿、无偿服务学校、服务学生，特别是一部分家长在孩子毕业离开学校多年的情况下，仍然坚持到校做义工，把学校当成自己的“家”，这个联合办学效果显著，帮教、助教、助学深入到学校管理的每一个角落、每一个细节，他们的成功大大鼓舞了我们对此项工作开展的信心和决心。

三、健全组织，保证家长志愿者活动实施

为了丰富教育资源，保证家长志愿者的顺利实行，让家长志愿者们为孩子们提供有效的保障，学校在组织开展家长志愿活动前，对本校的班级、家长情况做认真调研，召开家长会，论证开展家长志愿者特色活动的可行性，学校班子成员多次有开专题会，家长委员会会议，制定家长志愿者的组织架构、工作内容等。2015 年开始，学校创建家长志愿者组织，设立家长会客厅，制定家长志愿工作章程、工作计划、管理制度及考核办法，明确家长志愿者的使命和职责，到目前为止，光丰小学家长志愿者队伍人数已达 100 余，他们综合素质较高，均有不

同的专业特长，如音乐、舞蹈、书法、体育、心理等；他们93%以上拥有自己的事业和工作，其中有公务员、企事业单位负责人、教师、医生、工程师、设计师、个体老板等。

四、加强管理，制订工作方法

学校固定将志愿者分成若干小组，有宣讲组、文明交通劝导组、心理辅导组、课间巡视组……各成员可以根据自己的实际情况弹性上岗。所有的组员由队长、副队长负责整体安排，协调各个小组工作，跟踪各个小组工作的情况，并及时解决志愿者工作出现的问题，与学校相应主管部门沟通，及时总结经验，提升工作效率。

五、以活动为载体，发挥志愿者职能

1.家长志愿者——培训中逐步成长

为提高认识，呼吁家长积极投入家庭教育工作中来，学校多次聘请省教育专家周旭清等来校，对家长进行教育培训，培训中设计了多项与家长面对面的活动，使家长知道做好一名志愿者的重要性，同时也增强家长志愿者的责任感。家长志愿者在培训后这样感慨："这样的培训活动，使我真正感受到自己在孩子教育过程我们家长的重要性，让自己成为学校的一员，利用自己的一技之长和学校共同参与孩子的管理，发挥自己的作用，这是多么荣幸的事。"还有的说："这样的培训活动应该经常搞，这样的活动不仅对我们家长起到了很好的示范作用，也能给孩子树立好的榜样，让家长和孩子共同成长。"还有家长在反馈信息中写道：以前自己把孩子交给学校觉得教育是老师的事情了，现在听了专家的讲座让自己受益匪浅，今后自己要充分发挥自己的专长，让自己也成为学校的主人，争取和学校好好配合，把孩子教育成为对社会有用的人。

2.家长志愿者——多渠道服务

为了充分发挥家长志愿者的职能，让家长志愿者成为学校的主人，让他们

积极参与到学校各项管理中来，我们多渠道的和家长志愿者联合在一起共同担负起教育的职责。

(1)家长志愿者——课堂零距离接触。每学期学校把家长志愿者请进课堂，让家长对孩子班上最关心的课堂教学零距离接触。学校把家长志愿者请到学校听课，参与管理。学校的电子备课、多媒体授课、课堂上学生强烈的学习欲望、较强的学习能力等，让家长称赞不绝。而教育教学工作能得到家长的肯定，是对老师最大的鼓励，也是老师最大的财富。面对面的交流和沟通拉近了家校距离，让家长对学校的教学现状不再是一无所知、一头雾水，而是作为参与者、合作者，以全新的角色状态来推进学校各项工作的开展。

(2)家长志愿者——走上讲台。我校还有一项重要的举措，就是每学期统一组织家长志愿者进课堂活动，邀请我们的家长走进课堂，相互交流一下孩子在校和在家的表现，以便老师能够及时调整工作方式，提高教育教学质量，同时鼓励家长能够积极参与到学生的教育管理中来，以便形成家校共育之合力，收获事半功倍的教育效果。随着时代的发展，家长对孩子的期望值越来越大，他们愿意用更多的时间和精力去关注孩子的学习和生活；愿意与老师携手共同教育自己的孩子。为拓展学生视野，丰富学生知识，学校动员有专长的家长进课堂讲课。他们有的是警察、教师、医生、演员，有的是工人、司机、售货员，为充分发挥这些优质教育资源，我们为其建立档案，有计划、有选择地安排他们来校讲课。

每学期的家长志愿者进课堂活动，使家长亲眼看见了家校共育的实效性，同时也认识到了自己在教育孩子中所肩负的责任，并深知家长履行自己职责的程度，直接影响、决定着孩子的素质。家长志愿者进课堂使家长由被动到主动，同时家长也表现出了极大地共建共管学校的参与热情。零距离的接触，使家长目睹了教师工作的艰辛，密切了家长与教师之间的关系，增强了教育的合力；家长肩负“主人翁”的职责，针对课堂上发现的问题，提出合理化的建议，提升学校管理水平。

(3)家长志愿者——安全劝导。我校坐落在开发区光丰路的中心主干道边。每天,马路上车流涌动,孩子们或坐爷爷奶奶的步行护送下,或坐爸爸妈妈的电动车、汽车来上学,而这个时段又恰是上班高峰,车流最容易拥堵的时段,家长们因不放心孩子的安全,驾驶汽车、电动车或自行车在车流中穿行,直到送抵校门口,将孩子送进校门才会离去,这期间家长们停放的车辆无形中给道路交通增加了负担,为此,交警找到学校,寻求缓解道路拥堵的办法。因为车流量大,家长更不放心,逗留的时间也就更长……孩子安全无小事,学生家长的心情学校感同身受。为了确保孩子们的安全,又能使家长的车辆在最短的时间内离开校门前的马路,我校的家长志愿者的“护花行动”由此拉开常态,学校根据年级、班级顺序排班,每天早晨7:40,下午4:30,安排的家长志愿者就会按时到岗,和老师们一道义务行使护送孩子的职责,风雨无阻,保障校园门口接送的秩序和安全,做到了零事故。这些志愿者们无怨无悔、全心奉献,为光丰小学的每一个孩子搭起一条安全的上学通道。

不仅仅是上、下学维护交通,在课间的时候我们的家长志愿者们还会在各楼层进行安全巡视,对课间学生攀爬危险物品,追逐打闹等一些不文明行为进行劝阻,并对校园的安全进行排查,发现隐患会及时与学校反映。

(4)家长志愿者——走向社会。现在我校的家长志愿者已成了一道靓丽的风景,更成了老师的好帮手。如今我们各中队、各年级的活动,都由家长志愿者组织策划并实施,他们带着孩子们由课内走向课外,由校园走向社会,家长志愿者带领学生进行社会实践,进行研学旅行。丰富多彩的实践活动得到了老师和孩子们的一致好评,孩子们通过这些主题活动受到思想上的洗礼,增进了相互之间的情感交流,孩子们将课堂上学到的知识用于实际生活中,各方面能力得到了很大的提高。

六、成立志愿服务队,喜获丰收

1.家长志愿者服务队改进了学校管理

家长志愿者服务队的最大好处，在于帮助家长切实了解了学校办学的总体框架。有了知情权后，家长义工们能大胆运用“权力”，多年来，提出了许多建设性的意见与想法，可见，家长义工制大大推动和改进了学校的管理工作。

2.家长志愿者实现了家校教育同步

家长志愿者进驻我校后，积极与学校、老师探讨孩子教育问题，支持和配合学校对孩子进行教育，从早读、上课、完成作业、做值日入手，培养孩子良好的生活学习习惯。在家长义工值日过程中，家长们深切感受到学校教育能否顺利进行，学生在校表现怎样，都与家长的家庭教育有密切关系。可见，家长义工制有利于促进家长与教师形成一致的教育意见，真正实现学校教育与家庭教育的和谐统一。

3.家长志愿者增进了“家校”间的理解和支持

家长志愿者进校值班活动中付出最多的是家长义工们，感受最深的也是家长义工们。在活动中，家长义工体会到了学校、老师的辛苦与不容易，更加增进了对学校教育教学工作的理解与支持。

4.家长志愿者为学生树立了新时代的楷模

志愿者的精神是新时代的雷锋精神。他们具备四个特征：志愿性、无偿性、公益性、组织性。志愿者在把关怀带给学校、社会的同时，也传递了爱心，传播了文明，这种“爱心”和“文明”从一个人身上传到另一个人身上，最终会汇聚成一股强大的社会暖流，同时这股暖流也会在孩子的身上流淌。

光丰小学的家长志愿者活动让家长有机会近距离关注孩子在学校的学习、活动情况，能更准确地把握这一代孩子的心态和成长，更好地找到教育孩子的正确方法。而家长志愿者这种助人为乐的精神经过家长言传身教，也逐渐渗透到孩子内心深处，对孩子成长不无裨益，由家长义工延伸出的志愿服务精神也会让这个社会更加温暖。

家校合作，共促成长

萍乡经济开发区登岸小学　林丽

萍乡经济开发区登岸小学创建于 1924 年，地处建设东路，是一所新城区小学。多年来，我校薪火传承，积淀了丰厚的文化底蕴，育人为本，坚定不移地走内涵式发展之路。

在全面实施素质教育、推进课程改革的过程中，校长谭义萍同志带领全校师生，树立科学的教育发展观，锐意进取，不断创新，树立了"精彩六年 为理想奠基"的办学理念；沿着"科学管理，特色兴校，发展强校"的办学思路；践行着"做人民满意教育，办群众满意学校"的办学目标；倡导学生博学博爱，向美向善。浓厚了"尚礼、达美、乐学、登峰"的学风，"厚德、臻智、乐教、求真"的教风和"团结进取，务实创新"的校风，形成了自己鲜明的办学特色。

伴随着教育改革的不断深入，学生生源结构也在发生变化，家庭、社会对学校教育有了新的要求，为此，学校着手打造家长学校，着重家校合作教育工作。过去几年，我校实现了从磨合—规范的递进式的发展。我校以列入江西省家校合作教育试点学校为契机，以"创新中小学家校合作教育方式"为目标，在省项目组的培训和指导下，完善了家长学校的各项工作，以"提升家长素质，提高家教水平，家校合作，共同育人”为工作目标，创造性地开展家校合作教育工作，走出了一条“与社区协作，创新做好家长学校工作”的适合校情的路子，促进了教育合力的形成，促进了学生综合素质的提高，促进了学校的发展，收到了非常明显的办学效果。

一、加强组织领导，建立健全制度

1. 加强领导，提高认识

建立以校长为组长，聘请社区领导及学校分管副校长为副组长，其他行政人员为成员的家校合作教育工作领导小组。结合学校实际情况，我们制定了《登岸小学家校合作教育工作实施方案》，明确了学校家校合作三年规划和办学的总目标，切实保证家校合作教育工作做到“三纳入”：纳入学校教育发展规划、纳入领导议事日程、纳入目标责任制评估标准。

成立家长委员会，确保家校合作教育工作有力开展。

我校在由校长任组长的家校教育工作领导小组的基础上，成立了家长委员会，将家校合作教育中的重点、难点、热点问题，有针对性地纳入到工作计划，确保了家校合作教育工作项项有人管，事事有人问，使家校合作教育工作的管理逐步迈向系统化、规范化。明确家长委员会成员的产生办法：第一，确定在校学生的家长为家长学校学员；第二，在各班的家长学员中，由班主任和学生家长推举2名班级家长成员为班级家长委员会主任和副主任；第三，成立学校家长委员会，从班级家长委员会中选取一名委员为学校家长委员会主任，两名委员为副主任，成员确保每两个班一名（家长委员会成员必须能代表各个层面家长，具有广泛代表性）。

2. 规范管理，完善制度

根据家长学校的工作要求，制定和完善了以下制度：《登岸小学家长学校工作制度》《登岸小学家长委员会工作制度》《登岸小学家长学校管理细则》《登岸小学优秀家长评比细则》等，明确规定学校每学期至少召开一次全体家长会、一次家长代表会、一次家长委员会。做到办学有章可循，管理科学规范。

3.搭建平台，学习交流

(1)设立了家校合作教育工作办公室，借助学校图书馆的资源，向家长推荐家庭教育成功经验的优秀书籍或读物目录，为家长学习、教育子女提供便利。

(2)通过学校微信平台、校园网及班级的“校讯通”平台，将学校的管理、家庭教育经验、孩子的在校表现等内容发给家长，供家长学习、指导、交流。

二、创建学习型家庭，提高家长教育水平

举办家庭教育讲座，召开家教交流会。学校每年邀请了市家庭教育讲师团成员、省教科所专家面授讲座，就《如何有效和孩子沟通》《怎样激发孩子的学习兴趣》等内容为主题对家长进行授课，使每一位家长学会正确地对待孩子、引导孩子的方法。每年上半年学校都邀请了江西省教育科学研究所的王梅雾教授或周旭清教授就“良好的沟通，良好的教育”、“如何当好小学生家长”等主题对函授学校的各位家长学员进行讲座活动。家长们参加的积极性非常高，而且都感到受益匪浅。

学校经常召开家长经验交流会，在家长中树立典型，因为榜样的力量是无穷的，让他们用自己的亲身经历、现身说法，介绍自己教育子女的经验。

在学校的微信平台中专门开设了家教专栏，鼓励家长学员每期必看、交流心得并踊跃投稿。专栏中将学生的优秀作品、学校师生的获奖情况、学校一个时期内开展的活动、教师好的教育方式在校报中宣传，家长们好的教育经验在此交流。科学的家教知识、先进的育人经验、鲜活的案例反思，润物细无声地传播给学生的家长，使他们得以借鉴、反思，提升自己的家教方法。同时也让老师的经验与所有家长共享，以此扩大家教知识的传播力度，使之成为家校教育的连心桥，使家长学校交流的平台进一步扩大。

鼓励家长征订家教方面的报刊，认真阅读家长函授学校配发的学习材料，加强自身学习，提高文化素养，在家庭中形成了全民学习的良好氛围，在日积月累中让家长和孩子共同进步。

三、创建有效活动，提升学生素养

1.上级部门大力支持，家校合作凝聚力量

学校的发展得到了市、区上级部门的大力支持，也为家校合作工作增添了力量。为尽情展示学生多姿的风采，尽力彰显学生活泼的个性，全面提高学生的综合素质，学校为学生搭建平台，每年的“个人才艺秀”展示、“六一”文艺会演、学生的个人画展发布会、经典诵读等一系列活动，让每个学生尽情地展示自我，孩子们的展现得到了全体家长和社会各界的赞誉。同时，市区关工委每年都安排“五老”宣讲团来学校为孩子们宣讲老红军、老革命、爱国主义、环保等故事及知识，让孩子们感受到今天的幸福生活来之不易，激发了学生对祖国、家乡、学习的热爱。

2.家校合力，开发幸福课程

学校每学期开展一次“家长进课堂”活动。让家长走进学校课堂，既深入了解学生在校的学习、生活情况，同时，又给孩子们上一堂各自精心准备的课，让学生获得更多平时课堂上学不到的知识及更多的贴近生活的体验。

学校围绕“季节”和“节日”两个主题，实验体验式校本课程，自主开发了《春天圆舞曲》《夏天成长曲》《秋天欢庆曲》《冬天畅想曲》四大校本教材，在不同的季节不同的年级由老师和家长们共同策划设计相应的大单元主题活动，让孩子们走出校园，走进消防支队、气象站、法院等地参观、访问、体验，更深刻地了解一些消防知识、法律知识；走出校园，走进大自然，去感受大自然的美丽，生活的美好。

3.家校联手，开辟学生绿色通道

学校有两千多名学生，加之接送家长和流动人员，每天上放学将近四千人，车多人多路窄，对学生安全造成极大威胁。虽然学校每天安排了护导老师在路口进行安全引导，但在高峰时依然显得人手不够。怎么办？依托社区与交警队，学校开展了“家校护学”活动，三方共同动员。经过研究决定，聘请了三十多位家长承担护学工作。三方对此项工作进行了周密的策划，细化了护学的工作安排，并邀请家长志愿者到校。每天，护学的家长按时上岗，他们协助交警、门卫、老师，把放学的孩子安全地送过马路。这些家长们将自己的爱心无私地奉献给每一位孩子，开辟了一条绿色通道，为孩子们保驾护航。

四、征求家长意见，促进学校发展

学校每学期以班为单位组织召开一次家长会，会上班主任、任课教师与家长进行面对面的交流学生的表现，讨论对孩子更恰当的教育方法，并就学校、班级的管理和学生的学习、交往、心理等问题达成了共识。家长们对教师的辛勤劳动和良好的职业道德一致表示高度的赞赏，同时希望学校、老师一如既往地关心、爱护学生，家校互促，共同把学生教育好。面对面的接触，实现了心与心的交流。

学校每学期还会开展家长代表会、家长委员会，开展“家长意见征询”活动。学校统一安排，精心组织，采取家长填写，专人负责回收、清点、汇总，通过这样的方式学校了解家长对学校教师教学的要求及其意见、对学校发展的建议，并且积极采纳和改进以促学校发展。

五、收获

教育永远没有做得最好，只有做得更好。几年的实践，我们觉得做好家庭教育与学校教育的结合，学校受益、家长受益、学生受益，确实不失为一条学校、社会、家庭共同育人的新路。我们家校联合教育的做法，得到了社会、家长的大力支持，产生了良好的效益：一是提高了家长素质，规范了家长行为，促进了家庭文明程度的提高；二是密切了学校与家庭的联系，教师的辛勤劳动得到了家长的理解和肯定，尊师重教的气氛更加浓厚；三是家长参与学校管理，优化了学校管理；四是优化了德育大环境，形成了学生健康成长的良好社会环境和家庭环境，增强了德育实效，提高了学生的综合素质。

一份耕耘，一份收获。几年来，学校无论是在德育工作，还是在教科研工作中都取得了可喜的成绩；无论是在提高办学水平，还是扩大社会影响力方面都取得了显著的成效，学校先后获得了国家级、省级、市级各类奖项共计一百余项。展望新的学年，我们将坚定不移地践行“一人一叶舟，千人千帆竞”的登小精神，凝心聚力，与时俱进，家校紧密合作，逐步实现登小孩子登上理想之彼岸的美好愿景。

创和谐幸福校园，育快乐诚信人才

萍乡市湘东区峡山口街新村小学 杨小华

孩子是祖国的未来，是民族的希望。百年大计教育为本，教育兴则国家兴。正是秉承这些理念，近几年来，我们新村小学始终坚持教书育人为己任，既教会孩子求知，又教会孩子做人，成功走出了一条家庭、学校、社会“三位一体”的家校合作育桃李的新路子。

一、家长学校办得有声有色

新村小学隶属峡山口街道办事处管理的一所完全小学。学生大都是新村社区居委会和新中社区居委会居民家中的孩子。学校现有教学班 6 个，学生 213 人，教职工 14 人。多年的教育实践使我们认识到，要成功培养好孩子，使之成为德、智、体、美等全面发展的好学生，单靠学校的一己之力是远远不够的，必须依靠家庭和社会的共同努力，才能担负起培养祖国下一代的重任。基于这些考虑，学校领导班子经过反复酝酿，走访社区干部，学社家长以及当地的老干部、老党员、老教师，最后达成共识，决定成立一所由新村小学和两个社区共同参与的家长学校，取名为新村社区家长学校。校长由经验丰富、工作责任心强的老共产党员——原泉田乡教育组组长刘平华担任。副校长与名誉校长分别从新村小学及两个社区干部中选派。校务会其他成员则从两个社区的“五老”人员中挑选。教室和办公室设在新村小学多媒体室。

家长学校成立的第一件事就是拟定了《为了孩子的健康成长希望你积极参加家长学校学习——致学生家长的公开信》。同时，制定了各种管理制度、办学方案及年度教学计划。确定了10个方面的教学内容与活动安排。分别是：公民道德素质与感恩教育，关心下一代提高家长科教子女水平，革命传统及时事政治，少儿思品与智力培养，科学种养知识讲座，环保、健康、安全教育，老少共建文明社区，假期少儿文艺与兴趣活动及效果测试，评优奖励等。根据教学方案的规定：每期上课时间定为每月15号上午九点至十点半，寒暑假期间组织少儿上校外思品、智力课数次，开展文艺兴趣活动2～3次；授课老师聘请当地的知名人士、专家、学者和具有专业技能的人才；每年度开展一次优秀辅导教师、优秀学长学员评选表彰活动；少儿假期活动也实行评优奖励制。

由于家长学校组织机构成立，办学方向明确，教学措施得力，教学内容充实，加上宣传发动到位，所以从2010年5月份成立以来，我们家长学校一直办得有声有色。具体体现在以下几方面：

1. 校务会成员和辅导教师工作责任心强

每堂课都会精心组织，认真准备辅导材料，力求让家长乐意听、听得懂、能吸收、能消化。特别值得一提的是家长学校校长刘平华，虽然已经75岁高龄了，仍一心扑在工作上。每堂课都会认真安排好，组织好，准备好茶水和桌凳，使家长们能高兴地来，舒心地学。此外，他还经常骑自行车来我们新村小学交流情况，座谈工作，有时还自告奋勇给学生们讲故事，上思想品德课。他这种不求名利、无私奉献的高尚品德，不仅深深鼓舞和影响了学校每一位教师，也为学生们树立了很好的学习榜样。

2. 家长学习热情高，收获好

每逢家长学校学习、开会的日子，大部分家长都会按时参加，即使有事不能来的也会打电话向校长请假。通过学习他们认识到：参加家长学校学习，不仅是家庭教子的需要，也是为国育人的需要。父母是子女的第一位教师，没教好子女就是父母的过错、家庭的失误。而要科学地正确地教育子女，家长必须提高自身素质。

例如，有个叫刘秋明的家长，在参加家长学校学习之前，不懂得怎样科学、文明地教育自己的子女，当孩子成绩不好或不听话时，动不动就打人骂人，使孩子产生了逆反心理。学校老师得知这一情况后，多次找他谈心，邀请他到家长学校学习。在家长学校听了两堂课后，他对教育家范斌华编著的《家长教程》一书产生了深厚的兴趣，事后亲自到萍乡新华书店买了一本回家拜读。如今刘秋明再也不随便打骂孩子了，父子俩的关系也变得融洽了，孩子的学习成绩也上去了。

3.教学方法灵活多样，测试效果令人满意

家长学校的办学效果怎样，取决于辅导老师教学水平的高低。针对家长的不同年龄、不同文化水平，我们的教学方法也不尽相同，有启发式、问答式、互动交流式、模拟教学式及讲故事、演讲比赛等各种形式。由于方法得当，针对性强，教学效果很好。每学年的期末考试，家长学员的平均成绩都在85分以上。不少家长跟我们说："参加家长学校学习是件荣幸的事，是为国教子的需要。我们都懂得了一个道理：百年大计教育为本，培养后代家教领先。"

为表彰先进，鼓励家长们继续参加学习，去年年终学业结束时，我们对6名成绩和表现特优的学生和10名优秀家长进行了表彰奖励，对其他积极参加学习的家长也分别颁发了纪念奖。

4.暑期少儿教育兴趣活动颇有收获

为了让少儿过上愉快而有意义的假期生活，我们家长学校组织了从小学四年级至初中学生的暑期教育兴趣活动，有30多名少儿自愿参加。从去年7月

16日至8月29日期间，先后开展了3次活动：组织少儿学习背诵中华国学经典《弟子规》、感恩报恩讲座、师生故事会和演讲比赛。我们向参赛的学生发放了《弟子规》读本，让他们在家用40天的时间朗读、背诵。于8月29日开展背诵比赛。有17名少儿踊跃登台背诵，多数少儿能背出二至四节。而10岁儿童彭雅儒能流利地背出八节三百六十句的《弟子规》全文，使在场每一位家长和师生无不感到高兴与惊喜。为激励参赛学生，我们当场向彭雅儒同学也颁发了特等奖，给肖晓璐、邹琼蕾等6名同学颁发了优秀奖，其他参赛的10名学生也发给了纪念奖。

感恩教育在老师事先认真授课辅导的基础上，发动学生写文章，开展演讲比赛。其中有12名同学勇敢地登台演讲，经过评委们认真评分，肖晓璐、彭雅儒、向嘉卉、曾霞、曾雪晴5名学生获得了优秀奖，其他7名学生都颁发了鼓励奖。重要的是，通过开展朗诵比赛和演讲比赛，使孩子们增长了胆识与才干，同时进一步学会了怎样孝顺父母、助人为乐、团结友爱、感恩家庭、感恩老师、感恩社会、感恩祖国。

二、关爱留守儿童成效显著

新村小学在校学生中，现有留守学生69人，其中单亲家庭留守学生19人，残疾、智障、心理不健康的留守学生3人。他们一般都是由父母之中的一方或祖父母及亲友监管，个别孩子甚至独自一人生活。普遍存在家庭教育缺少、父爱母爱缺乏、安全监管缺失现象。其基本特征是：失爱、失育、失导、失控。

针对这些现状，近年来我校在市区关工委与妇联，团组织的关怀支持下，开展一系列的关爱帮扶活动。

第一，学校党支部成立了结对帮扶小组，支部和学校班子成员每人至少与3名留守学生结成帮扶对子，每位教师至少与1名留守学生结成对子，从生活上、学习上关心爱护他们，做孩子的代理家长。每逢孩子过生日，老师都要送上生日礼物与祝福，让孩子们感受生活的阳光和亲人般的温暖。更有幸的是得到了社会的关爱:湘东区原副区长、上海大学博士生导师甄强前两年在我区挂职锻炼时,得知我校留守儿童情况后,主动来到学校,与贫困留守学生肖晓璐、刘欣如、吴祖鑫及肖航玲结成关爱对子,每学期从自己的工资中拿出 2800 元分别打到这 4 名学生的爱心卡上,作为他们的学杂费及生活费;同时还让自己的女儿与这几名留守学生经常通信,相互交流,相互勉励,共同进步。峡山口街计育办和妇联也多次来校资助贫困留守学生。受资助的对象有:黄楠、易采鑫、杨阳、邓皓武、刘建鑫、肖航玲等同学,他们亲身感受到了社会大家庭的关爱与温暖。

为使关爱留守儿童的工作扎实有效地开展下去,学校制定了《关爱留守儿童行动计划》和《关爱农民工子女活动实施方案》,建立了留守儿童与农民工子女情况登记制度,监护人联系制度,定期报告制度,结对帮扶制度,沟通交流制度和管教责任制度。

在充分发挥学校师生帮扶主体作用的同时,积极探索校外联动帮扶关爱途径。一是聘请校外辅导员。特意组建了以驻区 73871 部队干事杨志华为总辅导员、新村社区家长学校校长刘平华为副总辅导员、退休教师邓元纯为工作组组长的 19 名同志为新村小学校外辅导员队伍。现在分布在每一个村民组都有一名辅导员。重点负责各自范围内留守学生表现情况的观察、掌握和了解,并及时对他们的行为进行矫正与正确引导。学校定期召开辅导员会议,将辅导员掌握的情况汇合,然后分别制定帮扶措施,有的放矢地教育好学生。

第二,志愿者倾情帮扶行动。为丰富留守儿童的课余生活,充实他们的精神世界,我们主动与萍乡楚萍义工社取得联系,邀请他们的志愿者利用双休日来学校为留守儿童义务上课。几年来共开设了英语、手工制作、舞蹈、美术、书法和写作等课程。到目前已累计授课 1700 多节,收到了良好的效果。原三(1)班留守学生汤泰龙通过在写作兴趣小组一段时间的学习与写作的训练,作文水平大幅提升。前年由他创作的诗词《我要》,荣获第八届世界华人小学生作文大赛一等奖。另外,谢鑫宇、李司成二位同学在参加湘东区中小学生作文比赛预防艾滋病知识征文比赛中,均获得了二等奖。

第三，开展军民共建活动。新村小学有着得天独厚的地缘优势，因为与附近驻区73871部队仅两里之遥。为了提高学生特别是留守学生的国防观念，学习解放军的好思想、好作风，学校特意聘请该部队干事杨志华为校外总辅导员，不定期请他来校上国防教育课或讲革命军人的爱国故事。同时还适当安排留守学生来到军营参观或开展联欢活动，让学生与军人同台表演文艺节目，使孩子感受军人的生活环境，从小培养爱祖国、爱军人的情怀。

通过开展系列军民共建活动，一向性格孤僻、寡言少语的三(2)班留守学生李文涛(化名)在去年建军节参观军营时，突然上前拉着杨干事的手，天真地询问："杨叔叔，当兵好玩吗？等我长大了也来你们这里当兵，可以吗？"待得到肯定的回答后，李文涛开心地笑了。从此以后，他再也不那么沉默寡言了，而且上课也认真听讲，下课能与同学们快乐地玩了。

第四，组织留守儿童参加各种健康有益的社会活动。每年的3月份学雷锋活动月，新村小学都会组织学生特别是留守学生到附近山上植树造林、上街打扫卫生，或是到两个社区和当地敬老院进行文艺表演、做好事、献爱心等。使他们从中受到教育，感受快乐，启迪人生，懂得怎样关心别人，热爱生活。四(1)班留守学生刘心如在前不久一次到湘东镇敬老院学雷锋献爱心活动时，欣然接受了电视台记者的采访。她是这样说的："历来都是别人关心我、帮助我。现在我开始长大了，也要学会关爱他人，帮助别人。用自己的实际行动回报社会！"

为使关爱留守儿童工作规范化、常态化，新村小学为每名留守学生都建立了底册档案及相关资料。班主任每学期初认真细致进行摸底造册并填好留守学生成长卡，经常与其监护人和家长联系，学期末对学生表现情况给予激励性评价，与他们长期进行情感交流。

配备兼职的心理咨询师，设立了留守学生亲情咨询站，对留守学生的心理和行为及时进行矫正。例如四(1)班的陈文政同学，个子高，人也胖，上课不认真听讲，下课喜欢惹事打架。通过与家长联系，了解到他爸爸长期在外打工，妈妈在一家瓷厂，经常晚上加班，没时间照管孩子。针对这一情况，班主任从心理咨询入手，多次找陈文政谈心，讲道理，定期到他家家访，家校双方共同帮助孩子改正缺点。经过一段时间的努力，该生进步了，作业能按时完成，并很少与人打架了。

建立留守学生“亲情家园”。学校分别设立了亲情电脑室、亲情影院、亲情电话、亲情阅览室和亲情活动室，定期向学生们开放。帮助留守学生与父母开展视频对话，观看有益电影、博览群书，参加各项文体活动。使他们觉得父母就在身边，学校就像自己的家。真情的付出，使新村小学关爱留守儿童工作取得了显著的成效。如今大部分留守学生的精神面貌、性格脾气、言行举止和学习成绩都有了明显的改善和提高。过去爱小偷小摸的改好了，爱打架滋事的变好了，性情孤僻的变活泼了，不讲卫生的爱干净了，不讲礼貌、不尊重他人的变文明了，学习不努力成绩差的也有进步了……

学校关爱留守儿童的先进事迹引起了社会各界的广泛关注，得到各级领导的充分肯定和好评。近年来，先后有省、市、区人大和团委领导来校视察；先后有省、市、区关工委和妇联的领导来校调研；先后有兄弟县区的团委、关工委来观摩取经；先后有省、市、区的新闻媒体相继报道……大家一致认为，关爱留守儿童是一件造福社会，有益于学生、家庭的民生工程、德政工程。

新村小学关爱留守儿童的先进事迹，也引起了企业界的共鸣和响应。湘东区烟草专卖局和安利(中国)日用品有限公司江西公司的负责同志，先后来到学校慰问留守儿童，分别送来了 5 台电脑，价值 3000 多元的科普图书资料及各种果饼食品，总计价值 2 万多元，市国土资源设计院也捐来图书三百余册，电脑四台。

关爱留守儿童工作的成功开展，也为新村小学赢得了众多的荣誉。连续几年来，学校被评为市、区“师德师风教育先进单位”、萍乡市“关爱农村留守工作先进集体”；现任峡山口街中心校党总支书记，新村小学前任校长李仕明同志荣获全国“维护妇女儿童权益先进个人”、萍乡市“关爱农村留守儿童工作先进个人”称号；陈美琪同学被评为萍乡市“十佳留守儿童”。

三、“道德讲堂”深入心扉

历史和现实的经验告诉我们:榜样的力量是无穷的,道德的力量更是巨大的。为了从小培养孩子们正确的世界观、人生观、价值观,做一个明礼诚信,遵纪守法,勤奋好学的小公民,从今年上学期开始,我们新村小学开办了“道德讲堂”,目的是让全校师生都能更好地学习和弘扬中华民族的传统美德。

为使“道德讲堂”扎实有效地开办下去,我们力求做到以下“三个结合”:

——与各年级各班的思想品德课相结合。思想品德教育本身就是培养学生良好的道德情操。言语美,行为美,心灵美,就是思想品德美。只有思想和行为都高尚的人,他才是一个有道德的人。教学中,我们要求科任老师既要结合书本上的内容,又要结合校纪校规和《小学生行为规范》《小学生守则》等规章进行教学。做到教有目的,学有收获。

——与学习国学经典、名人名言相结合。古今中外,都有很多杰出人物和杰出的论述。尤其是我国5000多年的文明史,积累了宝贵的精神财富。例如《三字经》《曾广贤文》《弟子规》等,都是中华民族传统美德的提炼和总结,也是人们为人处世的指南。

“道德讲堂”就非常需要这样的国学经典做教科书。为了使学生们都能熟悉这些经典著作,理解它的含义,我们配发了专门的辅导教材,聘请了专门的教师授课。要求每个学生都要会朗读,会背诵,会默写,会讲解,会应用。

——与身边的好人好事和先进典型相结合。“道德讲堂”是传播道德,弘扬道德,告诉人们如何践行道德的场所。用身边的故事教育学生,是我校道德讲堂的一大特色。湘东镇五里村69岁的诚信母亲江志兰靠捡破烂,种田卖菜度日,坚持8年,为死去的丈夫和走失的儿子还债,2900多天才还了5万多元。同时还要照顾瘫痪在床的90岁的婆婆和脊柱骨骨折的小儿子及一对年幼的儿孙。为了撑起这个不幸的家,还清丈夫和儿子治病所欠下的10万元债务,江志兰拖着瘦小的身躯,每天起早贪黑,没日没夜地操劳,钱一分一毛地攒,债一百两百地还，八年多的时间才还了一半，而自己已变成了白发苍苍的驼背老人。她的感人事迹被中央和省市媒体披露后，在社会上引起了很大的反响。一段时间之内，市、区、镇和有关部门的领导纷纷前去探望、慰问这位平凡而伟大的诚信老人。江志兰本人作为感动中国的诚信母亲被中央文明委列入“中国好人榜”。

光荣登上“中国好人榜”的还有峡山口街萍钢小学4年级学生彭雨琪。因父亲瘫痪在床，母亲出走，家庭生活的重担一下子落在了彭雨琪肩上。面对困苦，小雨琪没有被困难压倒，她坚持一边读书，一边照顾病瘫的父亲多年。每天为父亲端尿端屎，洗脸洗脚，擦拭身体，还要烧茶做饭，洗衣拖地，操持家务，但她从未旷课一天，从未在老师和同学面前诉过一声苦。

在道德讲堂上听完这些生动感人的故事之后，学生们幼小的心灵无不为之震动。不少同学回家后，将这些故事讲给爷爷奶奶、爸爸妈妈或姐弟们听。好些同学将听课后的感想写进了日记里，写进了作文中。其中，有五年级的同学在日记中写道：“听完江奶奶、彭雨琪的故事，晚上我好久都不能入睡。要是这事发生在我的家，我能扛得住吗？我有她们这么坚强吗？我好想看看她们，帮帮她们。”

六年级吴志强曾经是一个调皮的孩子，经常上课搞小动作，不认真听讲，下课后总喜欢和人打架。自从听了江志兰、彭雨琪两人的感人事迹后，变得沉默了，老实了。一次在自己的作文中写道：“可惜我年纪太小，赚不到钱，要是我有很多钱的话，我一定帮江奶奶还清债务，帮彭雨琪爸爸治病。”

是啊，道德的力量是无穷的，美好的道德一旦深入人们的心扉，就能起到教育人、影响人、鞭策及鼓舞人甚至改变社会的作用！

静候每一次花开

——家访故事带给我的思考

萍乡市安源区通济小学 肖美

两个不同时期的家访故事让我感受到家庭教育观念变化、与家长沟通方法的与时俱进，启迪着我怎样去做一个紧跟时代潮流的老师，如何有效利用家校合作功能——做一个家长欢迎、学生喜欢的老师；同时我深刻意识到进城务工人员子女、单亲家庭、留守儿童等特殊孩子教育的任重道远，启迪着我在教育路上不仅做一个智慧型的教育人，更要做爱的使者。

一、家访故事之一

2017年上学期接近尾声之际，学校布置老师们暑假完成万师访万家任务。“老师必须深入每个学生家庭了解情况……”乍听到这个消息，我还以为自己听错了。深入每个家庭家访，是我十几年前在乡下教书时的一项常规工作。说起家访，往事突然像电影镜头一样一一在脑海中闪现：1999年秋季刚开学不久，我新接手一个毕业班。这个班共有54名学生，开学报到两天了，其他孩子都拿到新书坐在自己的座位上，我看到最后一个座位一直空着，却不知道是谁没来报到。把名字一个个点下去，念道“兰启元”，教室里突然一片寂静，有个男孩子立马反应过来回答道：“老师，他不读了，他说他的作业一个都没做。”“什么，这么小不读书了？”我意识到自己不该冲着这个小男生发火，急忙缓和语气：“老师知道了，谢谢你。”

放学后，我找到告知我情况的那个小男生带路，决定把这个逃学的“兰启元”请回来。一路上，我从小男生陆陆续续的话语中总算了解了兰启元的一些基本情况——又是一个厌学的学生。唉！每接手一个新的班级，总会遇到类似的情况，在当时的农村，父母均是种田人，孩子不读书一点也不感到奇怪，还说出“牛不喝水强按头没意思”的歪道理，弄得我有时不得不跟他们据理力争，说了一回又一回，去了一次又一次，最后被我的执着“感化”，还是把孩子送回到学校，那刻的我总会有一种不言而喻的成功感。这个“兰启元”该不是也是父母随他意不强迫吧？我心里暗暗猜测着，不知不觉跟着小男生走了十几里路，爬上一个陡坡，转过一个山头，总算看见几缕炊烟。老远就听到一阵阵责骂声：“你这个欠揍的不去读书去干啥？跟着我们种田你又说累死人，跟着我去挖土你又说不会，要你去放头牛你都不会，让牛吃了别人一大半菜苗，弄得我们又是赔礼又是道歉。不听话的兔崽子，今天我不打死你就不是你老子。”紧接着孩子的哭闹声、父母的打骂声交织在一起。不好！我顾不上自己刚爬坡还在喘着粗气，不知哪来的劲儿三步并作两步跑到屋前，撇开围观的人群，双手护住孩子的头，一不小心被气红了眼的父亲把鞭子重重地抽在了我的手上，留下了鲜红的两道杠，孩子的父亲顿时傻眼了，一根长长的竹条悬在空中，母亲急得哇哇大哭，所有的人都愣住了。还没等他们晃过神来，我强忍住手臂火辣辣的隐痛，一字一顿地告诫这位父亲：“这位家长，你这种教育方式是不对的，打死了孩子你就是一罪人，打残了孩子你们家一辈子都不得安宁！”也许是我的话深深震撼了在场的所有人，也许是我手上两道红红的杠吓傻了孩子的父母。大家突然一下子七嘴八舌地说家长的不是，说孩子的不听话，说老师的可怜。于是围观的人帮着打凉水、找草药、搬椅子，冷敷伤口，不知所措的父母嘴里不停地喃喃道歉。兰启元——刚刚还是仇恨的眼神此时只是瞪得大大的，茫然地注视着这一切，泪水不停地流着。我想此刻他的内心一定很不平静，再多的说教对他来说都是多余的。我微笑着对他的父母说："我没事，过两天就会好的。孩子没完成作业不要紧，明天先回学校再说。"我故意瞟了一眼他，和我对视之后，兰启元同学低下了头，两手使劲地搓着衣角。看到我温和的样子，紧张的父母顿时如释重负，接着他们不断地向我数落着孩子的不是："老师，今天真是对不起了，我家孩子就是不听话，也不是读书的料。上课不听讲，教过他的老师都说无药可救了。作业不做，每天在学校就是送屎尿。但我还是想他读完初小，最少也要读完初中。他的三个姐姐都是小学毕业就打工去了。他是我们家唯一的男孩，读书还不如他的姐姐。你看看我今天就是打死他，他也不会说去学校读书，宁愿天天跟着我们在地里转……"看看天色已晚，伴着若隐若现的月光，我拒绝了家长强留晚餐的好意。于是他们打着手电筒，护送我安全到路口。回到家，已是晚上八点多了，屋檐下的那盏灯一直亮着。

第二天我才跨进校园大门，就有同学跑到我身边："老师，兰启元来了。"我急忙跑到办公室，在我的办公桌边已站着兰启元母子俩。还没等我开口，兰启元的母亲笑容满面的从布兜里捧出一包用旧报纸包扎的、上面还夹着一张方形红纸的包裹，"老师，昨天是我们做得不对，这鸡蛋是我家那只黑母鸡下的，有营养，给你补补身子，表达我们家长的歉意，请你一定收下。现在还不知您伤口疼不疼？我家启元一早就跑到鸡窝里搜到凑齐十个鸡蛋。昨晚还破天荒拿起作业写了几页字，老师你看。"说着就放下鸡蛋，从书包里拿出一本皱褶的作业本。我随手翻了翻，字歪歪扭扭，却也看到他昨晚的用心。我把鸡蛋轻轻地放回家长手中，再三谢绝她的好意，牵着兰启元略带茧子的粗糙小手："走，跟老师到教室里上课去。只要你按时上学，按时完成作业就是对老师最好的报答。"兰启元抬起头，突然两眼放着光，眨巴几下，憨憨地笑了。

从那以后，兰启元同学再也没有因为作业逃过学，一直到小学毕业。虽然他仍然偶尔不做作业或少做，还会欺负同学，可是更多时候长得高大的他总会跑到学生前头抢着倒垃圾，抢着拖板车（那时我们毕业班每个月负责把学校垃圾拖运出去），还时不时悄悄在我的抽屉里放上他家种的两个凉薯或橘子。

这次家访带给我的思考：每一个孩子都有他的可爱之处，作为老师要有博大的情怀，以爱育爱，静待花开！德国教育家第斯多惠说过："教育的艺术不在于传授本领而在于激励、唤醒、鼓舞。"我相信若干年后的兰启元同学已遗忘老师给他传授的什么知识，但老师那次特别的家访一定让他记忆犹新。再想想上个世纪末，经常性家访让我不仅意识到农村家庭教育的缺失——老实巴交的农民虽然纯朴、勤劳，但在教育孩子方面的苍白无力让我感到一阵阵心痛；家长的"棍棒式"教育不但不能激起孩子的学习欲望，反而引起他们逆反心理的产生；大多家长被"金钱观"迷惑，重男轻女思想严重，让孩子早早结束学业出去打工挣钱。"兰启元"家访故事还让当时的我深感焦虑的是：如果当时能早点跟家长取得联系，告知家长要一起配合学校做好孩子的教育工作，我想也许不会出现开始"逃学"那一幕。的确，在当时信息非常不发达的环境下，老师要去家访的一般是问题较大的学生——旷课、厌学或逃学。而老师抽空家访大多会"吃闭门羹"，不是门上挂把锁就是孩子在家父母还在地里干活未归。孩子读书做作业全部是学校的事情，成绩比较好的说成是"祖上有文"，成绩不好的就会说成"龙生龙凤生凤"，反正家里有几亩田，孩子长大了有地方去，很多学生甚至一个学期都看不到家长（开家长会也不来）的影子。因此很多类似于"兰启元"这样的学生由于缺乏自觉性，得不到良好的家庭教育，每天不愿读书，逐渐失去了学习兴趣而"沦落"为老师眼中的"差生"。

白驹过隙，一晃近二十年过去了。反思那个时代教育的诸多不完美，很多有潜力的孩子因为父母的教育观念，没得到正确的引导，不到十五岁就奔入打工浪潮……如今他们已是成年人了，在各行各业默默地做着贡献。偶尔会有几个跟我发个微信:肖老师你好!……如果我当初能多读点书可能会混得更好!

二、家访故事之二

2017 年 7 月 10 号,刚下过一场瓢泼大雨,驱散了暑期暂时的炎热。趁着一丝阴凉,我撑着雨伞出了门。根据头天晚上在家长群里发出的要到部分家庭家访的信息(考虑到家长忙的缘故,没在家或放假了带孩子出去玩),我首先来到王宏涛家。王宏涛的奶奶开门热情接待了我。慈祥的老人倒上一杯热腾腾的茶,话匣子就打开了:“老师,真没想到天气这么热你们还要家访,这是我孙子读了五年书第一次看到老师来家访……”

“王宏涛呢?”我四处瞅了瞅,忍不住问道。

“忘记给你说了,老师。”快言快语的王奶奶拍了拍手,乐呵呵地笑道,“他爸妈担心孩子每天只知道看电视、玩电脑、耍游戏,所以他的暑假被安排得满满的。今天学英语、学奥数,明天学习作、学书法。轮着一天休息就完成学校布置的暑假作业。”

“孩子喜欢这样的安排吗?”

“喜欢?每天出门嘴上都像挂着一个油瓶,催了又催才姗姗出门。老师你是不知道,我挺同情我孙子诶!上学时每天读书做作业补习功课。好不容易挨到放假了,又是没完没了的学习、补习,孩子都快成机器人了。我这个身子入半截黄土的老婆子是越来越不明白这个世道……”

看着王奶奶突然变得沉闷的脸,我知道她是心疼自己的孙子了。但她的话未必没有几分道理?现在的孩子整天被父母“逼着”学这学那,成绩不好就是责怪孩子贪玩不认真,从来不去反思自己,从家庭教育方面去找找原因。再问问做父母的,似乎也有不得已的苦衷,担心孩子沉迷电脑游戏,加深眼睛的近视度数。可话又说回来,逼着孩子整天学习就是解决问题的唯一方法吗?孩子心里到底愿意否?作为父母在乎过他们的感受吗?今天的教育环境确实让我为这代孩子的教育揪心:电脑、手机、微信在改变人们生活方式的同时也不断冲击着孩子们的心灵。他们坐下来想做一会儿作业,抬头却看到父母明为陪伴实际却不断刷微信的情景,何以静得下心来?当他们一旦被一个电脑游戏吸引就会不自觉地偷偷拿起手机自顾玩起来,什么作业、什么学习早抛到九霄云外!满脑子都是“游戏”,离开大人的视线更是可以“专心”坐上一整天,置吃饭睡觉于不顾。而一旦精神状况不佳作业拖欠严重被老师传话家长,招来的就是一顿臭骂或拳打脚踢,最后结果不了了之。我为这群几乎没有童年自由的孩子深深担忧着,心痛着。纵使有家长意识到并想了许多办法,但效果不是非常好。于是,我也努力尝试改变我们班这种状况。首先利用网络及时在家长群发布好的教育方法(比如坚决制止孩子带手机进校园;跟孩子一起参加亲子阅读、畅谈读书感想;带着孩子去郊游、拍照晒感言;指导孩子做力所能及的家务活等等),让家长引导孩子走上健康的学习轨道;其次认真组织开好每个学期的家长会,精心准备案例示范引领,在家长会上做到动之以情、晓之以理,让家长在教育孩子方面能够有章可循,茅塞顿开。而这样的家长会也得到了家长们的好评,每次会后不少家长三番五次找我探讨,把我当成“家庭教育专家”请教,逼着我不断向书本学习。同时我利用语文综合性活动资源多次引导学生开展“健康上网 拒绝网吧”、“我有一双明亮的眼睛”等主题活动,让孩子们在活动中亲身体会到“网络游戏”的危害,“爱眼护眼”的重要性,从而自觉养成良好的学习习惯。通过家长的密切配合和老师的动情说教,孩子们终于在向着“好读书”方面发展。

带着从王宏涛家出来的这份沉思我不知不觉走进了进城务工子女家庭何志强的家。爬过三层窄窄的楼梯,转过一间过道房再登上两层楼梯,终于敲响了何同学的家门,迎接我的是敦厚开朗的何爸爸。一进门何爸爸连忙把木凳上的衣物搬走,轻轻擦拭一下坐凳向我做一个“请坐”的手势,我立刻被风趣的他逗乐了,很自然地就随意拉起了家常。何爸爸非常健谈,从孩子在乡下读书一直谈到为何转学到我们学校,如何把房子租住在学校附近……听着听着我的眼前不由得浮现出何志强刚刚转进我们班读书的情景:个子矮小、皮肤黝黑、说话还有点口吃的何志强背着一个蓝色的书包站在教室门口,两眼怯怯地望着暴跳如雷的我——这是开学一个月第N次不做家作了,而且小字本上仅仅留下像鸡脚划过的汉字,哦不是汉字!就是蜿蜒在地上的藤条!用放大镜去照都不知道写些什么。气得我只有把家长喊来教训一番了:“你家小孩我教不了了,请你把他转回去。”撇下一个哭丧着脸的孩子和一个佯装笑脸嘴里不断赔不是的何爸爸,我径自回到办公室。何爸爸看见我离开,连忙背过书包牵着孩子的手小跑到办公室,左一个道歉右一个保证,似乎真正做错事的是他。面对我雨点般的责备,做父亲的就像小鸡啄米——频频点头称是,一句托词都没说。

“肖老师,给你看看我暑假里练的字帖。”何志强拿着字帖从房间里跑出来,打断了正在回忆的我。看到字帖上逐渐变得工整的汉字,我欣慰地笑了!此时的何志强也变得落落大方,不像开始来我们学校时孤僻、冷傲、懒散、拘谨。何爸爸高兴地告诉我:是老师的辛勤教育使孩子发生了可喜的变化。我听了既惭愧又高兴,自己当初冲着何爸爸的态度确实过激了一点,但开明的何爸爸不但不计较,还不断抱拳表示感谢,感谢我的严厉跟教育,然后如数家珍地告诉我孩子为什么会是当初这种情形:才十岁的何志强出生在广东,学了一点白话又辗转跟着漂泊的父母在江苏待了几年,学的是普通话。可是父母实在太忙,顾不及照顾他,何况此时的妹妹出生了。无奈之际把他送到乡下爷爷奶奶家读了三年书。没想到乡下教育资源匮乏,孩子上课听到的地方方言云里雾里,成绩肯定跟不上,最主要的是非常排斥父母。每次回到家乡看望他,他理也不理。情急之中何爸爸只能一个人先回到家乡在城市里找好一所学校,稳定孩子就把房子租在学校附近,然后在城里找份工作一边挣钱养家一边照顾孩子,可是孩子的陋习也不是一朝一夕能改的,就把孩子的妈妈也喊回来专门负责孩子的教育。听着何爸爸的讲述,再环顾这套简陋的房子,房间里偶尔传出兄妹俩爽朗的笑声,我能想象到这是一个温馨的家,也是一个幸福的家,孩子不就是渴望能在这份亲情中拥有快乐吗？由此我想到孩子的成长离不开家庭这张温床。

从何志强家出来，已是太阳当照的晴天。我看看手表，才十点多。上午还可以走访几户人家。于是我相继走访了进城务工人员子女张天军、袁定坤的家里。走进他们的家，情况大同小异，都是为了孩子有一个好的学习环境，家长不远千里进城租房，过着一边打工一边照顾孩子的生活。

告别袁定坤同学的家长，我情不自禁地从包里拿出家访记录本，随即记下了这样一段感言："进城务工"是当今这个时代叫得最响的名词。农民工默默地把自己的青春奉献给这座城市，为城市的变迁做出了不可磨灭的贡献！同时也加大了城市的容量，尤其是孩子的教育，使得城市学校班额超满——学校负担重，老师任务繁。特别是离开父母多年养成不好习惯的那些孩子（如刚刚家访过的袁同学），从小被爷爷奶奶娇宠着，每天大把大把的零食装在口袋里，刚上课就盼着下课，一双手不是抓抓后面同学的书就是摸摸前边同学的衣服、头发，或者有事没事找同学借东借西。如果他能安静地坐一会儿，就表示他身体不舒服感冒了，简直就是老师的一块心病。但是当我们深入到这些普通的进城务工人员家庭，当看到他们一双双期盼的眼神，我们又何尝忍心拒他们于门外呢？是的，他们把家庭的希望全部寄托在城市里所谓高素质的我们老师手里，他们盼望着孩子在感受亲情关爱的同时享受到学习带来的成长快乐，他们坚信好的教育环境一定会造就出孩子的优秀人生。

我停下笔来举目远望，雨后的树林在阳光的照射下显得格外青翠。此时的我对两个不同时期的家访故事更多了一层感悟：相比上个世纪末的家长，他们的教育观念发生了翻天覆地的变化。为了孩子有个好的学习环境，家长们可谓是"削尖了脑袋"——想办法寻"关系"让孩子在城里学校安顿下来。在教学业务部门工作多年的我知道，进城务工人员子女就近入学是国家的一项教育政策，学校没有任何拒绝的理由，但我仍然为这群"负责"的家长感动。相比过去，今天的家校合作关系愈来愈紧密，对老师的要求也越来越高（过去老师布置作业与否家长从来不过问，学生做了与否家长从来不知晓），他们的“高期望”盼着“高回报”，通过这次家访我更是深有体会。然而在我的身边却经常上演着老师跟家长不和谐的故事。家长怪罪老师看不起自己的孩子，有意冷落；老师数落家长没素质，不分青红皂白就乱下结论，说到最后责怪学校不该接收成绩如此差的学生……家校关系陷入僵局。时代在变，我们的教育观念也必须要变。走访进城务工农民家庭后，我们也许会有所反省：每个孩子都是家庭的希望，民族的未来，在哪他（她）都应该享受到受教育的权利。然而面对教室里黑压压的五六十个人，教学的压力和负担我确实深有感触。在暂时无力改变大环境下的我们该如何改善这种紧张的家校关系，发挥好家校合作功能，更好地服务于我们的学校教育？

以我从教多年跟家长一直融洽相处的浅显经验，我觉得我们老师首先要跟家长坦诚相待。家长把孩子交到我们老师手中那一刻，我们和家长就一道成了学生的教育者，我们达成了一个共同心愿：就是培养好学生。所以我们老师与家长谈话时要坦诚相见，推心置腹，给人可亲可近的感觉。对学生要怀着一片赤诚之心，要为学生成长而高兴，为学生退步而着急，这样家长才会向我们敞开心扉，家校关系才会变得融洽而温暖，最后才能赢得家长和学生的尊敬和信赖，才能“亲其师，信其道”。因此我们老师电话联系或上门家访时说话都不要盛气凌人，好像自己是来传“圣旨”的“钦差”，家长只是洗耳恭听的“臣民”，语气咄咄逼人，家长的申辩一概不睬，闹得彼此都不愉快。给家长一种主观武断，教学素质不佳的印象。其次我们跟家长沟通时要实话实说，不要把责任全部归咎于学生，也要反思自己工作中的不足和失误，更不可当着家长的面，数落学生的过失，将“恨铁不成钢”的怨气转嫁给家长，要就事论事、实事求是地指出过失，向家长提供合理的教育意见。不管怎样的孩子在家长眼中都是“掌上明珠”，再加上现在物质条件的不断提高，很多家长只希望孩子健康快乐成长，学习成绩摆在了次要位置。因此我们老师也要改变观念，不唯成绩，多去寻找孩子的优点，找到更好的教育方法。

"金无足赤，人无完人。"再好的学生也有不足之处，再差的孩子也有闪光点。对学生的评价要一分为二，不要以点概面。把自己喜欢的学生说成一朵花，没有一点瑕疵，会使家长过分宠爱孩子，放松必要的管教；把某方面较差的学生说得浑身毛病，毫无可爱之处，会使家长对孩子丧失信心，放任自流或导致棍棒教育，增加孩子的逆反心理和敌视情绪。孩子们正在成长，可塑性很强，对他们的评价要留有余地，不能把话说死。不要轻易说"你的孩子将来考上好大学绝对没有"问题，也不要轻易断言某个学生"肯定不会升入高一级学校"，更不能说"你的孩子已无药可救"。要用发展的眼光看问题，学会讲"只要……，你的孩子就会……"，要用热情感人的语言，促使家长满怀信心地进一步配合学校育好孩子。只有这样才能保持家校合作在教育问题上的一致性和协调性，才能很好地服务学校教育，达到事半功倍的效果。

作为人师的我们为了不辜负家长、社会对教育的这份厚望，也必须加强个人品德修养，不断学习，努力锤炼教学基本功，用爱心和智慧辛勤浇灌每一棵小苗的成长，用耐心和恒心静候每一次花开！

当班主任与家长发生矛盾冲突时

萍乡经济开发区登岸小学 周晓妍

“老师，我看到孩子身上那两条血印子，我就忍不住要哭。孩子回来饭也不肯多吃，话也不肯多说，我们大人看了心里难受啊。他爸爸要到学校找老师说清楚，我劝他不要去了，老师说了你孩子也有错，而且打他的孩子没有妈妈也很可怜。孩子也说，不要去找老师，不管他怎么做老师都认为是他的错。可是，老师啊，就算他有错，可他被打成这样，你也是当母亲的人，看到自己孩子被人打成这样，你心里也会很难受吧……”晚上十点半左右，我接到一个学生母亲打来的电话，无论我怎么解释，怎么安慰，她固执地哭哭啼啼地把刚才的话重复了七八遍，言语中充满深深地不满和强烈地指责。我好不容易劝住她，让她明天到学校找我面谈，并且答应明天找她的孩子再好好谈谈。

放下电话，我仔细回忆了白天在学校里发生的事情，想找出自己处理问题不妥的地方。下午1:50，我照例到班上巡视，从窗口看到三五个男生围在一起，王伟正在穿校服外套。我问他们发生了什么事情，几个人为什么要围在一起。尽管几个男生没有说话，各自回到座位上，但我从他们的表情中看出一定发生了什么事情。我把王伟叫到身边询问，他支支吾吾不肯说，这时，我注意到他脖子上有一道类似指甲抓的血印，我让他把衣服敞开，看到胸前有两条血印，虽然不算深，但是挺长。这时，他才把实情讲给我听。原来，中午时段，王伟看到李涛、杜小军两个人在闹着玩，他也想参与，就和杜小军一起逗李涛，李涛不愿跟他玩，他却非要逗李涛，一会儿推推李涛，一会儿踢踢李涛，李涛被惹火了，两个人就抱在一起，打成一团。结果王伟伤得重些，留下了两条长长的血印，李涛没看出有什么外伤，只是说胳膊、腿有点疼。弄清了事情的来龙去脉，我随即采取以下措施：

第一，严厉批评了李涛、杜小军、王伟三个同学，指出同学间追逐打闹，严重违反了校纪班规，并且造成比较严重的后果，要求每人写一篇反思，好好反省自己的过错。

第二，指出李涛指甲太长，与学生形象不符，且容易抓伤别人，要求他立刻剪短；同时指出在这件事情上王伟主动挑衅，以致造成比较严重的后果，他当时完全可以制止李涛和杜小军打闹，或者报告老师让老师来处理。

第三，带王伟和李涛到医务室处理了伤口。

第四，电话通知三位学生的家长，把整件事向他们说清楚，并指出每个学生的错误所在，希望家长帮助批评教育。

反思我当时解决问题的方法，我不觉得我有什么做错或做得不到位的地方。但是为什么家长的反应如此强烈呢？我努力寻找问题症结所在，百思不得其解，但孩子那句话“不管我怎么做，老师都认为是我的错”深深刺痛了我，我自认平时还是能够理解学生，懂得和学生换位思考的。我想我和王伟之间肯定存在误会。

第二天，我找王伟做了一番推心置腹的长谈，了解到王伟对几天前我批评他上课不认真听讲这件事有成见，我又给他细细分析上课期间不认真可能带来的种种不良后果。同时，我真诚地告诉他老师看到的不仅是他的缺点，更是他的优点，老师相信他一定会积极投入到学习中，相信他一定会取得优异成绩。

同时我请他帮全班同学做一件事，负责在黑板上写小学毕业考倒计时，一方面给自己加压，一方面督促全班同学。此外，我又和王伟妈妈进行交流，对自己处理问题不妥之处表示歉意，同时又把和王伟沟通的结果告诉了她，赢得了家长的理解。在之后不久的考试中，王伟取得了一定的进步，家长对此深表感谢。

在问题妥善处理好之后，我反思自己当时做得不到位的地方，我认为主要存在两个方面问题：一是与学生沟通不到位，处理事情过于简单，没有听听孩子的想法，仅仅满足于批评过了，教育过了，通知过家长了，至于孩子心中真实的想法，没有深入了解。而且前面没处理好的问题直接影响到后面问题的处理。二是和家长交流时，只顾指出孩子的缺点，只有批评的声音，对孩子受到的伤害缺乏同情，这就让家长产生了抵触情绪。要知道每个父母都想听到孩子被表扬，都不希望看到自己的孩子被伤害。同时我还缺少倾听意识，只顾发表自己的看法，亮出自己对问题的处理意见，没有听听家长的想法，这又在家长和班主任之间筑起了一道厚厚的墙。从而导致家长对班主任的强烈不满和指责。

通过对这件事情的后续处理和完善，我想到班主任与家长都是孩子成长过程中的重要人物，两者间的互动是学校与家庭形成教育合力的重要手段。而在现实生活中这两位重要人物却彼此都对对方产生一定的困惑，交往中出现双方情绪不够冷静，甚至互相指责，出言不逊，引起冲突，激化矛盾，产生了教育的分离效应，非常不利于孩子的健康成长。其实班主任和家长的沟通也是一门艺术，班主任在与家长交流时应遵循以下原则：

其一，尊重家长，营造和谐沟通氛围。首先要尊重孩子家长，摆正自己与家长的位置。家长与班主任一样都是孩子健康成长的引路人，都肩负着教育好孩子的重任。班主任与家长若能够相互信任，相互激励，则会出现友好合作的气氛。给家长提建议要注意方式，条理清晰，言简意赅，最重要的是温和有礼。没有把握的不要说，记不准确的不能说，要实事求是，以诚待人。对教育过程中可能出现的问题，班主任要客观地分析问题的症结所在，不能把学生的错误转嫁给家长，更不能"越位"地训斥家长。要理解家长的难处，尊重家长的情感，以商量谈心的方式来交流孩子的得与失，以自身良好的道德修养和理论水平来影响家长。

其二，实事求是，客观反映存在问题。要以平常心对待学生的错误。学生做错了事，违犯了纪律，损害了班集体的荣誉，这都会让班主任生气。班主任找家长来是为了找到一种较好地解决问题的办法，不是要对家长撒气。班主任应该实事求是地反映问题，不能因为学生成绩不好，或者平时有点调皮捣蛋，就连带认为学生品德也不好，反映问题时潜意识里就夸大学生的错误。人都有做错事的时候，学生做错事要纠正，这是班主任的工作职责，也是家长的愿望。有了这种认识，说话才能客观公正。

其三，耐心倾听，主动采纳合理建议。任何一位班主任，无论具有多么丰富的实践经验和深厚的理论修养，都不可能把复杂的教育工作做得十全十美、不出差错。时代变迁，社会进步，随着整个民族素质的明显提升，家长水平的不断提高，家长的许多见解值得班主任学习和借鉴。班主任要放下架子，经常向家长征求意见，虚心听取他们的批评和建议，抱着有则改之，无则加勉的态度，做到宽容大度，胸襟开阔。即使是面对家长的指责，也要克制自己的怨气，不要和家长争执，以高尚的人格魅力赢得家长的好感，从而最终消除误解和矛盾。这样做，就会使家长觉得班主任可亲可信，从而与之同心同德育人教子。

其四，鼓励为主，共同呵护孩子成长。信心是成功的一个重要条件，尤其是对学习基础比较差、表现不够好的学生家长，这一点更加显得重要。有的学生家长，由于经常听到对自己孩子在学校表现的负面评价，对教育好自己的孩子已经失去了信心，觉得孩子一无是处，甚至无可救药，从而放弃对孩子的教育。对于这些家长，班主任更应该给予安慰，要尽量发掘孩子的闪光点，要让家长看到孩子的长处，看到孩子的进步，看到希望。在说到学生的优点时要热情、有力度，而在说学生缺点时，语气要舒缓婉转，这样就会让家长感到班主任对他的孩子充满信心，自己更应该对孩子有信心。只有家长对自己的孩子有了信心，他才会更主动地与班主任交流，配合班主任的工作。

总之，家长和班主任的沟通是要讲究方式方法的，是讲究智慧的。无论运用何种方式、何种技巧与家长沟通，最为关键的是要以诚待人，以心换心，同时努力提高自己的道德修养和理论水平，这样才可以架起心与心之间的桥梁。班主任与家长才能最终保持思想上的一致，才能共同寻求教育孩子的最佳方法，共同承担起教育孩子的重任！

万安实验小学家长义工活动纪实

万安县实验小学　刘红文

学校教育、家庭教育和社会教育作为当下教育存在的三种基本形态，它们的有效整合已成为世界教育发展的必然趋势。我国于 2004 年颁布的《关于进一步加强和改进未成年人的思想道德建设》及 2010 年颁布的《国家中长期教育改革和发展规划纲要》都明确指出："要把家庭教育与社会教育、学校教育紧密结合起来"。这说明国家教育主管部门已经意识到了家校合作在现代教育中的重要作用和地位。那么如何实现家庭教育与学校教育的有机结合呢？我校通过组建家长义工组织，探索家校合作的新途径，历时 4 年的实践，也许能给大家带来一些启示。

一、家长义工组织的内涵与特征

"家长义工组织"是指在学校的统一协调下，由关注教育、关心孩子、拥有爱心的家长代表组成的特殊志愿者团体。他们主动深入教育教学一线，全面参与学校管理与服务，以大爱之心行大善之举，在家校合作中发挥了重要作用。他们作为学校教育、社会教育、家庭教育三方面重要的融合者，能利用业余时间，不计任何报酬地参与到学校各种服务中去，同时他们作为广大家长的代表和代言人，走进学校，近距离地观察老师的工作，观察孩子的表现，思考学校的管理，进而以全新的角度参加到学校教育教学工作中来，把家庭、社会、学校教育有效地结合在一起，为当代教育注入新的活力。其主要特征为“主动性、自愿性、公益性、组织性”，以大爱之心行大善之举。

二、家长义工组织的理论与现实依据

1. 理论依据

万安县实验小学家长义工组织的理论基础源于“协同教育”，这是德国著名理论物理学家哈肯创立的系统科学分支理论在教育领域的具体应用，其核心要义是探索家庭教育、学校教育、社会教育在教育大系统中，各自发挥出的组织协调作用。学校、家庭和社区的合作教育是协同教育理论的重要运用。

2. 现实依据

(1)新世纪国家教育发展的根本需要。《中共中央、国务院关于深化教育改革全面推进素质教育的决定》《中共中央国务院关于进一步加强和改进未成年人思想道德建设的若干意见》及 2010 年颁布的《国家中长期教育改革和发展规划纲要(2010—2020 年)》等文件都讲到家校合作教育的内容，并积极倡导有条件的学校在办学中加以尝试。

(2)学校办学的必然选择。我们实验小学近年来严格规范办学行为，遵循“合格 + 特长”的育人方针，得到了广大家长的认同。家长越来越重视孩子的教育，对学校的期望值也在提高，他们迫切希望了解和参与学校的管理。如何实现学校和家长之间的有效互动，途径可能不少，比如召开家长会，建立家长委员会，设立校园开放日等等。但它们的局限性也显而易见，家长会、校园开放日通常每学期只有一次，对于大多数家长来说，靠这一点时间了解学校的教育教学情况并不现实；家长委员会通常比较松散，难以发挥实际的作用，而且往往更多的是追求形式层面的意义。所以,“家长义工制”是当前我校教育形势发展的需要,也是突破学校、家庭、社会教育瓶颈问题的关键。

到目前为止,我校家长义工队伍人数已达 200 多人,他们综合素质较高,其中本科学历占 42%,专科学历占 37%,中专学历以上占 11%;他们均有不同的专业特长,如音乐、舞蹈、书法、体育、设计、摄影、心理等;他们 93%以上拥有自己的事业和工作,其中有公务员、企事业单位负责人、教师、医生、记者、警察、个体老板等。

三、家长义工组织的使命和职责

美国学者索恩伯格说:“在家校合作中,家长往往更渴望成为学校工作的支持者和学习者,成为学校活动自愿参与者、服务者,成为学校教育决策参与者。”在构建和谐教育的大背景下,我们认为,只有科学全面界定家长义工的使命和职责,才能更好地发挥其作用,全面推进素质教育,促进孩子身心健康。我们赋予家长义工组织的主要使命和职责有六个方面:

1.学校文化的传播者

家长义工是广大家长的代表,是家长和社会非常信赖的群体,同时他们又直接参与学校管理与服务,对学校办学、学校文化比较了解,所以,他们对学校文化的评价与宣传很容易得到广大家长的认可与信服。

2.学校管理的参与者

家长义工们主动参与学校管理,一方面可以让广大家长真实把握学校办学思想和办学行动,也容易协助学校制定出既适合学生发展需求,又能反映家长愿望的学生成长计划和策略,另一方面是家长义工在参与管理过程中,可以促使学校和家长达成共识,形成教育管理合力,帮助孩子体验成功。

3.教育教学的促进者

家长义工组织参与学校教育教学工作,会产生“四赢”的局面。第一,家长义工直面学校教育教学的复杂性，对教师产生敬重之心；第二，使教师因受关注而心生自豪感，更加珍视自己的教育事业；第三，学生也会因为家长代表走进课堂，而感到自己的学业备受关注；第四，家长义工直接参加学校的核心工作——教育教学，直面教师的工作，让家长们感到自身教育责任的重大，找到自我奉献的价值。正如美国家长参与学校教育管理的六项标准中总结的："家长的积极参与，不但有助于教师乐教，有助于孩子乐学，更为关键的是家长从此明白了自己的真正职责，家校合作从此变得目标一致了。"

4.第二课堂的协助者

家长义工有着不同的文化背景、职业，他们根据自己的爱好特长深入到学校的第二课堂活动中来，无疑能很好地补充学校的教学资源，也适当地减轻了任课教师的负担。他们以"家长义工艺术团"为组织，以每周五"素质1+1活动"为舞台，在书画、器乐、合唱、舞蹈、科技制等方面协助老师培养学生兴趣，挖掘孩子的潜能。

5.师生关系的融洽者

和谐的师生关系不仅是现代学校民主、公正教育理念的体现，更是现代学校教育价值的追求。家长义工具有家长和教育参与者双重身份，他们的参与可以有效疏导师生关系，促进师生之间关系的和谐发展。

6.家校合作的代言者

家长义工的双重身份，决定了他们是家校合作最好的协调者，是两者之间沟通的纽带和桥梁。

四、家长义工成为实验小学校园一道靓丽的风景

2013学年开始，实验小学开始引入"家长义工"，在低中高段各确定一个班级试行"家长义工"制，2014学年全面推广。现在家长义工成为实验小学校园一道靓丽的风景。

按照实验小学家长义工章程，家长义工的职能，只要是能帮助孩子成长的，家长义工在能力范围内都可以做，不局限于某一具体的时间、空间、形式、内容，重在参与。表面上，这些来自几百个家庭的家长，各有各的家庭，各有各的工作，根本无法有效组织起来。但是，当几百位家长义工被分成若干小组后，这个看似庞大的“家庭”在校园内却能自动运转起来：参加安全管理组的家长义工，平时在校门口引导、提醒孩子礼仪，维护秩序，对有特别需要的孩子进行护送；每到学校开展素质1+1活动，舞蹈、书法、摄影、象棋等助教组的家长义工，便成了教师的帮手，参与主题教学活动的组织；帮扶问题孩子组的家长义工，则以一对一的方式通过家访、参加社会实践活动等形式，陪伴问题孩子走出困境……只要谈到家长义工队，我们就会情不自禁地提到一连串学生家长的名字——陈娟、刘熙盛、曾秋华、张碧梅、刘水兰、胡素蓉、罗佩、龚桂琴……

每年新生开学，是学校老师们最为繁忙的时候。今年秋季开学第一天清晨，许杏兰等4名身着红色工作服的家长义工自发分成两组，一组疏导学校周边交通，另一组巡视校园，排查安全隐患，忙得不亦乐乎。随后，其他的家长义工也不约而同地来到学校，引导新生报名，为新生家长们答疑解惑，让学校很快运转起来。“当我们的孩子第一天进学校，看到家长都站在学校门口迎接他们，他能不努力学习吗?”家长义工龚桂琴说，“这几年，每到学校开学，我们家长义工首要工作就是协助学校搞好安全，帮老师查看学校纪律，以及保持学校卫生，车辆或其他的安全问题，需要我们的，我们都会自己去做。”每周五“素质1+1”活动课时间，这也是校园里最热闹、孩子们最盼望来到的时刻。每到这时候，家长义工们就在操场上和孩子们三五成群地聚在一起，开展拔河、踢毽子、赛跑、跳兔子舞等各种各样的阳光体育运动。

家长义工们的到来，打破了校园过去的沉寂。在孩子们眼中，校园不再是那个院墙高耸、每天早晚只开两次大门的校园，校园里不再只有老师、桌椅板凳和课本。学习之余，孩子们不仅能和家长义工同读一本书，同写一篇读书笔记，而且在学校举办的各种活动上，家长和子女同台诵读诗文，同台表演节目，同台领奖。每逢节假日，孩子们还能在家长义工们的组织下，参观科技馆，去工厂体验劳动过程，到野外去郊游……每年的六一儿童节，家长义工都要和孩子同台演出，今年的四(8)班的家长义工许敏排练的“老虎照镜子”节目代表万安县参加了吉安市第十四个艺术节，陈娟排练的校园集体舞《快乐手花操》在10月10日参加江西省第四届中小学校园集体舞大赛吉安赛区的比赛均获得比较好的成绩。

五、家长义工组织的启示

1. 丰富了现代学校管理制度

家长义工组织是实现学校民主管理的重要途径，更是健全现代学校制度的重要举措，为促进学校特色发展、和谐发展注入了活力。

2. 实现了家庭、学校、社会教育一体化的目标

家长义工组织从表层的参与和支持，到深入的管理与合作，全方位地融入学校、融入家庭、融入社区，尤其是把学校教育方式方法带入家庭，使家庭教育与学校教育目标一致，真正实现了教育资源的优势互补与共享，完成了学校教育向家庭教育的有效延伸。

3. 形成了多元化教育资源共融共存的局面

家长义工组织的积极参与，让学校教育资源得到丰富，教育途径进一步得到拓展，学校教育由此变成了学校、家庭、社区共同参与的大社区教育，学校也发展成为真正意义上的社区学校。

4. 促使家庭间的亲子关系得以改善

家长义工穿梭于学校与家庭之间，为学生健康快乐成长架起了桥梁，他们不仅为学校教育献计献策，还可以把在学校学到的教育孩子的科学方法，主动提供给教育方法简单粗暴的个别家长或传递给子女逆反心理较强的家庭，让他

们改变教育方法与策略，由此改善家长与子女之间的冲突关系，让父母与子女的关系更加融洽。

5. 为留守儿童家庭教育提供有力的支持

组织在家谋生的孩子父母，成立与“家长义工组织”类似的团体，与当地学校联系，共同关注、关爱留守儿童的健康成长问题，弥补这类儿童家庭教育的缺失，同时也能及时深入留守儿童家庭，给予他们父母般的爱与支持，引导他们健康快乐成长。

我校在“三结合”教育方面，创造性地将家长以义工形式引入学校教育，融汇到学校教育教学管理工作的全过程，是一种大胆的探索，是一种管理的智慧，是一种教育的创新。它架设了学校、家庭联系的桥梁，它不仅让家校联系多了一份和谐，也打开了教育的另一扇视窗，使我们的教育更加现代、开放、民主。

景德镇十一小家校悦读活动纪实

景德镇市第十一小学 刘培培

一、活动宗旨

最长情的孝敬，莫过于相亲相伴；最动人的言语，莫过于有感而发；最有效的教育，莫过于悦心诵读。

十八届五中全会把“倡导全民阅读”、“推动国民素质和社会文明程度显著提高”列为“十三五”时期的重要工作。为更好地推动阅读计划，考虑到我班生源多数为普通工人家庭子女，家庭阅读氛围淡薄，特在班级开展“悦”读计划。少儿阅读是全民阅读的基础。如果在儿童时代能够养成阅读的习惯，或者说为喜欢阅读打下了基础，那么整个阅读就建立在了坚实的基础之上，整个阅读事业就有可能是事半功倍。家长是陪伴孩子成长的最好老师，让家长和孩子共同阅读，能让孩子更有动力，家长看到孩子阅读也会喜悦无比，不仅孩子的知识进步，家庭也会更加和谐。

二、活动主题解读

“悦”读即用快乐的心去读书或在读书中感受快乐。同学们在阅读中积累课内外知识，提高了阅读和写作能力，心情很愉悦；在各类书籍中增长见识，足不出户，便知晓天下事，心情很愉悦；在亲子共阅读中增强孩子与父母的沟通，促进心灵交流，心情很愉悦。总而言之，阅读是一件身心愉悦的事，所以也就是“悦”读。

三、活动目的

第一，学生在家长的陪伴下，培养广泛的阅读兴趣，扩大知识面，积累写作素材。

第二，学生和家长要掌握一定的阅读方法，提升阅读理解力。

第三，丰富家庭生活，与书为伴，和书做好朋友，快乐成长。

第四，提高家庭的文化素质，陶冶情操，增加孩子们的学习乐趣。

第五，小手牵大手，亲子共阅读，让每一个家庭都享受读书的快乐。

四、活动口号

“书籍是人类进步的阶梯”“走遍天下书为侣”“我们一起‘悦’读吧！”

五、活动过程

1. 准备阶段

(1)优化班级文化环境，营造读书氛围。设立班级图书角，张贴小学生必读40本经典图书(好书推介)，在班级墙体精心布置读书名言、古诗文、学生佳作欣赏，营造出一种浓浓的读书氛围。孩子每天一到教室抬头就能看到美文佳作，品味名言警句，这种耳濡目染的人文熏陶，正是班级文化魅力所在。

(2)做好“悦”读的宣传工作，明白读书活动的意义。课外书为同学们打开一扇扇知识的大门，我们都是普通家庭的孩子，父母没办法带我们走遍大千世界，但我们可以自由翱翔在书的世界，让书籍带我们去旅行，带我们领略中国古代文化，科技发展下的产品更新换代，大自然的鬼斧神工，探索昆虫世界的神奇奥秘，恐龙灭绝的渊源，神话中的美好心愿……

(3)征集图书。三年级可以说是小学阶段的转折点，课程难度加大，阅读和习作逐步升级为重点，所以阅读量需要增多，阅读面更要扩展。为丰富班级图书角，特向每位学生征集一本图书。书可以是科普类，或者谜语、脑筋急转弯，也可以是文本故事，图文并茂的，只要利于孩子们阅读都可以。这样既节省了每个家庭对图书订购开支，又扩大了同学们的阅读面，实现资源共享。

(4)图书角的管理。班主任作为图书角的总管理员，把征集来的每本图书贴好标签，根据学生的学号标记好图书的编号，及时把在借阅过程中产生的破损修补好。

推选班级小管理员两名，制定借阅图书表，包括时间、借书人、书名，规定每周一早读之前和午休期间可借书还书，管理员甲负责从书柜拿取同学需要借阅的图书并报号，管理员乙负责登记。保证图书借阅有序进行。

2.“悦”读开展实施阶段

(1)阅读指导。《语文课程标准》指出：“多读书，好读书，读好书，读整本的书。”学生毫无目的读书，走马观花，其意义收获都不得而知。因此将每周四下午第二节课设为阅读指导课，语文老师有计划、有目的地进行课外阅读指导，教会学生一些阅读方法，在阅读初始阶段，学生需指读，有声朗读，方可全身心投入书的内容当中；引导学生借助拼音、字典理解文意，领略四大名著中经典智慧桥段，吟诵古今名家诗篇，强化古诗文韵感，在大量的阅读实践中培养中低年级的阅读习惯和语言组织能力。

(2)教师带头阅读。每日早读时，任课教师可带领全班一起阅读，起良好的示范效果，引领班级爱阅读潮流。还可开展师生共读一本书，同背一首诗等，提高学生们阅读的积极性。

(3)读书记录卡——每日摘抄。学生在每日的阅读中学会搜集信息，积累好词佳句，摘抄到笔记本中再多读读，背一背。做到每人书包里总有一本课外书，利用闲暇时间阅读如中午午休、每日完成作业之后，等等，随时积累信息。为了杜绝有些同学的惰性，每日摘抄也是必须完成的作业，每天有组长检查。

(4)小手牵大手，亲子阅读，家校互动。我班大部分家庭为普通工人家庭，家长学历普遍在初中上下，文化水平不高。每日睡前半小时亲子共读一本书，一起学习，一起成长。

首先，促进亲子关系。利用阅读活动来亲近孩子，通过他对图书内容的见解、感受来了解孩子的内心世界，有效的和孩子沟通交流，引导孩子正确的价值观。其次，共同提高语文能力。阅读是一个增加知识，加强想象力、创作力的过程，学生在阅读中积累习作素材，家长在阅读中提炼语言组织能力，有效的在工作中与上下级协调沟通。

养成良好的阅读习惯，促进性格养成。家长在与孩子一起阅读时要注意几点：

第一，父母要掌握好度，要让孩子成为阅读的主角，家长是听众，也是引导者和参与者，对于孩子在阅读中的问题和疑惑，家长不可一概贬低否定，需站在儿童的角度去倾听继而正确引导。

第二，肯定孩子在阅读中的一些见解，及时鼓励继续坚持的毅力。

第三，家长做好榜样，贵在坚持。许多学生的阅读热情往往只是三分钟热度或是一时心血来潮，因而需要一些必要的强制手段来保证学生阅读兴趣的恒温或升温，让阅读成为一种习惯，成为一种生活方式。

为调动大家的积极参与，家长可把每天读书视频或者照片上传班级微信群，每学期评选“书香家庭”，促进亲子阅读的有效实施。

(5)开展多种形式的读书活动，培养阅读兴趣。定期在班级家校联系的微信群里开展《讲故事》直播，“提炼语言，表情达意”，通过讲故事提高学生的语言表达能力和语句组织能力，展现自己在阅读中的体会，分享读书的快乐。

提倡家长和孩子每天在微信群里发一条共同“诵读经典，诗话人生”诗歌背诵活动，无须老师的专业点评，就是家长群里的点赞声就足以让孩子和家长坚持下去，每天读一点，每天进步多一点。

“我知道的奥秘”——“深入科普，探索谜团”，自然界有很多千奇百怪的事情，通过阅读追寻它们的奥秘。

“读书笔记展评”——“相约好书，牵手美文”活动，寻找阅读中的有心人。举办各种有趣的活动，为学生搭建展示才华的舞台，往往都能掀起一个个课外阅读的新高潮。让学生在活动中感受幸福快乐，激发学生的读书热情，提升阅读质量，同时收获知识。

(6)设立奖励机制。爱因斯坦说：“激起每一位孩子的上进心、好胜心，要比任何一剂神丹妙药都管用。”对此，设立两种奖励方式：①根据学生的爱好，教师可对班里学生进行奖励，看完一本课外书奖励一张读书卡。在课外阅读活动中，教师定期评选出“优秀家庭”：即“朗诵家”、“古诗家”、“博学家”、“勤奋家”、“笔记家”、“故事家”。每学期都进行“读书之星”和“书香家庭”的评选，并为其颁发奖状及奖励一套书籍。②请在阅读活动中表现突出的孩子或家庭定期和其他孩子或家庭交流读书心得，推荐名著佳作。这些措施有力地激发了学生自主课外阅读的浓厚兴趣，为培养他们良好的课外阅读习惯画上浓厚的一笔。

(7)阅读途径

学生阅读不仅限于通过班级图书角。学校图书室藏书 39800 册，每周有图书开放日，图书管理员根据年级需求不同，设计了形式多样的阅读记录单，方便同学们借书阅览。如果在校期间无暇去本校图书室，节假日期间可以去景德镇市图书馆，办理借书证，一卡在手，几十万册图书可供阅览。

六、活动总结

开展家校阅读活动不是一项急功近利的工作，它需要慢慢渗透，“随风潜入夜，润物细无声。”逐步培养学生的阅读习惯。《语文课程标准》明确指出：一、二年级学生“课外阅读总量不少于 5 万字”，三、四年级“课外阅读总量不少于 40 万字”，五、六年级课外阅读总量不少于 100 万字”。这些规定指出了课外阅读的重要性和必要性，强调了现今的语文教学不仅要立足于教材，更要依托于广泛而有益的课外阅读，从而增加学生的文化积淀，提升学生的文化品位，真正提高学生的语文素养。苏联著名教育家苏霍姆林斯基说得好：“如果学生的智力生活仅局限于教科书，如果他做完了功课就觉得任务已经完成，那么他是不可能有自己特别爱好的。”

每一个家庭都要在书籍的世界里，找到快乐，把阅读视为自己的乐趣，丰富自己，愉悦身心。

家校牵手亲自然,共创一片蓝天

金溪县锦绣小学 陈志辉

苏霍姆林斯基有句名言:“没有家庭教育的学校教育和没有学校教育的家庭教育,都不可能完成培养人这样一个极其细微的任务”。从这句话可以看出,家校合作在教育人的过程中是多么重要。家校合作的目的是为了孩子的健康成长,让孩子充分享受来自老师和家长的关怀,使教育给孩子带来欢乐,让孩子健康成长,成为有用之材。近年来,各个学校积极参与家校合作,开展了大量有益的探索,取得了一定的成果,金溪县锦绣小学也一同行走在探究家校合作之路上,大胆实践,不断行走,在家校合作方面勇于创新,努力开拓家校合作发展的新路子。目前学校在家校合作方面氛围浓厚,家长参与性强,在学校多个领域或活动中,可以看见家长的身影,特别是在家校合作下,老师、家长、孩子们走出户外,把目光放在更远更高的天地。“海阔凭鱼跃,天高任鸟飞”,他们的户外活动更超出了一般的家校合作,活动的影响力越来越大,也取得良好的教育效果和社会效应,正成为锦绣小学家校合作的方向标,这种户外的家校合作活动正在锦绣小学慢慢开花,精彩绽放,从而走出了一条不一样的家校合作之路。

一、镜头回放,户外活动精彩纷呈

镜头一:外面的世界更精彩。2017 年 10 月 1 日,国庆节,正是金溪县传统的物质交流大会,交流会上人山人海,热闹非凡,各类商品琳琅满目,好一派繁荣景象。在交流会的最中心位置,有一个摊位最引人注目,摊主是一群小学生,拉的条幅不是促销广告,而是"锦绣小学四(7)班中队社会实践活动",这可是大街上少见的风景,原来是四(7)班部分孩子在老师和家长的帮助下,国庆假日进行练摊。他们学着大人做生意,大干了一场,学到了课堂上学不到的东西。这个活动也迅速被当地媒体报道,引起很多人的关注。活动发起人是锦绣小学胡海菲老师,她认为教育就是要将生活的模样本真地呈现给孩子,让他们"亲自"去过生活,作为班主任,不能给他们太多,但却可以给他们创造贴近社会的机会,希望他们见过生活之后,会更加善待学习这件事。她的想法在班级群里一经提倡,立即得到家长们的响应,家长们一起行动,找摊位、搭伞篷,搬运货物,练摊活动连续进行了三天,取得圆满成功。

镜头二:每逢佳节倍思亲。对于身在敬老院的老人,他们的亲人在哪里?锦绣小学老师却把这些老人当成亲人。10 月 4 日中秋佳节之际,锦绣小学二(8)班的孩子在老师和家长的组织下,带着节日礼品,带着春风笑语,爱洒敬老院,情暖老人心。孩子们为老人们送上水果、蛋糕等食品,并表演了手语《感恩的心》、花韵德育操等节目,还为老人们按肩捶腿,把真心的祝福送给了老人们,孩子们的到来让老人们露出灿烂的笑容,倍感节日的温暖。锦绣小学二(8)班孩子"走进敬老院,送温暖献爱心"活动,是老师和家长们用心策划,精心准备而完成的。这次活动弘扬了"百善孝为先","赠人玫瑰,手有余香","快乐别人就是快乐自己"等中华美德,是成功的户外家校合作活动。

镜头三:万物之中,成长最美。成长不仅是一种陪伴,更是一种体验。10 月 4 日国庆长假又逢中秋,这一天锦绣小学二(9)班的孩子们可快活了一把,他们在老师和家长带领下，来到百世大儒陆象山的故乡——陆坊乡老文坊村。家长们对这次活动这样回忆：忆往昔，初相识。去年的秋天，我们被缘分牵引，汇集到同一个学校，同一个班级——二(9)麦田班。我们相遇，相识，相知。今天，金色麦田，欢聚贺中秋。大家在农村玩耍、游戏，烧烤、品食，品读经典。夜幕降临，大家又支起帐篷，点亮灯火，共庆中秋佳节。整个活动中，麦田班所有的老师们，爸爸妈妈们，都在为麦田班的小苗们的长成默默付出！青山不改，绿水长流，孩子们还期待下一次的户外活动！

像这样的户外活动，锦绣小学经常开展：母亲节走上街头进行鲜花义卖；春茶尖尖，走进茶场体验一回采茶姑娘的工作；橙黄橘绿，走进果园采摘品尝丰收味道……这些户外活动的开展，已经成为锦绣小学家校合作活动的新常态，越来越多的家长与老师、孩子一起走向户外，走进大自然，这些活动一定会让孩子们终生难忘，受益匪浅。

二、正确引领，户外活动彰显实效

自从锦绣小学成为全省家校合作试点学校以来，对于家校合作工作也更加重视。除了开展“万师访成家”“家长志愿者”“家长考官”“亲子演出”等活动之外，如何让家校合作有新的发展，走出新的形式？锦绣小学的老师与家校委员的家长们在思考。锦绣小学是一座生命洋溢的花园，花儿要开得更美，必须要经历风吹雨打，雨淋日晒，才能更加茁壮成长，更加妖娆多姿。对！把家校合作活动开展到户外去，走进自然，走进社会，在社会的舞台上演绎最美的风采，让家校合作之花更美更艳。

有了这个思路之后，接下来就是如何实施的问题。因为每个孩子的家庭条件不同，家长的认识态度不同，开展户外活动不可能一蹴而就，学校召开家校委员会，专门研究开展户外活动，形成了一些做法。

1. 结合重大节日开展户外活动

户外活动的开展要取得一定的效果,具有一定的意义,必须要结合重大活动来进行。重大节日活动主题更鲜明,更有针对性,老师们只要发起倡议,家长响应支持的就会很多,这样合作的前提更广阔。

2. 做好活动安排,开展户外活动

任何活动都离不开策划,要完成好一次活动,离不开科学的策划。家校合作户外活动要以班级为单位,各班成立班级家委会,老师提出活动倡议之后,班级家委会做好计划,安排好分工,把各项工作落实到人,现在信息方便,各班都建好微信群,这些活动细节都可以在微信群里进行交流,特别是要让那些有组织能力、参与性强的家长发挥作用,这样才能把活动开展得有声有色。

3. 落实活动基地,开展户外活动

锦绣小学的户外活动一般采用"活动+基动"的方式,利用金溪县特有的人文资源,把它变成户外活动基地。我校目前开展的户外活动基地有:左坊后红色革命龚教育活动基地,双塘竹桥古村落文化旅游基地,陆坊青田名人古迹教育基地,石门燕子窝户外烧烤亲子活动基地,秀谷敬老院爱心教育活动基地等。通过这些基地的建设,使家校合作户外活动有了固定的好场所,为下一次活动提供更多的方便和经验。

4. 量力而行,开展户外活动

活动走向户外,需要老师的大力提倡,需要家长的高度参与,同时还需要人力、物力、财力、时间,并且还要考虑活动安全因素,开展好一次户外活动确实不容易,欢笑的背后有汗水,收获的背后有付出。任何一次活动从倡议、策划、实施都要考虑好各种因素,做到量力而行,要发挥班级家长们在各行各业的优势,开展适合自身的活动。

三、总结延续,户外活动越走越宽

每一次家校合作户外活动之后,孩子们都陶醉于大自然,沉浸于活动之中,视野得到拓展，独立能力、沟通能力都得到提升，亲子活动中家长们与孩子的关系也更融洽，家长们之间的关系也更加密切，服务于班级工作的意识更强，老师与家长的交流也更通畅，可以说，开展家校户外活动，三方共赢。这样的户外活动，也正成为家校合作活动的新形式，开展得越来越多。

1.善于总结，注重分享

每一次活动之后，大家又发挥有文采的家长作用，把活动做成美篇，分享到班级群和朋友圈，让大家一起欣赏、感受活动的精彩，让活动形成图文形式，成为永恒的回忆。每一次活动都有精彩的美篇进行图文总结，是锦绣小学家校活动靓丽的特色。除此之外，活动开展之后，学校也会跟进报道，与家长一起总结活动得失，为下一次活动积累更多的经验。

2.形成主题，延续传承

家校合作户外活动，贵在持之以恒。锦绣小学自2013年9月创办起，就注重此类活动开展，并且在老师、家长的积极行动下，一直坚持下来，把活动延续下去，在多次活动中，他们逐渐形成了自己的活动主题，如锦绣小学麦田班户外活动已形成“经典诵读”主题，每期户外活动都离不开读经活动，活动开展到哪，读经活动也就进行到哪，效果明显，主题鲜明。胡海菲老师所在的班级，只要有重大节日或活动，就会出现他们的身影，“社会实践”是他们户外活动的主题。有了主题的贯穿，活动才能做到延续，才能形成动力，成为固定模式坚持下去。户外活动，其乐融融，亲子共美，师生同行，课堂延伸，成长相伴。

不忘初心，方得始终。锦绣小学把家校合作活动拓展到户外，走出了一条家校合作的新路子，创新了家校合作的新形式，共创了属于自己的一片蓝天，只要用心坚持，大胆前行，家校合作开展户外活动，把教育从课堂延伸到课外，从学校换位到社会，必将取得更多的收获。家校合作，锦绣小学风景这边独好！

横峰二小家校双向交流中的赏识案例

横峰县第二小学　姚薇

著名教育学家苏霍姆林斯基曾经说过："最完备的社会教育是学校——家庭教育。"只有学校教育与家庭教育相互配合，相互促进，形成教育过程的合力，共同作用于教育的主体——学生，为学生提供机会，才能促进学生的健康成长和全面发展。因此，为了孩子的健康成长，我认为建立家校合作是班主任工作的关键，而我也深切体会到了与家长沟通、合作后学生进步的喜悦。

一、案例事件

四年级下学期报名那天，一名从农村小学转过来的孩子姗姗来迟。"什么？在原来的学校才考二十分?!""这么差的成绩转过来怎么跟得上啊!""二十几分的孩子指不定调皮成什么样呢!"办公室里连连传来我的抱怨声。转来的是一个高高壮壮的男孩，却总是低着头，不敢正眼看老师。作为班主任，接收到这样的学生，第一反应是抗拒的。可是，既来之，则安之。既然转入我班，我还是要对他负起责任来。

就这样，上了几天课。通过观察，我发现这个孩子并不调皮，上课虽然不积极发言，却很认真，写起字来虽然稍显吃力，却也工工整整，会写会认的词语并不比其他同学少。可是,这么认真的孩子是什么原因导致他的学习成绩这么差呢?

于是,我决定要家访一次。当我询问起孩子以前在学校的情况时,他妈妈深深地叹了口气,向我讲述起来:这个孩子自小身体差,总生病请假,学习成绩也跟着下降。老师见他这副样子,也懒得管他,同学也常笑他傻。久而久之,变得越来越不自信,好像真的傻似的。她觉得这样下去实在不行,可是自己没有文化,又辅导不了孩子功课,只能干着急,这才决定要给他换个学习环境。原来是这样!我告诉孩子的妈妈,其实他的学习底子不会很差,只是之前的学习缺少正确的引导和帮助,从现在起,需要家长和老师一起配合,耐心帮助他,就一定会有进步。听到我这样说,孩子妈妈原本黯淡的眼神似乎变得明亮起来,"真的吗?老师,你真的这样想?从来没有老师这样说过我的孩子!"她紧紧地拉着我的手说。

记得还有一次,我们班级参加学校诵读大赛。全班同学都在为此积极排练,当然,也包括他。一天中午排练时,他的妈妈来给他送药,告诉我他生着病,但是硬要参加排练。我很诧异,告诉她可以先把孩子带回去休息,但他妈妈连连摆手说不用。回去的路上给我发来短信:"老师,在以前的学校,这样的活动,龙龙从来只有在旁边看的份,没想到你竟然安排了他参加。真的谢谢你,让孩子变化这么大。"看到这条短信,我的内心久久不能平静,脑海中又浮现那个充满惊喜又不敢表露,略带羞涩的眼神……

自那以后,我常在课堂上关注他,一些简单易答的问题,刻意点他起来回答,答对了立刻伺机在全班同学面前表扬他。写作业时,走到他身边,轻轻指点一下他作业该怎么做……我清楚地记得,第一次收获到表扬时,他那充满惊喜又不敢表露,略带羞涩的眼神。从此以后,我发现,他的学习劲头比以前更足了起来,课堂上偶尔能见到他胆怯地举起小手,下课后他还能经常主动跑到讲台上来问我问题。

"姚老师,昨天的词语我妈妈已经帮我听写过了。"

"老师,今天上的古诗我早就已经会背了,妈妈还给我签了名呢!"

……

第一次测验，他考了40分，第二次测验，考了58分，虽然不及格，我还是在班里大肆地表扬了他。孩子的进步和自信，似乎给整个家庭也带来了生机。孩子的妈妈与我沟通的次数也逐渐增多起来。

“现在一回来就主动写作业了，学习积极性可高了，真是进步了！老师，真的非常谢谢你。”

“老师，我想给龙龙买本作文书，让他做睡前阅读，你看怎么样？”

……

我很欣慰，因为自己做了一件正确的事情，让原本在教育孩子的问题上很无助的家庭学会了用赞赏的眼光看待自己的孩子，并且从中享受到了快乐。

二、案例反思

通过这件事情，我了解到家校合作原来是一件多重要的事情，尤其是遇到那些不懂方法却又很愿意配合老师的家长，我们更应该积极推动家校合作。在我看来，家访是建立家校合作最直接有效的方式。被家访的家庭，在获得老师的关注之后，会很愿意与老师沟通、配合。此时，多向家长了解学生的情况，得到许多学生的讯息，针对他们的问题“对症下药”，由此渐渐看到了学生的改变和进步。尤其对于学困生来说，他们的问题往往就是家庭教育不当而造成的，当我们向学困生的家长提出家庭教育的重要性，指出他们的问题所在，总会发现，不光孩子会有进步，家长也会一起改变。即使这种进步极其微小，也是可喜的，点点的希望之光足以燎原。

孩子如同花园里的绿植，每一棵都是与众不同的，或是含苞欲放的花朵，或是傲然直立的小树苗，或是并不起眼的小草，但无论他们是什么，只要你能平等地用赞赏的眼光欣赏，用爱浇灌，他们每一个人将让你收获一片葱郁。只有教师和家长共同付出，让孩子身处在一个赏识与爱并存的教育环境中，家校合作起来，才能为孩子的健康成长撑起一片蓝天！

建立互促合作式家长学校　共同促进学生健康成长

赣州市第一中学　刘文蛟

赣州市第一中学创办于1898年，是一所具有一百多年办学历史优秀省级的重点中学。1953年7月被评为教育部重点联系的全国三十所中学之一，并被列为江西省三所重点中学之一，1995年被评为“江西省优秀重点中学”，被称为“赣南教育的摇篮”。过去的一个多世纪，赣州一中以其深厚的文化底蕴和优良的办学传统，为社会培育了众多的优秀学子，造就了一批批栋梁之材，如培养了郭大力、黄克智、林皋、张家铝等四名中科院院士，王富良等体育世界冠军。学校现有教职员工300多人，教学班80多个，学生4000多人。

赣州市第一中学家长学校创办于2002年，已经走过了15个春秋。在学校党政领导及校关工委领导的重视下，我校家长学校不断健全、完善管理制度，建立了学校、年级、班级三级管理机构，结合实际、扎实工作，在帮助家长树立正确的家庭教育观念、掌握科学的家庭教育方法方面，取得了可喜成绩。我们的主要做法是认真抓好“六个三”：

一、做到“三个有”，夯实工作基础

1.有领导机构

我校建立了校级、年级、班级三级领导机构。这些领导机构构成如下：

家长学校校务委员会：由校长兼任家长学校校长，4 位副校长和工会主席、1 位退休教师兼副校长，政教处主任、副主任分别兼任办公室主任和副主任，委员由团委正副书记、退休老师、十二个家长代表组成。

年级委员会：由年级主任任年级委员会主任，年级副主任任副主任，委员 7～11人，由班主任代表、家长代表组成。

班级委员会：由班主任和 5 名家长代表组成，班主任任委员会主任。

建立好三级领导机构后，层层有人抓，事事有人管。

2. 有教学计划

每学期，家长学校校务委员会都会召开有关会议，制订出切实可行的计划，如家长学校校务委员会根据《赣州市推进“万师访万家”活动常态化制度化实施方案》(赣市教师字〔2017〕22 号)的文件要求，为促进学校与家庭、社会的联系，增进教师与家长、学生之间的了解，提高教师和家长的育人意识、责任意识，共促教育健康发展，决定从 2017 年 7 月启动“万师访万家”活动，并且为了使得这项工作常态化，特制定了实施方案。

3. 有规章制度

家长学校先后制定了《家长学校管理制度》《家长学校教学工作制度》《家长学校学员考勤制度》《优秀学员(好家长)评比表彰制度》《优秀授课教师、优秀家教班主任评比表彰制度》《优秀教案评比表彰制度》等，对制度执行一段时间后会进行适当修改和补充。

二、注重“三结合”，确保教育实效

为了能提高家长素质，达到良好的教育效果，家长学校的教学活动落实“三结合”原则：

1. 大课堂、中课堂和小课堂相结合

大课堂主要以初中部、高中以年级分别先集中上大课，然后再分班上课；中课堂初中以年级、高中以各年级分文、理科先集中讲有关共性的问题，然后再分班；小课堂，就是一开始就以班级为单位上课，主要以班主任讲课为主。因人而异，因班而宜，灵活运用。

2.理论学习和座谈讨论相结合

学校要求教师根据《初、高中生家庭教育》等教材为纲，并结合本班实际讲课，针对性强。授课以班主任为主，同时还聘请了校外对家庭教育有经验的同志如省家长函授学校的专家、广州英豪家庭教育的专家，学校的校领导、退休老师等来上课。若在同一个年级的学生中有类似情况，则将这些家长集中起来，以座谈的形式共同讨论解决问题的办法。

3.课堂教育和典型教育相结合

身边的事实往往更具感召力。学校除了抓好教师的课堂教学外，还邀请教子有方的家长到家长学校（班级或年级）课堂上来谈做法、谈体会、谈感想，做经验介绍，并将其经验整理成文，如：初二（6）班刘小芳家长的《家长教育孩子的心得》、蔺嵘家长的《用爱撑起女儿远行的风帆》等在家长会上发言后再刊登在《家庭教育专刊》上，充分发挥典型家长的引导作用：

三、坚持“三项措施”，突出家长主体

家长学校服务于家长，“一切为了家长”是我校开展工作的落脚点和着力点：

1.贴近家长

我校根据高中学生家庭住所分散的特殊情况，为方便家长学校开课，选择双休日和乡镇逢圩日的结合点，将家长学校搬到学生家庭所在乡镇去办（如在沙石中学开课，将沙石及邻近乡村的家长请来上课；在水西中学、湖边中学、沙河中学等地开课，也将邻近乡村或社区的家长请来），既方便了因路途遥远不便来校听课的家长，又能让家长了解孩子在校的表现情况，学校也能了解到学生

在家的表现。我们还将《家庭教育宣传专栏》带下去，张贴在离上课较近的墙上供家长阅读，发放《家庭教育专刊》等材料，这些材料很受家长欢迎。

2.激励家长

每学年家长学校都要依据工作制度，评选出一批优秀学员(好家长)，召开表彰会，颁发荣誉证书及奖品，与校领导合影留念等，激发家长的学习积极性。

3.信任家长

家长学校的三级管理委员会中都有较大比例的家长代表，家长学校的工作计划安排、活动设计等都充分听取他们的意见，尊重他们的想法，让家长们积极参与进学校的工作活动中来，树立其主人翁精神。

四、强化“三个阵地”，抓好宣传指导

为了办好家长学校，我校坚持抓好思想教育阵地建设，树立服务第　的意识，日常工作突出了“三个一”：

办好一份专刊——《家庭教育专刊》(关工委和家长学校主办)，已先后刊出了《家庭教育的误区与对策》《家长的首要任务是提高孩子的道德素质》《家庭教育是一切教育的起点》《家庭教育是一切教育的基础》《教育孩子做一个有道德的人》《育人为本 德育为先》《感恩教育是一切教育的基础》《文怡同学高中学习的一些经验和体会》(文怡是我校高二理科实验班同学，在 2013 年高考中她以 604 分的高分考入中国科技大学少年班。)、《向 2014 年最美孝心少年朱永恒同学学习》等近 300 期一千多篇文章。这些文章既有“为国教子、以德育人”的家庭教育故事，也有亲子沟通、挫折教育的案例；既有英雄模范人物的家庭教育故事，也有名人家教故事；既有留守孩、隔代教育、青春期或性教育的案例，也有珍爱生命、心理健康、预防和治理网瘾的文章；既有针对学生的学习指导的文章，也有许多针对家长的教子有方的案例，还有许多讲家庭教育重要性的文章。《家庭教育专刊》还在不同的时间针对不同的年级或当前形势，刊出有针对性的文章，如高考刚结束刊出《高考填报志愿不可不知的十大关系》《帮助孩子正确

面对高考结果》《名人落榜之后》《落榜不落志 奋斗能成功》等文章；每学年开学初对初一新生家长刊出《如何做好小学升初中衔接?》《迈好初中第一步——致初一新生的一封信》《五项对策帮助孩子顺利跨入初一》等文章；每学年开学初对高一新生家长刊出《致高一新生家长的一封信》《高一新生家长"必读"》《高一新生家庭教育策略》《高一新生如何养成良好的学习习惯?》等文章；在四川汶川发生大地震后，刊出《地震压不垮中国的脊梁 坚强的民族我为你自豪》《努力吧!我们每一位中华儿女》《15 岁少年强震中两返教室 7 名同学得以援助死里逃生》等十几篇文章；在北京奥运会、残奥会期间及之后刊出《用奥运冠军故事教育孩子》《向北京残奥会冠军钟海虹校友学习》等文章；每年 3 月 5 日前后刊出《赣州一中"学习雷锋精神 争做四子四女"倡议书》《中学生该如何学习雷锋精神》等文章；清明节前后刊出《缅怀革命先烈 努力学习掌握真才实学 长大报效祖国》《缅怀革命先烈，继承烈士遗志，为实现中国梦而努力奋斗》等文章；每年 5 月 4 日刊出《中学生该如何发扬"五四"精神?》《弘扬"五四精神"，为实现"中国梦"而奋斗》等文章；党的十八大召开后刊出《用党的十八大精神教育孩子》《努力践行社会主义核心价值观 人人都做中华美德青少年》《学习党的十八大精神 做最好的自己》《深入学习宣传贯彻党的十八届三中全会精神 努力办好家长学校》等文章；为了贯彻落实习近平总书记"注重家庭 注重家教 注重教风"的指示精神，刊出《注重家庭 注重家教 注重教风》《齐心如何向习近平传授家风?》《伟人、名人家风(摘录)》《家庭教育成功案例:三世英才好家风》等文章；党的十九大召开前刊出《高歌颂党恩 喜迎十九大》等文章；每年 9 月 18 日刊出《历史上的今天:"九・一八"事变爆发》等文章；每年 12 月 9 日刊出《纪念"一二・九"运动》《纪念"一二・九"运动，弘扬爱国主义精神》等文章；当神五至神十一上天后刊出《访航天员杨利伟的父母:披露幕后感人故事》《聂海胜的成长故事:从小梦飞翔不惑圆九天》《两次上太空中国第一人——景海鹏》《景海鹏第三次飞天 打破中国载人航天多项纪录》等文章；在我校杰出校友中科院黄克智院士回母校指导并讲学(也讲到了家庭教育，把三个孩子都培养成非常优秀的博士)后，迅速刊出《黄克智院士夫妇的家庭教育》等文章。它成了联系家长学校与学员的重要纽带。

办好一个专栏——家庭教育宣传专栏,每学期出二期(开学初和期中考试后各一期,即家长学校两次上课前),表彰先进,介绍经验,传递信息。

办好一个服务站——家庭教育咨询服务站,配备专职人员,购买家教教材,订阅《育人》《中国火炬》《家庭教育》《当代家庭教育报》《家教指导报》等报刊,并向家长公布了服务站的咨询电话,对教育子女有困难的家长可以拨打咨询电话,服务站的专职人员会协助他们把家庭教育搞好。学校网站还专门设立了家庭教育网页,并把《家庭教育专刊》放到网页上,方便家长学习,有一些年级主任和班主任老师还把《家庭教育专刊》的文章改写成微信发到家长手机上,收到了很好的教育效果。

五、搞好"三个研究",做到有的放矢

"没有调查就没有发言权",研究教育对象和教育对策是取得工作成效的基础,为此,我校开展了搞好"三个研究"的工作:

1.研究家长,了解"家长要什么"

为了掌握家长学校学员的情况,我们设计了《家长学校学员情况登记表》、分片《学员情况登记表》、年级《学员情况登记表》等,家长填写上交后由各年级各班级分别统计,学校汇总。通过调查,初步掌握了各班家长的文化水平、职业等,使老师在备课和讲课时有较强的针对性。

2.研究学生,知道"给家长什么"

我们设计了《学生情况调查问卷表》《家庭教育调查表》等,了解学生的思想状况、兴趣爱好,了解学生在家庭中受到的教育情况等。班主任、学校领导、关工委的成员也抽时间做家庭调查和家访,同时请家长来校或用电话、书信等交流方式把学生在家的情况反馈给学校、班主任。根据掌握的情况,及时部署或调整家长学校教育工作,加强了工作的针对性。

3.研究社会,洞察"家长想什么"

争取家长的配合是开展工作的基础。我们通过各种讨论,大力宣传,深入学习贯彻党的十八大及十八届三中、四中、五中、六中全会精神和全国妇联、教育部《关于全国家长学校工作的指导意见》及省妇联、省教育厅、省关工委等七部门关于印发《江西省关于指导推进家庭教育的五年规划(2011~2015年)》的通知精神等,培育和践行社会主义核心价值观,让家长了解社会,明确为什么要办家长学校,办好家长学校的必要性、重要性和迫切性,帮助家长树立正确的家庭教育观念,认识到办好家长学校的最终目的就是提高学生的思想和学习水平。

六、构建"三维网络",延伸教育渠道

就学生教育而言,学校教育是核心,家庭教育是基础,社会教育是补充。家长教育也是如此。为了延伸家长学校教育的渠道,我校和社区、工厂、企业联合起来,给家长提供了一个教育实践的平台。

每次寒暑假前,学校都会给每个学生发放一份《赣州一中学生寒(暑)假社会实践活动评议表》,学生在假期中参加了社区哪些活动,表现怎么样,由学生写上自我评议,家长签署意见,社区居委会或村委会签意见盖章,开学时交回学校。这样,整个假期,学生的教育交给了家长及社会,也就给家长提供了一个实践科学家庭教育的机会。在学校和社区的安排下,家长要督促孩子参加社会实践活动,指导孩子与人交往,指导孩子科学分配学习和活动的时间等,孩子从活动中得到了锻炼,受到了教育,家长也同时提高了家庭教育的水平。这样一来,学校、家庭、社会就形成了一个三维教育网络。

赣州一中的家长学校工作之所以能取得令人满意的成绩,主要归功于以下几点。第一,领导重视是开展好工作的前提。基于对办好家长学校重要性的认识,学校党政领导将家长学校工作提到议事日程上,大力为家长学校解决人员、经费、设施等问题,保证了家长学校的良好运作。第二,有一支热心工作的队伍

是关键。家长学校管理成员工作热情高，干劲大，带动全体教师齐心协力抓好工作。调查研究、组织活动、备课上课，尽心尽职，乐此不疲。第三，完善的机制是做好工作的保证。家长学校先后制定了管理制度、激励制度。特别是激励制度，通过发放评先表，由教师和学生来评选优秀学员（好家长），由家长和学生来评选优秀授课教师、优秀家教班主任，极大地激发了教学双方的积极性。

我校的家长学校工作自开展以来都得到市关工委、市妇联、市教育局的肯定，取得了可喜的成绩。我校面貌也发生了巨大的变化，社会美誉度日益提升，家长综合素质明显提高，科学教育子女“为国教子、以德育人”的人数越来越多。特别是近年来，在生源相对较差、教育竞争日趋激烈的情况下，仍然能保持低进高出、高进优出的优势，2016 年高考我校夺得中心城区文理科双状元，2017 年中考我校夺得赣州市中考状元及第二名，2017 年高考我校夺得中心城区文科状元，近十年来连续八年夺得中心城区文科状元，充分展现了赣州一中作为省级优秀重点中学的本色。学校还先后被评为全国青少年信息学奥林匹克联赛优秀参赛学校、全国教育科学“十五”规划国家重点课题教育信息化理论与实践模式研究基地、全国青少年体育工作先进集体、省文明学校、省德育示范学校、省体育传统项目先进学校、省现代教育技术示范学校、市重点中学教育质量综合评估先进单位、市德育工作先进集体、市师德师风先进集体、市重点中学特长培养先进单位等。

荣誉只能证明过去，未来仍然任重而道远。我们将继续学习优秀家长学校的先进经验，群策群力，与时俱进，把我校的家长学校工作做得更好，使学校教育、家庭教育、社会教育形成合力，为实现中华民族的伟大复兴的中国梦贡献力量。

家校合作　我们在行动

九江市第一中学　徐林

一、背景

九江一中首届家长委员会成立于 2013 年 4 月，目前正处于第二届家长委员会的运行期。今年是换届年，我们将完成第三届家长委员会的组建。组建家长委员会，是九江一中严格遵循国家教育部关于建立中小学幼儿园家长委员会的指导意见和按照省教育厅关于进一步加强全省中小学幼儿园家长委员会建设的通知而进行了规定动作。但也体现了我校新常态背景下寻求自身跨越式发展的本能要求。

近年来，九江一中全面推行了“管育学三三制”改革，目的是提升九江一中管理、教育、教学发展的整体水平，实现管理、教育与教学的协调和均衡发展。其中的“德育三三制”改革（也称“三三结合”德育模式）就是要坚持“三位一体”“三养一体”“三观一体”相结合。“三位一体”，指的是德育的三个渠道，即学校教育、家庭教育和社会教育相结合；“三养一体”指德育的三个内容，即行为养成教育、道德养成教育和人格养成教育相结合；“三观一体”，指德育的三个核心，即世界观教育、人生观教育和价值观教育相结合。可以说，组建家长委员会正是体现了“德育三三制”模式的“三位一体”要求。

二、组建程序

（以第一次家长委员会组建为例）

第一阶段：舆论宣传、书面意见和建议征集

由政教处负责印发《教育部关于建立中小学幼儿园家长委员会的指导意见》和《江西省教育厅关于进一步加强全省中小学幼儿园家长委员会建设的通知》两份文件以及市教育行政管理部门出台的有关家委会的文件。由于文件内容较多，为尽量避免家长收而不读或搪塞了事，政教处对以上文件内容要点作了分条摘录和概述。印好的文件由各班班主任发给各班学生并请家长在回执单上对即将成立的家委会提供组建建议。政教处同时提供以上文件的电子稿并要求各班通过班级微信群或班级 QQ 群向全体家长进行再度转发。

第二阶段：召开家长会，就家长委员会组建事宜进行面对面意见和建议征集，并组建班级家长委员会

家委会组建之前，学校组织召开一次全校范围内的家长会，要求各班班主任在各班就即将成立的家委会向本班学生家长进行政策解读并征求意见和建议。成立班级家长委员会（推选会长 1 名，副会长 2 名，秘书长 1 名，委员若干名。）班级家委会会长和副会长将经年级部审核通过后作为年级家长委员会机构组成人员的后备人选由各班向年级部推荐。班级家长委员会机构组成人员将负责汇总家长们对于家长委员会的意见和建议，整理归纳并将在年级家长委员会成立大会上传达。

第三阶段：召开年级家长委员会成立大会，成立年级家长委员会组织机构，选举年级家长委员会组织机构人员

年级部负责召集由各班推选的班级家长委员会会长和副会长参加年级家

长委员会成立大会，各班从与会代表中推选一名进行年级家长委员会机构组成人员竞选演说，最终由年级部和各班班主任以及部分家长综合演说以及家长背景经历（知识以及沟通能力等）等因素确定年级家长委员会机构组成人员名单。年级家长委员会组织机构由会长（1名）、副会长（4名）、秘书长（1名）、委员若干名组成。年级家长委员会的会长、副会长将经校长室审核通过后作为学校家长委员会机构组成人员的后备人选由各年级部向学校推荐。

第四阶段：召开学校家长委员会成立大会，成立学校家长委员会组织机构，选举学校家长委员会组织机构人员

政教处负责召集由各班家长委员会机构全体组成人员参加学校家长委员会成立大会，并在各年级部已经确定的家长委员组织机构成员名单中确定学校家长委员会组织机构人员名单，考虑到学校一届家长委员会的任届时间因素，会长由高一年级部的家长委员会会长担任，副会长各年级各两名，秘书长1名，委员若干名。

三、开展工作

定期召开家长会，就学生思想道德建设与家长进行沟通。九江一中每学年会召开4～6次家长会。未成年人思想道德建设是每一次家长会的共同议题。这是家长与孩子任课教师之间的一次面对面沟通，有利于跟踪观察与剖析孩子思想道德的成长状态。

延请校外专家，举办道德与法制讲坛。近年来，九江一中利用家长委员会先后邀请九江市委宣传部、九江市公安局、武警九江支队、庐山区法院等机构部门专家来校举办道德与法制讲座。如：九江市委宣传部常务副部长陈则仁近年来多次来校为学生举办“中国梦 · 我们的梦”主题讲座；2014年9月，九江市公安机关警界先进人物莅临九江一中，为学生举办以“维护社会治安，打击犯罪活动”为主题的宣讲活动；2014年、2015年、2016年，庐山区法院原副院长张万宝

三次来九江一中为高一新生举办了“遵纪守法，从我做起”的法制讲座。这些讲座积极弘扬正能量，有利于学生树立正确的世界观、人生观和价值观。

家长委员会工作，是一门讲求艺术的事业。为进一步发挥家庭教育在加强未成年人思想道德建设与和谐社会建设中的特殊作用，大力普及科学的家庭教育知识，提高家长的家庭教育水平，创造未成年人健康成长的良好环境，形成家庭、学校、社区的良性互动，我校将全面贯彻落实科学发展观，以提高家长综合素质和加强家庭道德教育为重点，努力办好家长学校，广开社会育人渠道，促进青少年学生健康成长，真正形成家庭、学校、社会三结合的教育氛围。大力普及家庭教育知识和开展家庭教育理论研究，不断推进家庭教育工作向规范化、科学化、社会化方向发展。

宜春一中高三成人礼家校合作过程实录

宜春一中　施伟

我校是一所省优秀重点高中、全国中小学现代教育技术实验学校，有着近八十年的办学历史。学校全面贯彻党的教育方针，以完善的办学设施和精良的师资队伍，积极推行素质教育。近年来，在市委市政府的坚强领导和上级主管部门的指导下，根据学校实际情况，实实在在地举办家长学校，形成家庭、社会、学校三结合，齐抓共管育新人的良好局势。

我校历任领导对家庭教育都有着充分而明晰的认识，非常重视家长的教育工作，始终致力于提高家长的素质，构建社会、家庭、学校三位一体的教育网络的工作。家庭教育是“三大支柱”之一，是国家教育的重要组成部分。没有家庭教育的参与和补充，学校教育是不可能办好的。年轻的家长们都有“望子成龙，望女成凤”的良好愿望，但真正懂得教育方法的确实不多。为了使家长们比较全面地掌握家教的方法，我们采用针对性强、灵活多样、丰富实用的办法，开展了多项活动。特别是我校举办的高三成人礼活动，是我校家校合作的一个亮点。

成人礼是一个人跨入成人世界的重要仪式，为感恩父母、师长，明确自身于己、于家、于人、于国的责任和义务，加强个体进入负有使命的成人社会时须具备的道德感和责任心。以下为我校高三成人礼家校合作的一些具体做法：

一、向家长发出倡议书

每年 5 月份，高二年级下发倡议书，学生呈送家长，整理孩子小时照片，还有和父母的合影，供成人礼现场及班级制作展板使用，并通知家长写好给孩子的一封成人礼的贺信（包括祝贺、希望和经验的分享）。

CHINA LIFE 中国人寿

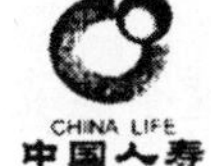

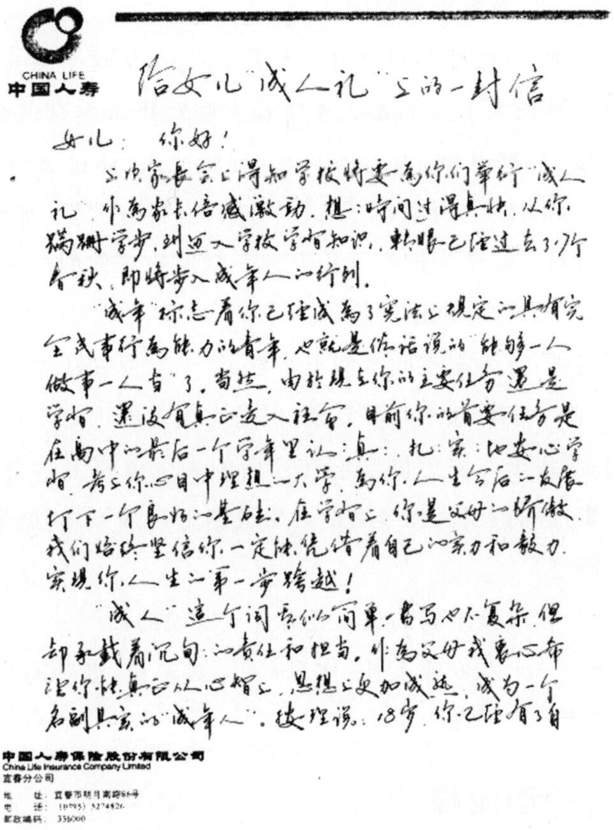

给女儿成人礼上的一封信

女儿：你好！

上次家长会上得知学校将要为你们举行“成人礼”，作为家长倍感激动。想想时间过得真快，从你蹒跚学步，到进入学校学习知识，转眼已经过去了17个春秋，即将步入成年人的行列。

“成年”标志着你已经成为了宪法上规定的具有完全民事行为能力的青年，也就是俗话说的“能够一人做事一人当”了。当然，由于现在你的主要任务还是学习，还没有真正走入社会，目前你的首要任务是在高中的最后一个学年里认认真真、扎扎实实地安心学习，考上你心目中理想的大学，为你人生今后的发展打下一个良好的基础。在学习上，你是父母的骄傲，我们始终坚信你一定能凭借着自己的实力和毅力，实现你人生的第一步跨越！

“成人”这个词看似简单，书写也不复杂，但却承载着沉甸甸的责任和担当。作为父母我衷心希望你能真正从心智上、思想上更加成熟，成为一个名副其实的“成年人”。按理说，18岁你已经有了自

中国人寿保险股份有限公司
China Life Insurance Company Limited
宜春分公司
地　址：宜春市明月南路86号
电　话：(0795) 3274826
邮政编码：336000

图 1　部分家长给孩子成人礼上的一封家书

二、暑假进行学校采访

1.老师采访——对学生有什么寄语

以教师采访为例

(1)刘建勇老师:2015届高三的同学们,十八岁如期而至。十八岁,意味着你们多一份责任,多一份担当,多一份使命。学习是你们的天职,目标是你们的方向,自信创造奇迹,拼搏成就理想。我相信,你们是最棒的,你们是最优秀的,你们一定会成功,你们一定会胜利。因为你们成年了,因为你们十八岁了,因为你们有一个团结奋进,默默奉献的团队。

(2)巫平生老师:首先祝贺同学们步入了十八岁,从这个意义上说就是成年了,通俗地说也就是长大了。那怎么才叫长大呢?我认为有这么几个方面:第一,人要大气大度,心胸开阔,宽容不自私,理解他人,体谅父母;第二,要有大爱,懂得感恩,会回报社会、国家、父母、师长;第三,要有大智,有理想,有人生规划,有行动但不盲目。我认为拥有这几个方面就意味着你们长大了。最后祝我们的高三同学们高考成功,创造辉煌。

(3)张军明老师:首先祝贺同学们十八岁了,十八岁在法律意义上来说称为成人。“成人”这两个字写起来并不复杂,但是它蕴含的内容丰富而深刻。今天我在这里祝高三年级十八岁的同学们在今后的人生道路上学会面对、承受、感恩、自律、抉择、责任和担当。在今后的人生道路上自强不息,披荆斩棘,乘风破浪,创造人生的辉煌。

2.家长采访——对孩子们的成人礼有什么要说的话

3.学生采访——十八岁成人礼,你对自己、对家长、老师有什么要说的话?你打算如何度过接下来的高中生活

三、成人礼日活动流程

1.场地布置

(1)校门电子屏:“各位市民,在一中有一批学子今年满十八了,祝福他们!”

(2)学校门前摆放巨幅彩虹气球宣传语，上书“十八而至，携梦同行”。

(3)场地铺设红地毯，设成人门(成人门由鲜花和气球编成，上书“成人门”三字。舞台正前方分列两个方阵，以供家长和老师、领导就座。

2.活动流程

(1)学生列两队在班主任的带领下缓慢进入成人门，班主任和家长在成人门两侧迎接道贺：“恭喜你，成年了。”(背景乐《超越梦想》)

(2)学生站定之后，领导和老师、家长出席。

(3)校长致辞，宣布成人礼开始。

(4)奏国歌仪式。(全体起立)

(5)致辞之后，全场灯熄，屏幕上开始展示从各班搜集的照片(童年照与现在照片的对比，背景音乐《童年》)，包括和父母的合影。同时朗读一封父母给孩子的信。

(6)播放家长和老师对学生的期待和教育经验的分享视频。

(7)《感恩的心》表演者(每个班出一位代表)为第一排的老师和家长送上鲜花，学生合唱表演《感恩的心》。

(8)“十八岁意味着什么?”学生代表发言，同时播放学生采访视频。(包括对过去十八年的回顾，和将以怎样的心态来面对成人的世界。)

(9)举行成人帽佩戴仪式，挑选的学生代表，由家长和班主任为其佩戴。

(10)面对家长和老师宣誓，各班推选一名优秀学生上台领誓。

(11)在学生《明天会更好》乐声中，成人礼完毕。

(12)各班与家长老师合影留念。

3.成人礼后期活动

(1)将舞台广告牌放置教学区前，举行“唱响十八岁”千人签名活动。

(2)出版成人礼纪念册，内容包括：各班和家长、老师的合影留念；原创诗歌大赛优秀作品；“唱响十八岁”标语征集赛优秀作品；各班成人礼感言录优秀作品；具有代表性的家信；老师的贺词。

(3)为自己感恩的人送上小礼物，为自己的父母亲友师长写下感谢和祝福。

四、收获和效果

宜春一中的成人礼活动从5月到9月，耗时4个月，高三全体学生、老师和家长全程参与。通过成人礼活动很好地加强了学生、家长、老师三方面的沟通。更使得学生懂得了感恩父母、师长，明确了自身的责任和义务。

让每朵生命之花在家校合作中盛开得更加绚丽

萍钢中学　肖建伟

萍钢中学地处县城中心，学校周边社会环境复杂，学生人际关系复杂，思想多元，再加上初中学生正处于叛逆期，很易受社会不良影响，家长大多也忙于工作，疏于对子女的管理，导致有部分学生在心理、性格、行为习惯、学习等各方面都出现了一些问题，而这些问题都对学生的健康成长产生了不利的影响，也对学校的正常管理带来了严峻的挑战。因此，怎样让家校合作充分发挥家庭与学校的合力，我们萍钢中学在这些方面也做了一些工作，有了一些收获。

一、充分认识家校合作的重要意义

1. 良好的家校合作关系有利于促进学生的健康成长

家校合作的目的是为了孩子的健康成长，让孩子充分享受来自老师和家长的关怀，以及教育给孩子带来的欢乐。由于家庭的千差万别，家长对教育子女的目标、成才的观念各不相同，因此家长对子女的教育理念也不相同，所以家庭教育必须在学校教育的配合下，具体分析每个孩子的实际情况，正确引导孩子成才，让孩子健康成长，成为有用之材。

2.良好家校合作关系有利于培养学生良好的行为习惯

学校教育是培养学生良好行为习惯的主要渠道，学校严格按照《中小学生守则》和《中小学生日常行为规范》的要求对学生进行行为规范教育。然而，培养学生良好的行为习惯是一项复杂的系统工程，需要多方面连续不断地，数年如一日地努力。家庭是学生接受教育最早，时间最长的场所，家庭教育的模式适合与否，对其能否顺利接受学校教育关系极大。因此，家庭教育和学校教育之间的一致和配合，更有利于培养学生良好的行为习惯。

3.良好家校合作关系有利于家校之间的信息交流

学校、家庭两方面教育是否密切配合，重要的一条是要及时交流信息。教师要了解学生在家庭中的表现及对待父母的态度等，以便有针对性地进行学生的思想工作。家长也想要了解孩子在学校中的表现，并且还想知道学校是怎样开展工作的。建立家校联系后，能使这一渠道更畅通，学校与家庭教育更有时效性、针对性、目标要求更一致。

4.良好家校合作关系有利于优化学校教育的环境

学校教育虽然严格按照国家的教育要求办学，但社会和家长对学校的要求也是学校教育不断优化的一种动力，因此，家长在家长委员会的牵头下，不断地提出改善学校教育的要求，传授社会上的经验，调动家长及社会成员改善社会环境的积极性和主动性，学校充分利用家长这一有力的教育资源去优化、促进学校内外的教育环境，使学生接受的教育更完整。

二、充分认识家校合作的理论和事实基础

总的来说家校之间坦率而真诚的交流是良好的家校合作的基础，学校和家庭之间都想把自己所想和所做的事情告诉对方，因此交流势在必行。教师可以把学校的教育计划、教育目标、教育方法和日常活动告诉家长，让家长对学校教育有一个大致的了解。家长也可以把自己的家庭背景、经济、生活情况告诉老

师，以便老师有针对性地进行教育。学校鼓励家长对学校提出要求，把家长所了解的情况、关心的问题和心中的想法告诉学校，学校也不断地通过交流渠道对家庭教育的模式和过程不断地指导，双方在互动中获益，交流中发展。所以没有家长参与的学校教育是没有针对性、没有个性的教育；没有学校指导下的家庭教育更是盲目自发的教育，只有家校合作的教育才是完备健康的教育。

我们认为，缺乏家长参与对学校教育是个"严重的威胁"，家校合作势在必行，也理所当然。

1.家长有权利和义务参与和配合学校对子女教育

(1)家长是孩子的监护人，有权利和义务让子女接受义务教育，他们希望知道学校是怎样教育他们的子女，希望了解学校的政策和计划。例如：有的学校家长们为了更好地使子女健康成长，要求学校每星期让家长到学校与自己的孩子一起活动，家长还成立家长委员会，定时定期到学校办公，参与教育过程，督查校方的教育教学工作，了解孩子的三餐营养、活动和上课的时间搭配、孩子上学和放学的接车问题、安全问题、生活问题等等。

(2)家长有自己的优势和能力，也有愿望参与和配合学校对子女教育。从理论上说，家庭教育是个体在整个社会化过程中的最关键时期的教育。因为家庭教育的主要对象是婴、幼儿童和青少年，他们正处在大脑迅速生长发育时期，也是潜意识学习的最佳时期和人格陶冶的最重要时期。把握家庭社会化方向的人自然是家长。所以家庭教育在孩子成长过程中很关键。家长和儿童的特殊血缘关系决定了家长在儿童的身心发展中起着非同一般的作用。子女和家长的亲情关系、经济关系以及家长在日常生活中的表率作用，树立起家长在家庭中的权威性，这种权威是一种强大的教育力量，因此，家长有自己的优势和能力参与学校教育。

2.学校教育需要得到家庭的支持和配合

学校总是有教育宗旨的，最根本的便是德智体美劳。很多家长认为孩子到学校就是读书，升重点高中考重点大学，其他的概不参与。其实，学校教育不仅要让孩子读好书，更要让孩子做好人。做好人是一个系统工程，需要学校、家庭、社会三位一体的教育，形成合力，学生缺一节课可以补回来，但思想上有一个盲区，恐怕要纠正过来不容易。因此，学校的课程和活动都需要家长的支持和配合。如果做家长的不合作，限制孩子参加学校的活动，或没有重要事情也让孩子缺席的话，会影响到学校对课程的实施，从而影响了孩子学习的机会。事实上许多学校活动都需要家长的支持和配合，这种支持可能是精神上的，可能是物质上的，也可能是责任上的支持和配合。只有学校和家庭的相互支持、交流和需要，才有家校合作的基础。

三、家校合作中人物的角色定位

要建立良好的家校合作，首先要摆正学校领导、班主任、教师、家长各自的位置，因为他们在不同的事务中担当着不同的角色，凡事绝不能以谁为主，要具体问题具体分析，明确各自的角色后才能更好地去履行相应角色所应承担的责任和义务。

1. 学校领导在家校合作中的定位

学校领导有责任激励教师加强与家长的参与活动，同时也可以通过协调、管理、资金支持以及对家长参与活动表示赞赏等方式来帮助学校。

2. 班主任在家校合作中的定位

班主任是家校合作的桥梁和纽带，也是家校合作的中转站。班主任是学生教育的参与者、管理者、也是直接责任者，离开了班主任的合作，家校合作就不会顺畅。

3. 教师在家校合作中的定位

教师是家校合作过程中的主要人物，是家校合作活动的具体策划人，组织者和参与者；他是家长的朋友，学生的知心人；他是活动资源的开发人。无论是教师走出去，还是家长请进来都需要教师去组织实施。

在家校合作中，教师与家长必须是平等的关系，教师不应该利用自己特殊的地位和尊严，去影响孩子在家长心目中的地位或家长在孩子心里的地位。教师要发现孩子的闪光点告诉家长，让家长感到荣幸，教师也要帮助孩子在心中树立起父母的伟大和无私。教师是家长和孩子联系的纽带，是家长的朋友，学生的知心人。

4.家长在家校合作中的定位

(1)家长应是学校教育的合作者而不是指责者。学校教育在改革过程中遇到了许多困难和挫折，一旦出现问题，家长要密切配合，多合作少指责，为教育的健康发展出谋划策。

(2)家长应是学校教育的智慧者而不是观察者。学校教育需要家长的参与，要用智慧、用真诚来支持教育，很多家长只是形式上的而不是实质上的参与者，成了一名观察员。

(3)家长应是学校教育的鼓励者而不是批评家。学校教育的发展还需要家长的鼓励和宣传，特别是在领导岗位上的家长的积极参与，友情配合。

四、家校合作关系建立的关键

在学校管理者、班主任、家长、教师这三者中，他们之间的角色转换，换位思考，是建立良好家校合作的关键之一，大家都站在对方的立场上想想，可以彼此谅解，达成共识。

关键之二是创建良好的家校合作气氛。营造合作气氛的因素有两个：一是积极的态度，学校教职员工积极主动地接纳家长为合作伙伴。二是实际的行动，能够让家长真正介入学校事务的合作中来。

关键之三是与家长合作离不开语言的交流，老师要有诚心和富有爱心，讲话要注意方式，要多表扬孩子的长处和进步，下列几种方式能更好地与家长沟通：

其一，认真听对方讲话，体会其中所表达的情感和内涵。

其二，全神贯注于对方，与对方进行视线接触，通过相应的身体语言表明你的注意力和兴趣，都集中在对方所讲的内容上。

其三，用开放式的陈述句对对方所表达的意见和情感作反应。

其四，尊重对方，承认对方的意见对解决问题至关重要。

五、家校合作的重要途径

家校合作的有效建立，教师必须要深入到学生家庭中去，同样家长要参与到学校管理和改革中来，实现真正的沟通与互动。我们学校常用途径和方法：

第一，经常性的家访

家访是学校和家长联系的重要渠道。初中三年内教师对每位学生要家访一次，班主任每年对学生要家访一次，家访过程中要做好家访记录，要求家长签字，面对面分析问题，总结经验，不埋怨、不指责、不批评，切实寻找问题，解决问题，促进学生发展，同时，家访要了解家庭背景，人员结构，家访过程中要有礼有节，不能告状式家访，家访时，一定要让孩子在场，教师要有诚心和爱心，要多表扬孩子的进步，真正起到教师、学生、家长之间建立合作关系。

第二，形式多样家长会

家长会是争取家长配合的有效途径，形式由可以由家长进校举行家长会，家长会每学期举行两次，期初一次，期中一次。由各年级组长主持，班主任了解学生情况，汇报学生成绩，指出学生问题，介绍班级现状，沟通家长意见。学期结束时也可以利用社区由教导处、德育处、年级组长、班主任走出校门到社区召开家长会，主要是汇报成绩，向家长宣传假期中该做什么，不该做什么，家长起一个监督作用，同时把行为规范极差的学生交给社区，形成一个三结合教育合力。

第三，组织家长参与学校教育活动

请家长进校参与学校教育活动，以了解学校、认识学校，并与学校保持一致。每个年级都要建立家长理事会，作为家长代表参与学校方针、政策的制定，参与学校后勤的管理。在教学过程中，我们随时让家长与子女相互交流，使教育教学更透明。

第四，形式多样的亲子活动，为家庭教育创造良好的条件

通过学生这个纽带把家长和学校联系起来。

第五，通过班级 QQ 群、微信群等及时将学生学习、思想品德、体育健康、获奖处分、重大活动、调整作息时间、放假等信息反映给家长，同时也可以了解学生在家的情况。

朱永新老师写过这样一首诗："教育是一首诗/诗的名字叫热爱/在每个孩子的瞳孔里/有一颗母亲的心……教育是一首诗/诗的名字叫未来/在传承文明的长河里/有一条破浪的船。"孩子是每个家庭的希望，是祖国的未来，只有加强家校联系，大家心往一处想，劲往一处使，才能形成最大的教育合力。实践也证明：只有家校形成合力，教育效果才可能是加法，才能取得最好的教学效果。让我们架起沟通学校与家庭的桥梁，实现家校联系，相互配合，促进我们的孩子健康成长！

与社区协作之路就在脚下

鄱阳县四十里街镇第一中学　王桂林

一次偶然的相遇，热心的村主任鼎力支持，使我们明白了与社区（村委会）协作的重要意义和巨大作用。学校、社区（村委会）在政府的指导下，有计划、有目的地合作，携手营造美好和谐的育人环境，实现双方共赢。被动—主动—相互协作是我校与社区协作的发展过程，看似偶然，实则是我校家校合作工作的必然结果。我们相信，在江西省家校合作项目组的专家老师的指导下，不断创新家校合作的工作思路和方法，就一定会取得丰硕成果。家校合作之路就在脚下。

鄱阳县四十里街镇第一中学是紧邻鄱阳县县城的一所农村初级中学，是江西省家校合作的试点学校。近几年来，在江西省家校合作项目组专家老师的指导下，学校将家校合作的六种模式（在家学习，当好家长，相互交流，志愿服务，参与管理，社区协作）运用到日常教学和管理实践中，重点是提升家校合作氛围，让社会和广大家长更广泛地了解学校，信任学校，从而更好地发挥教书育人的教育作用，为城乡教育均衡发展做出应有的贡献。

路，在哪？

由于四十里街镇紧靠县城，交通便利，再加上学校基础建设薄弱等多方面的因素影响，导致我校生源数量不多，更谈不上生源质量了。因此，我校特别重视招生工作，尤其重视家校合作工作。每逢寒暑假，都安排老师挨家挨户家访。2015 年 7 月，暑假刚开始，徐校长召开教师会，部署小学毕业生的招生工作。议题一出来，老师们就纷纷发表意见。有的说，我们年年招生，累得半死，也不见多半个学生；有的说，该来的会来，不来的，捆都不来；还有年轻老师反映：我们到村子里家访，村民听到我们说普通话，就上下打量，好像我们是诈骗犯人贩子似的，一副不信任的样子。徐校长说，只要我们尽心做好本职工作，就会得到家长的认可。话虽这么说，可徐校长心里明白：学校的家校合作搞了这几年，效果是显而易见的，办学成绩也被家长们认可。但是，对于小学六年级学生及其家长，要让他们了解、信任学校，工作还是要动一番心思的。然而，路在哪里呢？

路，通了！

四十里街镇青龙村委会下辖十八个自然村，是我校片区中面积最大、人口最多的村委会。然而由于该村委会跟其他三个乡镇接壤，离四十里街集镇又远，再加上历史原因，到我校就读的学生并不多。2016 年 7 月 2 日，我校按以往做法，老师分组包片去家访。争取在招生工作中取得突破。青龙包片的老师回来说，我们费了好大劲，花了两天时间，一共才见到了四个家长。其余的不是铁将军把门，就是下田干活了；更可气的是，有的家长明明知道学生的家，却故意装作不知道的。听了这番话，徐校长决定自己亲自去。7 月 8 日上午 6 时许，徐校长、曹暴生（我校家长委员会会长）带着三个班主任就到了碧泉村。莫说君行早，更有早行人。他们一行人还是没有碰到几个小学毕业生的家长。走了几个村，情形差不多。快中午了，徐校长准备回家，在路上，碰到了青龙村委会主任张学文（他是我校 75 届毕业生）。张主任得知这个情况时，当即对徐校长说："徐校长，你回去，三天后，你到我村委会来。我保证他们一个不落地来开会！"

7 月 11 日一大清早，徐校长一行来到青龙村委会，就看到张学文主任和四五个家长在交谈。7时左右，太阳升得老高，十四个六年级毕业生家长也陆陆续续地到齐了。徐校长、张学文主任、曹暴生会长和村委会干部就我校实际情况、有关政策向家长们做了介绍。家长们纷纷表示：相信村干部。过去舍近就远去读书不值得。并对徐校长说，开学前还会和村主任到学校看一看。

8月21日，正当农忙。中午11时，徐校长带着一群家长参观学校。他们不是别人，正是青龙村委会张主任和村干部带着十一个学生家长。家长们参观后表示：过去，不了解四一中，现在眼见为实，把孩子送到学校来，放心！

事后，徐校长笑着对张主任说："张主任，真佩服你！我们几个都没办好的事，你三天就办到了。"张主任说："为母校做点事是应该的。不是我本事大，我让村干部一个一个地去叫，不怕他们（学生家长）不来！"

这件事让我们深切地感受到：做好家校合作，仅仅是学校、家长互动还是不够的，尤其是涉及新生招生工作，充分发挥社区（村委会）的教育作用是至关紧要的。社区（村委会）干部来自群众，深得群众信任。以前，我们推动招生工作，是老师直接面对众多家长，以一点对散点，自然工作量大，效果却不见得最好；现在，学校与社区（村委会）携手合作，充分挖掘和发挥社区（村委会）的教育凝聚力，学校与社区（村委会）合作是一点对一点，一面对一面了，自然就事半功倍了。

2017年，随着学校网点布局的调整，我校成为四十里街镇唯一一所初级中学了。学校招生也面向全镇了。对紧靠县城的几个村委会的招生工作，我校也采用了与社区合作的形式。我们先取得镇党委政府的支持，召集村委会干部来校座谈，宣传政策，让村干部了解学校以及所在村的小学毕业生的情况。然后，村委会干部带着老师家访。有了村委会的支持，我校的招生工作取得了良好的效果。

一次偶然的相遇，让我们与社区（村委会）携手，拓宽了我们的工作思路，丰富了我们的工作方法。与社区（村委会）合作后，招生工作顺利了，生源稳定了，校园充满生机与活力了。

路，靓了！

四十里街镇第一中学是一所农村九年义务教育寄宿制学校，坐落在四十里街镇太平社区。受到条件限制，集镇及学校周围1.5千米以内的学生都得走读。为确保学生上下学安全，学校主动与周边的村委会、社区联系，结合“秀美山村”建设，硬化了学生上下学的道路。家长们看在眼里，喜在心头。

太平社区的一条水泥路是学生上下学的必经之路，以前，这条路由于村民们建房图方便，胡乱堆放砂石等建材，使原本不宽阔的路变得更狭窄了，村民们的生活垃圾遍地都是，要是碰到阴雨天的晚上，黑漆漆的一片。这给走读生带来了极大的安全隐患。曾经有一个学生晚上放学回家，电瓶车撞在沙堆上而摔倒受伤。为了解决这个问题，学校领导主动与太平社区支书徐国军联系，提出学校、社区携手，结合“秀美乡村”建设，提出美化亮化太平社区的建议：1、学校提倡“大手牵小手”活动，学生做到自己不乱丢垃圾，也带动身边的亲人讲卫生，为建设秀美文明的家乡尽到自己的责任；2、学校配合社区组织学生在大街小巷上宣传“秀美山村”；3、学校带领学生清除卫生死角；4、太平社区清理路边的下水道；5、太平社区在道路两边设置路灯。

在学校和太平社区共同努力下，太平社区的路面宽敞干净了，晚上的路灯亮了，学生上下学的路靓了。家长们悬着的心放下了，纷纷称赞太平社区做了一件大好事！

路，畅了！

随着中心学校办公楼在我校落成后，进进出出的车辆多起来了。本来就小的校园显得更拥挤了，尤其是上课前半小时，骑电瓶车、自行车的学生，开车上班的老师，开车办事的人员；人来人往，极容易发生碰撞摩擦。于是，学校在校园操场内划出一片停车场，用绳子隔开。有一次，一个家长骑自行车径直闯过去，竟没发现有一条绳子，差点儿被绊倒了。怎么办？买几十个停车桩，虽花不了几个钱，可这个停车场毕竟是权宜之计，校园扩建后，自然有停车场，这就造成了不必要的浪费。

9 月 22 日(星期五)下午，太平社区支书徐国军到学校来，看到徐校长在拉绳子，就打听是怎么一回事。徐校长就把事情的来龙去脉说给他听。徐国军听了，对徐校长说:“别急，我来帮你解决，保证不花你一分钱。”徐校长只当是玩笑，也不放在心上。

过了两天，徐校长早上来上班，发现操场停车场边摆上了停车桩，是那样的整齐鲜艳。仔细一看，原来是用油瓶改造的，大小一致的油瓶上涂上了一圈一圈的红漆，里面装满了水，一个个稳重、醒目。

经打听，才知道是太平社区徐国军支书发动社区干部收集几十个油瓶，亲自动手涂上了统一的红色标志，然后一个一个整齐地摆放在停车场边。

社区(村委会)主动帮助学校解决困难是我校近几年来家校合作重视社区协作的结果。

家校合作对于我校来说，是经常性的工作，因为它是我校生存发展的重要保证。与社区协作是我校家校合作的偶然，也是必然的结果。

“谁谓河广，一苇杭之”。我们深信;只有我们怀着美好的梦想，脚踏实地，一步一个脚印地向前走，一个秀美和谐的校园就一定会呈现在我们的眼前!

一点建议

我们在与社区(村委会)合作时，很幸运地遇到了对教育负责的社区(村委会)负责人。他们对教育，对学校，对老师充满了热情，因此，学校、社区(村委会)协作取得了一些成绩。

然而，实践告诉我们，现在的社区(村委会)建设缺少教育功能，以至于我们去联系社区(村委会)时，除了支书、主任外，别的人都无法主动去做。因此，在此呼吁党委政府，应重视社区(村委会)教育功能建设，最起码能有一个教育负责人和专门的教育宣传阵地。

开放校园纳诤言，家校协作育桃李

安福中学　周文宝

2014 年 9 月我校被江西省教育厅确定为“江西省家校合作试点学校”，这既是对我校家校合作工作的肯定，更是对我校推进家校合作工作的鞭策。三年来，我们对照家校合作试点学校工作要求，结合学校实际，开拓思想，创新观念，统筹安排，扎实推进，构建了我校“3683”家校合作育人机制，即：成立三级家长委员会，畅通六条家校联系渠道，开展八项家长开放日活动，实施三种家教指导方式，为打造特色学校奠定了良好的基础。

一、更新教育观念，制定协作规划

家校合作是教育好孩子的重要途径，家庭教育的不足会对学生产生巨大的负面影响。为此，我们首先从转变教师的家庭教育观念入手，学校经常利用教师会，向全体教师宣传家校合作的重要性，让教师主动联系家长，和家长聊天、谈心、做朋友，慢慢转变家长的观念，使家长能够正确地面对自己的孩子，积极地参与到家校合作中来，与学校一起为孩子的成长和进步作出努力。学校每年利用暑假学习时间聘请多位专家对班主任、任课教师进行培训，外派家校协作的相关人员到各地学习家校协作的先进经验和做法，并在相关会议上传达。学校制定了《安福中学家校协作三年发展规划》，每学期制定《家校协作工作计划》，做到整体有规划，工作有计划，有总结有反思。

二、健全组织机构，搭建合作平台

1.组建三级家长委员会

学校组织成立班级、年级组、学校三级家长委员会。在此基础上成立校务管理委员会，聘请学校家长委员会委员，讨论并完善《安福中学家委会章程》《安福中学家长委员会制度》。校级家长委员会每学年九月中旬改选一次，设主任委员一名，副主任委员两到三名，设立专门的家长委员会办公室。各年级组、班级根据校级家长委员模式每学期初相应成立年级组和班级家长委员会。健全完善的组织机构，为家校合作搭建了良好的平台。

2.成立家长志愿者活动中心

每学年开学学校组织对高一年级家长征集家长志愿者，成立家长志愿者活动中心。邀请家长参与学校管理，由校级家长委员会组织开展家长志愿者活动，如：参与考试监考巡考、值日检查、参加学生活动比赛评委等工作，家长志愿者活动的开展，为学校家校合作提供了活动载体。

三、畅通联系渠道，增强育人合力

1.创新家长会形式

学校在每学期召开一至两次家长会的基础上，根据学生的不同类型，组织开展各种小型家长会，每次月考结束后各班针对班上的部分特质学生（如：学习特质、纪律特质）专门举行家长会，有优秀学生家长会、也有后进生家长会，既丰富了家长会形式，也使家长会更有针对性。家长会和小型家长会内容涉及学校教育理念、家庭教育方法、学生习惯养成、学生心理干预等一系列内容，在丰富家长知识、提高家庭教育水平的同时，也给教师和家长提供了一个面对面交流的机会，使家长和老师针对个别学生的情况有了更深入的了解，为学生的教育和发展做好更加充分的准备。通过宣传先进的教育教学理念，介绍学校开展的各项活动，认真听取家长对学校管理和教育教学的意见、建议，激励家长为学校的发展献计献策，推动学校教育教学工作更上一个台阶。

2.做实做细家访活动

通过多种方式的家访活动，让家长及时了解孩子的动态，保证学生在校学习生活正常、有序。学校要求教师做到六个必访：学生生病必访、学生行为不良必访、学生学习有困难必访、学生家庭有变故必访、家校联系有障碍必访、贫困家庭必访。家访形式主要有：通过电话、家校人人通的形式进行家访；发放给家长的一封信；班主任和任课教师平时家访；“万师访万家”活动；分片家访。分片家访活动过程主要是：高一年级时把学生按乡镇分类，每学期安排一至两个乡镇，对该乡镇的所有学生进行家访。家访的主要内容包括：帮助家长掌握教育子女的科学方法；了解学生的成长环境、思想、动态及校内外表现；解决学生成长中的实际困难，拉近家校距离，提高教育质量和办学 水平；向家长宣传学校办学理念、办学特色等内容，赢得家长对学校工作的理解和支持；听取和收集家长对学校工作的意见和建议；向家长汇报其孩子在校表现，在校学习和生活的能力，与人相处、学业等情况；向家长了解学生在家的表现情况，如：生活习惯、兴趣、爱好、个性、成长的故事、生活环境、孩子身边的朋友、与家人的相处等方面；了解学生家庭基本情况，如：经济状况、文化教养、家庭对学生的影响等。要求家访活动中要特别关注六类家庭：一是留守儿童家庭；二是进城务工随迁子女家庭；三是残疾学生家庭；四是经济困难家庭；五是学习困难学生家庭；六是思想和学业上有重大变化的学生。

3.创建家长微信群

学校要求每个班级建立班级家长微信群，及时将学校的通知及每次月考的情况告诉家长，让家长及时了解学校动态和自己孩子的表现。从而实现教师与家长、家长与家长之间及时沟通交流，随时解决出现的问题。

4.制作“家校桥”联系卡

每学期至少制作四次“家校桥联系卡”，一般是月考后制作，主要内容有：近段时间学校、年级组所做工作及下一阶段将要举行的活动，家长注意事项，班主任对每位学生学习、生活情况写的评语。由学生带回家交家长签署意见后交回班主任。

5.利用电话、人人通平台

班主任针对班级学生情况，尤其是部分特质学生(如学习特质、纪律特质等)，采取打电话或利用人人通短信平台与学生及家长进行交流，共同商讨解决办法。

四、借力校园开放，提升办学效能

家长开放日是家校合作的主要内容之一，也是向社会开放校园的主要途径，通过家长开放日活动，在让家长全面了解学校办学情况，全方位了解小孩在校的学习、生活情况的同时，接受家长对学校各项工作的监督和检查，从而让学校借力校园开放，推动学校改进工作，不断提升办学效能。

1.精心组织活动开展

学校每学期定期开展两次家长开放日活动。每一次家长开放日活动，学校都高度重视，根据各年级的教学等具体情况确定开放日的时间，要求各班认真组织家长自愿参加。在“参观一次校园、听取一次工作汇报、观摩一堂课、观摩一项学生活动、参加一次家长交流、与老师进行一次交谈、体验一次学生生活、填写一份意见反馈”“八个一”活动总体框架下，要求各年级组根据年级实际情况选取五至七项活动上报政教处，政教处根据各年级选定的内容制定活动方案，确定活动流程，经校长审定后由相关部门和年级组组织实施。

2.重视家长意见反馈

每次的家长开放日活动，学校还要求政教处、各年级组严格做到“活动前精心筹划，活动中认真对待，活动后及时总结”。家长开放日活动，让家长走进课堂、走进寝室、走进食堂等，与老师深入交流。家长可以通过填写意见反馈和直接交流的方式向学校提出意见和建议，在每次的家长开放日活动中，我们都会收到家长很多的意见和建议，针对家长反馈的意见和建议，学校高度重视，首先要求各年级组归纳梳理，对意见、建议的归纳梳理做到不放过任何一个细节问题，不遗漏任何一个细微建议；其次将收集到的意见、建议提交到行政会、校长办公会讨论，提出整改意见；然后将有关问题交相关部门解决，对家长提出的好的对学校发展有利的建议学校都会及时予以采纳。

五、加强家教指导，提高育人水平

家庭教育是孩子健康成长不可缺少的一种教育，有着学校教育、社会教育不可代替的作用，而家长的教育水平又直接决定了家庭教育的效果，为此，我们非常注重家教指导，多渠道提高家长育人（子女）的意识和水平。

1.通过班主任对家长进行培训

每一学期，学校都会要求班主任结合本班学生的实际情况对家长作家教培训，培训的内容主要是：高中学生学习及心理相关问题家长应该如何面对。培训的形式既可以是面对面的交流，也可以通过人人通信息平台发布，并将此项工作纳入班主任工作考核。

2.借助家长学校对家长进行培训

学校每学期聘请专家给家长做讲座，学校领导也利用家长会对家长作辅导报告，就如何做好初高中衔接工作、如何解决网瘾、批评与表扬的艺术、消除代沟、心理健康等话题与家长进行探讨，提高家长的教育水平。同时订阅《家教辅导报》让家长学习家教优秀做法和经验。

3.邀请优秀家长现身说法

通过举办家教经验交流会，开展家教经验交流以及家教论文评比等，邀请部分优秀家长现身说法，介绍教育孩子的优秀做法，讨论教育孩子的方法。从理论知识和实践经验层面帮助家长提高育人(子女)意识和家教水平。

六、挖掘家长资源,共创和谐校园

依托家长委员会、家长志愿者活动中心平台载体,学校充分挖掘、利用家长资源,推进学校管理工作,为学校发展营造更好的环境。如在家长志愿者的帮助下,疏通了校园内和学校围墙外的水渠,解决了因水渠不畅通导致污水腐臭问题;我们利用家长委员会成员在综治部门工作的资源,进一步加大校园周边环境整治力度,使校园周边环境有了很大的改善;利用家长委员会成员在公检法系统的资源,为我们提供法制安全等方面的讲座,增长了学生的守法和安全等意识。

通过以上做法,我校的家校合作活动不断发展,促进了学校教育教学成绩的提高。家校合作搞得好,家教效率有提高,学校教育成效凸显,近几年来,我校的高考成绩不断提高,一本二本上线率居全市县(区)省级重点中学前列,学生的综合素质得到全面提高,师生关系融洽;办学业绩不断提升,获得了江西省文明单位、江西省依法治校示范校、江西省家长函授学校优秀教学点、吉安市中小学平安校园示范学校、江西省首批中小学心理健康教育特色学校等荣誉称号,学校的心理健康教育中心被授予中国计生协青春健康教育示范基地;家长素质得到提高,越来越多的家长认识到学会做人比学会知识更重要,很多家长和老师交流时说,通过学校的沟通和合作,孩子比以前明显更懂事了,成绩也进步了许多,感谢学校给家长提供这样一个平台。

安福中学先进的教育教学理念创造了丰硕的教育教学成果,我们将会在今后的家校协作工作中,一如既往地改革创新,认真做好学生工作和家长工作,服务学生,服务家长,为我校全面健康发展做出应有的贡献。

神奇地走进学生的心灵

赣州市第七中学　陈昌涛

我班有个学生小谢。他刚到这个班时,我就注意了他。因为他个头是我们班最小的一个,却每天穿着一件非常大的大衣,一直往下垂,盖掉了他的小腿,就越发突出了他的矮小。他的书包总是鼓鼓的,好像是放了不少的树棍子,一点不平整(后来才知道,他书包里放的全是小学时玩的塑料做的各种动物、昆虫、积木、车呀刀呀什么的);前几周,他上课总是搞小动作,还经常用他的玩具去戳身边同学的背,影响别人学习;下课追逐打闹,喜欢动手动脚,还随便骂人;作业不做,作业本上画的全是游戏人物;上课时不是回头转脑,对别人做鬼脸,嬉皮笑脸,就是双手放在抽屉里玩小玩意儿,像小学低年级学生一样,根本就没有中学生影子;还有两三次迟到。你要是问他原因,他只有一句话给你,“起晚了”,态度满不在乎的。……每天不是任课老师就是学生向我告状。本来我想多观察他一些时日,再想计策改变他,但迫于任课老师和同学的“压力”,还是要尽快行动。于是,我找他谈话,希望他上课能老老实实,知错就改,争取做一个他人喜欢、父母喜欢、老师喜欢的好学生。心情好时,他口头上答应了,却不见有实际行动。前一天刚“教育”完,第二天他就“故事重演”,毫无改正的迹象,真是“屡教不改”。几周下来，没有一点效果。说真的，有时我都怀疑自己有没有这个耐性。我的心也痛了，难道他是“朽木不可雕”?

可是又不甘心，因为我总是说办法比困难更多。于是我心一横:我就不信，“感动天，感动地，就是感动不了你”。

但想来想去，还是要有一个计划，一个策略，一个行动，一个坚持。这是一个持久战，一个攻坚战，还是个包围战。

兵书上说:知己知彼，百战不殆。对，先来个深入了解情况。

第一步，我先将他在学校每天的表现写成一个小册子，做到心中有数，并归类分析，将他的表现和学习上的预习、上课、作业、复习、测试相关分析，看看他的心思到底在哪里。通过好几周的调查分析，得出结论:他每天要么玩电脑游戏，要么玩手机游戏，还有就是画游戏图画，或玩游戏牌和小玩具，总之，他的心思全在游戏世界里。结论是出来了，那么是什么因素造就的这样一个“游戏儿童”? 恐怕和他成长的家庭环境有关。

带着这种猜想，我决定到他家里看看。看看他的卧室，看看他的书房，因为这最能看出小孩的内心世界和小孩的至上至爱。到他家发现他的书房里的桌上、橱里，全是游戏玩具，连墙上都贴满了游戏画，床头上是玩具，床下也是玩具，还有蚊帐顶上也是游戏玩具……许许多多幼儿园时玩的东西都还在，太奇妙了，真是个神奇的游戏世界……

原来如此，看来问题还是出在家长的身上，没有让小孩形成较为成熟的中学生心理。看来必须和他父母谈谈。我将他妈妈拉过一旁。让他妈妈谈谈对这些情况的看法。谈话中，我了解到他父亲非常宠爱他，什么都依着他，他要什么，就给什么。因为家庭经济也十分地宽裕。他妈妈管得多一些，但管的时候，夫妻观点出现冲突并总是以他妈妈失败而告终。知道情况后，我再与小谢谈心。

我认真地问他:“你是更爱妈妈还是爸爸?”这真是个幼稚的问题，我认为，但我又觉得,我必须这么问才能打开教育引导的缺口。

“我爱我爸爸,恨我妈妈!”他毫不思索地回答我。

我真是心一震,这也太直接了吧!他妈妈听了会多么难过呀!我又一想,可能他妈妈也听多了,已经习惯了。但我不能再让这样的话这么容易从他嘴里说出来,这是我做老师的责任。

于是我轻声地追问他:“那说说你为什么会恨妈妈?”

他答道:“因为她常常批评我,从来不表扬我。”

我顺着问:“妈妈在哪些事上批评你,你说说看?”

他说:“因为我不听她的话,没有按时完成作业,天天玩游戏,还糟蹋东西……”

“作为一名中学生,你觉得这样做妥不妥呢?”

他没有作声了。

“其实每一个人的妈妈都是最爱自己的,因为我们每一个人都是妈妈怀胎十月,经过一阵阵痛楚将我们生下来的,我们是他们的心头肉,又哪有不爱的道理?”

他还是没作声。

“你妈妈在教育你时,在骂你时,是不是还时时说‘她爱你’?”

他点了点头。

“我知道,其实你也不想这样。你也想把主要精力放在学习上。只是每次看到这些东西,又割舍不下这些陪伴你的玩具,是吗?”

他小声地应了我一声“嗯”。

“其实你是个聪明的孩子,也是个懂道理的孩子,更是个知道什么事重要什么事不重要的孩子,老师是喜欢这样的孩子的。”

他点了点头。

“看来你已经认识了自己的问题,你是一个好孩子,那么你觉得应该怎样做才好？”

他没有表态。

“要么老师给你几个建议？”

他重重地点了点头。

我觉得自己机会来了。

聊完后，我立刻拿来纸和笔，给他提出了几个建议：第一，将游戏玩具用箱子装起来，作为小学玩过的东西珍藏好，学习之余允许拿出来看看；第二，将墙上张贴的游戏画换成学习作息时间表、课表、学习安排表，并写一句激励自己的话作为座右铭；第三，每周写出自己进步的至少三个方面并大声读一读。

“你能做到吗？”

他想了半天，提出了要求：“反正我保证今后不玩了，能让玩具就这样放着吗？”

我知道，这个要求不能满足他，因为这是让他转移心思的最好时机。所以，我还得苦口婆心说说我的建议的目的。

又经过近1个小时的谈心，最后，他勉强答应。于是，我趁势和他一起将这些东西一件一件地装进纸箱，他时不时用手去摸摸，舍不得放起来。

因为时间太晚了，他妈妈留我在他家吃饭。我也没有推辞，因为一起吃饭还能更好地在轻松的氛围中教育引导他。

吃完晚饭，我便设计布置他的书房。最后，他将课表、时间表、座右铭张贴在书房的墙面上。

晚上十点多才布置好他的书房，最后，他将我送出他家小区的大门，还不停地跟我说再见……

在接下来的几周里，我时不时地表扬他，每天找他谈谈心，还找了他父亲两次，交换了一些育人意见。并且天天利用校讯通，提醒他的父母随时表扬他。每天在他的进步小册子里写上“你今天真棒”。

说真的，用心的教育，走进学生心灵的教育是神奇的。接下来的几个星期里，他无论是在纪律上，还是在学习上，都有了明显的进步。当他有一点进步时，我就及时给予表扬、激励他。他也逐渐明白了做人的道理，明确了学习的目的，端正了学习态度。

为了强化他近期养成的良好行为，我特意安排一个责任心强、学习成绩好、乐于助人、耐心细致的女同学——我们班的执行班长跟他同桌，目的是发挥同桌的力量，在学习和生活中帮助他。就这样，这个游戏儿童较好地走出了游戏的世界，合理地安排自己的学习与娱乐。

终于，在期末考试时，他好几门学科都考及格了，在全年级的名次也进步了两百多名。

虽然，他身上还有不少的问题，教育转化的任务还很重，但从他的变化上，我再一次看到了希望……

从小谢的转变历程来看，我觉得：作为一个教师，我们应该尊重每一位学生。并坚持每位学生都是可以教育的，都能通过师生的努力改变当前的一些不良的现状。教育是心灵的艺术。我们教育学生，要与学生建立一座心灵相通的爱心桥梁。学生是活生生的人，每一位学生都是一个独立体，都是有与众不同的心理特点，都有与众不同的个性特征，不管怎样，他们都应受到我们老师的真挚的爱和全面的尊重。教育的过程不仅仅是一种技巧的施展，而且是充满朴实爱的心灵交融。心理学家认为“爱是教育好学生的前提”。敞开心扉，以真诚朴实的爱来触动他的心弦。“动之以情，晓之于理”：用真诚朴实的爱去温暖他，用真诚朴实情去感化他，用真诚朴实去说服他，我坚信“精诚所至，金石为开”。

“一把钥匙开一把锁。”每一个后进生的实际情况都是不同的，我经常深入了解每一个孩子，用关爱唤起他的自信心、进取心，使之改正缺点。然后，做到教育转化工作坚持以提醒为主，以鼓励为主，以帮助为主，以引导为主的思路，做到从大处着眼，从细处入手，持之以恒，永不放弃。用真诚朴实的爱感动并激励他们努力学习，从而让他们成为合格的中学生。

两次家访引发的思考

赣州市第七中学 周兆武

2000年8月,年轻的我被分到一所郊区中学——水南中学,从此走上了教育工作的岗位,一上任还担任了初一(3)班班主任一职。毫无经验的我面对一双双期待的眼睛,真是不知道工作该如何下手。我那时候记忆力很好,一星期之内,我已经能把全班同学的名字都叫出来,两星期内我对大部分学生也有所了解。

我们都知道,农村学生分住在不同的村庄,有的要过河,有的要爬山,所以,每天上午上四节课,下午上两节课就放学。这些孩子回到家还得做农活做家务。所以不少孩子的学习都不太好,有的孩子玩心很重,甚至上课也坐不住。我对他们进行了教育,但收效甚微,其中有一个学生叫苏新民,他一看就很聪明,但很调皮,上课时基本不会看黑板,下课就疯玩,他还说不想读书,想跟他哥哥出去打工。怎么办呢?我决定去他家家访,听听他家长的意见。

星期五下午放学时我对苏新民说:“今天曾老师送你回家可以吗?”。他开始愣了一下,但立刻就高兴地问:“是真的吗?你送我回家?”“当然。请带路!”听到肯定的回答,苏新民立即背上书包,领着我往他家走,一路上,他蹦蹦跳跳,见人就说“我们老师去我家呢。”那种兴奋的样子既感染着我,又让我羞愧,学生是多么需要老师的关心和亲近，而我做的是那么的不够。走了 40 多分钟的路到了苏新民家，由于那天我们没有事先通知他家长，他父母都到地里干活去了。苏新民说："老师你等等，我去叫我爸妈，他们就在附近干活。"说完就飞奔出去了。我走出屋外，看到这些农民家家户户都不锁门，门前屋后都种了各种蔬菜，一些鸡鸭狗等牲畜随处可见。可以看出当地农民的朴实与勤劳。

正在感叹之时，一个中年妇女扛着锄头，满脚泥巴，满头大汗地跑过来，后面跟着苏新民，到了面前，妇女大声说："你是我家新民的老师吧，不好意思，让你等这么久。"她放下锄头，洗了洗手脚，赶紧拿出一个吃饭的大碗给我倒了一碗水，又用蒲扇端出炒好的花生，热情地招呼我坐。看着忙个不停的苏妈妈，我很不好意思，对我没有提前给他们打招呼向她道歉。苏妈妈说："你这么关心我家新民，我都不知道说什么好。是不是新民做了什么坏事啊?"我说："没有没有。只是普通的家访，新民是个很聪明的孩子，我就是想了解他为什么不太想读书，他还那么小，不读书能干什么呢?"这时候的苏新民拘谨地坐在一边的小矮凳上，认真地听着我和他妈妈的对话。苏妈妈说："我们也希望新民能好好读书，知道他还小，也没有指望他去做事，只是看到他不太用心读书，就说过，不想读书就去打工。"接着，苏妈妈说了新民的哥哥在外面打工，由于文化水平不高，又辛苦，工资又不高，他们是真心希望新民能多读书，将来不要像父母和哥哥那么辛苦。她还跟我说了很多苏新民小时候的事情，告诉我，新民这孩子很懂事，很有孝心。走的时候，苏妈妈和新民送出我很远，一路上都在说感激的话。

这次家访以后，苏新民好像换了个人，他不再疯玩了，上课再也不会漫不经心了，学习不断进步，高中毕业后还来看我，送了我一支钢笔，说祝愿老师桃李满天下。

苏新民的变化教育了我：要想全面地了解一个学生，教育好一个学生，仅仅靠在学校的几次见面和教育是远远不够的。家访是全面了解学生的一个很好的途径。

在郊区中学工作了六年后，我被调到赣州七中，陆续也担任了班主任工作，也进行了多次家访，印象最深刻的是这么一次经历：

2006年，我担任初一(20)班的班主任，这个班学生人数很多，城里的孩子个子都比较高，眼睛近视的也较多，班主任在排座位时非常头疼。首先引起我注意的是一个叫刘涵的同学，他个头在班上是最高的，白白胖胖，戴着一副眼镜。按高矮顺序的原则，刘涵被分在最后一排坐。

一下课，刘涵就过来找我，说他坐在最后一排看不清楚。我说："可能是你的眼镜度数太低，你应该去配合适的眼镜吧。"他说："老师，我的眼睛是散光，不能坐在最前面，也不能坐在最后面。"虽然我表示怀疑，但我还是对他的位置进行了调整。

刘涵似乎很感激，平时表现很好，很听话，上课认真，更可贵的是他不定期的会对我们班的课桌凳进行检查，发现有问题的就自己带锤子、钉子去修理，在他的带领下，全班同学都很关心集体，全班同学献计献策，共同营造良好的班集体氛围。

一学期过去了，我发现，尽管刘涵很刻苦，但他的学习成绩不太理想，是什么原因呢？

寒假期间，我决定对一些学习或表现比较特殊的学生进行家访，刘涵家就是我家访的第一站。

我先给他妈妈打了电话，她非常热情地邀请了我，于是，我买了一个果篮骑着自行车就去了。我知道刘涵家在一个中学里面。远远地我看见刘涵站在校门口等我，他领着我进了他家。走进刘涵家，我傻眼了，心里想："这也是家？"这是一个传达室，里面有一大一小两张床，有一个只容得下一个蹲位的所谓厕所，一张吃饭的小圆桌，一个简易的衣橱，还有一些乱七八糟的东西，在走廊上搭了一个简易的厨房兼洗漱间，里面也只能容下一个人。刘妈妈告诉我，刘涵的爸爸因为先天的散光眼，不能做什么，只好在这个学校看门，她自己在给一个企业看仓库，两人的工资加起来不超过一千元，是低保户。刘涵和他爸爸一样，是先天的散光眼，经常要更换眼镜，而且这种眼镜要定制，非常贵，这在他们家是一笔很大的开支，她说刘涵从七岁开始就没有买过什么新衣服，都是别人给的，刘涵平时看书写作业就在小饭桌上，所以他家也没有电视，因为没钱，也因为怕影响刘涵看书。刘妈妈是个热情开朗的人，她跟我聊了很久，我不知道说什么，我想：在这么一个城市里，怎么会有这么困难的人，我该为刘涵、为这个家庭做些什么呢？

从此以后，刘涵成了我牵挂的对象，生活上，我会送一些衣服给他，过节我也给他一些礼物，比如月饼柚子；学习上，我关注他的学习方法和学习成绩，平时收集积累一些空白纸装订好，给他做草稿纸。我还把刘涵的情况报告给学校，为此，他还受到了爱心人士的赞助。后来刘涵家住进了廉租房；刘涵也很懂事很努力，六年后的高考，他考上了北京工业大学。六年来，每一个节日，对教过他的每一个老师，刘涵从来都没忘记给老师问候和祝福，这是我从事教育事业二十多年坚持得最好的一个学生，是老师的骄傲，也是对我们老师最大的肯定。

我经常想，如果没有那次家访，我不可能那么了解刘涵，如果不去刘涵家，我不可能知道他家的情况，是家访教育了我，也是家访帮助了刘涵。

随着科技的发展，现在老师们的家访可以形式多样，有打电话、发微信、发短信、QQ 聊天、校讯通等，遇到比较复杂的情况也是把家长叫到学校里谈话，这些确实又方便又快捷，不过，必要的时候，去学生家里家访也许会有意想不到的结果，它可以拉近老师与学生之间、老师与家长之间的距离；可以了解学生的家庭情况、可以看出家长的素质等，这样更能有的放矢地教育学生，效率可以达到最大化。

一个学生是一个家庭的希望，承担了这个家庭一代人的责任。教育是良心工程，教师是教育的关键。所以，我认为，作为老师，作为班主任，家访要采取多种方式，要多角度地了解学生，帮助学生。教师成就了学生，也体现自己的价值。

凝心聚力、真心交流，催开家校合作幸福花

信丰县第三中学 吕述兴

信丰三中创建于2000年，现有57个教学班、3729名学生、173名教师。

学校有花园式的校园，一流的教育质量。在办学16年中，出了县中考状元11人，高考状元6人，学校被誉为“状元的摇篮”。我们凝心聚力、精益求精，走精细化、内涵式发展之路，精心演绎新课程理念，奋力拓展优质教育资源，创建现代宜学学校，打造文明书香校园，形成了“崇德、乐学，嘉言、善行”的学校精神。

学校办学特色显著。是江西省家校合作试点学校，是信丰县唯一的青少年举重训练基地、二胡训练基地、青少年足球训练基地，2013年5月被评为赣州市心理健康特色学校，是国家校园足球特色学校，2015年通过市义务教育办学标准化学校评估验收，是赣州市校园文化示范校，是江西省语言文字规范化示范学校……先后获得“省园林绿化先进单位”“市文明单位”等荣誉。

我们不断强化家校合作的意识，开展家校合作活动，提升家校合作的水平。我们家校合作工作的特色主要有以下四点。

第一，顶层设计，建章立制。学校专门成立了“家校合作工作领导小组”。

“家校合作工作领导小组”由郭肇领校长亲自担任组长，由政教处肖云华主任牵头，各科室负责人、班主任为成员。结合每个孩子的家庭实情，加强与家长联系和沟通，用关爱温暖滋润每个孩子的心灵。

“老大难，老大难，老大重视就不难。”以郭肇领校长为组长的家校合作工作领导小组的成立，标志着家校合作工作就有了机制保障。家校合作工作就有了规划、有了目标、有了机构、有了制度、有了人员、有了责任、有了资金、有了活动，有了试点班……

学校制定了家校合作工作的制度，定期召开领导小组会议，研究家校合作工作问题，盘点家校合作工作的得失利弊，探讨家校合作工作新点子、新方法、新途径……总结、解决的前一阶段工作，布置下一阶段的工作。充分调动了校内每一个教师参与家校合作工作的积极性，把校内、校外资源进行有机地整合。我们充分挖掘“乐亲、乐学、乐业”的“三亲文化”的内涵，朝着建设平安三中、美丽三中、魅力三中的目标前进，激励全校师生、家长参与到家校合作中来，为创建“家庭一样的学校、学校一样的家庭”而自强不息。

领导小组成立后，全校上下充分认识到健康向上、阳光积极的文化氛围是开展家校合作工作最重要、最优质的教育资源。拓宽了相互交流的平台、增加了相互交流的渠道。每季度出版的校刊《三乐园》，每个学生一本，里面有丰富的家校合作内容，是学生亲子阅读的好教材。每个班级都有班级微信群、QQ群、人人通平台，老师、家长都会在里面发布转变理念、开阔眼界、改进方法、增强耐心、提振精气神的好文章。每月一期更新的文化长廊、每天播出的校园广播等形式与媒体，营造了家校合作的文化环境。

第二，规范行为，保证实效。为确保家校合作工作不流于形式，对老师们有明确的工作要求与标准，并以此规范班主任、老师、家长的行为。简单地说，就是要做到“三清楚”、“三负责”、“三到位”。

“三清楚”，要求老师摸清结对帮扶对象的基本情况，包括个性品质、兴趣爱好；摸清家长的基本情况，包括经济能力、行为能力；摸清家长对家校合作工作的基本态度、参与积极性等情况。

“三负责”即老师负责对结对帮扶对象进行学习辅导、思想教育、生活指导等。

“三到位”就是要求班主任、老师、家长对帮扶对象每天（周）做到“三个一次”，即每天对帮扶对象微笑一次，发现（赞赏）帮扶对象一个优点，找一个帮扶对象谈话。

第三，用心交流，真诚面对。学校要求我们老师跟家长、孩子的交流，要做到四点。一是要明确我们每次交流的目的、目标是什么？明确要解决什么事情问题？要解决这些问题、达成目标的资源有哪些？关键环节是什么？难点、重点是什么？二是我们要有平常心，不能神化家长、学生。要设身处地、将心比心，要感同身受、换位思考，关心关注家长的核心关切问题。多问问自己假如我是家长、学生希望老师如何交流什么？怎么交流？交流什么？三是要有耐心，不能急功近利。尤其对待一些所谓的“刺头”学生和家长，更要放得下架子，动之以情、晓之以理、不厌其烦。把问题考虑充分一点、复杂一点，把解决方法方案考虑具体、详细一点。四是我们的语言要饱含深情、体现我们的教养，讲究一些交流的方法与技巧，让学生、家长感受到来自老师的爱心与用心。有时，我们的交流，不是叫家长、学生来听我们的教训。更多的时候，我们老师要倾听、积极回应家长的诉求、愿望、建议，甚至成临时的“垃圾桶”。

第四，分步试点，循序渐进。因为班级多，班主任、科任教师素质的参差不齐，家校合作工作不可能一哄而上。经家校合作领导小组研究决定：采取分步试点、循序渐进的策略。就是某个年级确定两三个试点班，取得经验后，再全面推广。这些试点班无形之中成为了其他班主任学习的榜样。身边的榜样更有说服力，推动了学校家校合作工作向更高的层次发展。

由于家校合作工作的全面落地，助推了我校各项工作的全面提升。特别是一直困扰我们的紧张家校关系得到了彻底的改变。家长都变得通情达理、善解人意。老师全心全意投入到教育教学中，学生聚精会神搞学习。近三年，学校每年都被评为“综合评估先进学校”“教育教学质量达标学校”。

家长们都说，三中的老师更负责任、更用心对待我们的孩子了。老师们都说，自从我们学校成为家校合作试点校之后，各项工作欣欣向荣、蒸蒸日上！

接下来，我就作为家校合作试点班——七(5)班班主任，把家校合作工作中的点点滴滴与各位分享，请各位专家、老师斧正。

我们七(5)班家校合作工作有活动次数多、家长参与广、形式多样、内容丰富的特点。现就我们对家校合作的理解、做法、感受等做个简单汇报。

2016年8月31日下午4点至7点，在多媒体教室我们召开刚刚成立的新班级的第一次家长会(家长、学生一起参加)。会议分三部分，我作为班主任认认真真做了“养成良好习惯，培养健全人格”的主题发言。接着听取了家长、学生就如何创建“温馨之家”献计献策。最后，活动地点移到操场，由赖奕洁妈妈——金字塔幼儿园的园长周晶丽，为全部到场的家长、学生搞“花儿朵朵开”的心理团体辅导活动，促进了家长、学生对七(5)班的归属感、认同感。

2016年10月28日下午3点25分到5点05分，一个十分特别的时间，一个值得信丰三中七(5)班每一个孩子、家长、老师记住的时间。

这个时间，因为宋奕颖的家长——信丰公安局特巡警大队长宋为民的一次报告，一次演讲，一次分享，一次善举，一次用心……而变得不一样，而变得值得思考，而变得值得记忆。

这一天，因为宋大队长的精彩演讲、高效课堂，以及辛勤劳动、无私奉献而让我们兴高采烈，欣喜若狂。

课堂是从播放信丰公安局拍摄的一个模拟处置突发事件——火车站发生歹徒杀人事件的专题片开始的。

接着宋大队长围绕“有理想、勤学习、守纪律”的主题，结合自己的工作经历，讲了一些孩子喜闻乐见的故事和贴近孩子实际的案例。谈古论今，旁征博引，引经据典，把孩子的学习兴趣提高到一个空前的高度。

然后，宋大队长传授一些符合这个年龄阶段孩子特点的安全自护、自救知识，分享了六个案例。

最后，两个随行的特警带来的警用装备，令好奇的学生们一饱眼福……

这些思想、理念、案例、故事……都让莅临课堂的30多个家长与67位学生陶醉了。这些都是学生成长的重要精神营养，都是学生生命成长的基石，都是学生心理发育、精神成长的必需品。

宋大队长用实实在在的行动演绎一个家长对教育的理解与支持、对孩子的一份深沉的关爱，用以身作则诠释了什么是阳光向上、积极进取、乐观自信……

学校教育、社会教育、家庭教育是一个三个脚的凳子，缺一不可。某个方面的缺失或者是不到位，教育的质量或者培养的高度就会大打折扣。

教育有法，但无定法。所有的家长、教师都希望拥有包治百病的灵丹妙药。但是残酷的现实，往往事与愿违。我们只有通过不断的学习，嫁接他人的智慧，整合教育资源，我们才能在面对生龙活虎的孩子时，有所敬畏。只有自己不断强大、有力量，在日益复杂的教育对象面前，才能相对地随机应变，见招拆招。换句话说，积极参与家校合作活动是解决当前教育问题唯一的“救魂丹”。

教育应该是一个优秀的教育团队面对一个受教育的优秀团队。我们每个教育者都在尽心竭力，绞尽脑汁维护一个动态的、理想的平衡。只有我们家长、科任老师等组成的团队，凝心聚力，像一个紧握的拳头，我们才更加有力量，才能让孩子们顺着正常轨道发展，少走弯路，甚至创造奇迹。

若是教育者团队的能量低于、小于受教育者团队的能量，可能就会出现让我们痛心疾首的遗憾。因此，我们每个家长、教师都不是家校合作工作的旁观者，我们都是第一责任人，都是主人公，我们都应该有所作为，都应该大有作为。只有这样，我们才能体验孩子天天进步的惬意快乐，痛饮教育成功的琼浆玉液，收获教育成功的喜笑颜开……

2016年10月10日下午的最后两节课，赖奕洁妈妈——金字塔幼儿园的园长周晶丽，为七(5)班的学生们倾情奉献的感恩教育、青春健身操、心理团体拓展训练，让孩子们在每天的课间时间如痴如醉、兴趣盎然地练习着、重复着，孩子们必将受益终身。

2016年10月15日星期六的下午2点30分至5点30分，李兰平的爸爸康达装饰公司老总李康玉带着孩子，利用周六休息时间，花了足足三个小时时间，把七(5)班教室北面的窗户(我们的教室是在六楼，包含架空层)打扫得一尘不染，把南面的门窗清洗得干干净净……

2016年10月16日晚上6点至9点，罗小萱的家长信丰法院政工科科长罗建文与我们60位家长、67位学生一起观看曾经改变他人生命运的电影《汪洋上的一条船》。随后，罗科长联系自己的工作经历、人生阅历，回答学生家长提出的十个问题。同学们折服于罗科长的口才，更为这些故事、经历影响，十分震撼。

2016年10月22日上午7点至13点，老师、家长、学生共33人到信丰革命老区——油山镇参观革命遗址——上乐塔，瞻仰革命烈士碑，在长安园艺场参观学习，并进行了心理团体辅导活动。

2016年11月19日上午9点至12点，召开了66位家长与67位学生参加的家长会。家长会的前半段时间，我全面小结半个学期同学们的表现，提炼了好的做法，分析了不足以及产生的原因，提出了解决的办法、方案。后半段时间由赖奕洁的妈妈周晶丽园长搞“我们是相亲相爱的一家人”的心理团体辅导活动。家长与学生共同参与，玩得疯了，密切了亲子关系。

2016年11月25日下午的最后两节课，陈之慧同学邀请她的书法教师、江西省书协会员邱红怡老师为20位家长、67位学生奉献以书法为主题的文化大餐。

2016 年 12 月 2 日晚上的两节自习课，邹怡琳妈妈施崇英老师（大阿中学教师）为我们全班同学，搞了一场掌声不断、精彩纷呈的英语学法指导课。

2016 年 12 月 23 日下午 3 点 25 分到 5 点 05 分，著名导演国际金海峡微电影大赛最佳导演获得者、《生死抉择》的导演闫庆伟，为到场的 30 多位家长与 67 位学生做了一场“我的青春，我做主——青春是用来奋斗”的报告会，并且现场回答了师生的近 20 个问题。

2017 年元旦上午 8 点至 12 点，我组织了 20 个家长 30 个孩子在物流城与桃江河的空地上，一起进行劳动体验。其他的同学，在家长的陪同、监督下劳动。体验社会底层劳动者的不容易，更加感恩父母，激发了学习的主动性、积极性。

2017 年 1 月 21 日下午的班会课，赖君薏的爸爸，弘业电子有限公司的老总赖弘，亲自为班上学习进步最大的前 10 名、班级学习成绩前 10 名学生、综合表现好前 10 名颁奖。

2017 年农历正月初一，公历 1 月 28 日早上 9 点至 12 点，我们 30 位学生，46 位家长，共 76 人进行“新年第一跑，跑出新气象”活动。活动的策划、组织全部由学生、家长负责。活动方案由学生宋奕颖具体负责，通知家长、学生、整队、发布注意事项、领跑等工作由宋奕颖爸爸宋为民大队长、曾经获得南京军区全团单兵作战训练全优的刘立炜的爸爸刘福军主任负责。心理团体辅导活动由赖奕洁的妈妈周晶丽园长操办。我这个班主任当了领导小组组长，在活动之前做了“不畏艰难、勇往直前、跑出精气神”的动员讲话，在活动结束时搞了个“心向阳光、风雨兼程、必将成就美好人生”的总结讲话。让在家校合作活动中培养的吃苦耐劳等优秀品质迁移到平时的学习、生活中。

2017 年 2 月 12 日即正月十六日下午 2 点至 5 点，我们组织全班 67 名学生，在学校勤学楼的阶梯教室，观看著名教育家魏书生的教育视频《学习方法之一》《学习方法之二》之后，组织学生联系自己的学习实际谈感悟，激发学习动力、改进学习方法、提高学习效率。

2017 年 2 月 13 日晚上 6 点至 9 点，我召开了新学期的第一次家长会。我小结了上学期的班务工作情况和学生的表现，让家长为学生颁奖。剩下的时间围绕“如何帮助学生扬长补短、养成良好行为习惯、争取德智体全面发展”这个话题，家长、学生畅所欲言、发表意见。

2017 年 2 月 21 日中餐时间，我邀请了三个老师，与 19 个为七(5)班做出贡献(体育运动会、元旦文艺汇演、工作认真负责的班干部)的学生一起在饭店聚餐。本来是我这个班主任买单，有几个家长闻讯到来，结果又是谢佳君的爸爸谢小连主任争着买了单。

2017 年 3 月 4 日上午 9 点至 11 点，67 位家长与 67 位学生一起在学校操场参加学校举办的善朝教育集团毛一鸣老师主讲的“让爱你的人自豪”的感恩教育报告会。报告会后，我们集中教师聚焦了如何贯彻落实报告会精神，让感恩成为我们的习惯，聚焦正常、与节假日的作息时间表等工作……

记不得多少次，刘立炜的爸爸刘福军主任指导、训练七(5)班的队列队形，训练跑操队伍，七八次跟着学生跑操。规范跑操行为，为我们以全校最高分夺得跑操第一名立下汗马功劳。

刘立炜、谢佳君、袁斐航、仲思雨、郭昊杰、刘旭、张子荣、谢子源、肖泽圣、李佳昊、谢子源、陈欣欣、赖君薏、郭欣欣、刘旭、罗小萱等家长曾经多次在教室里陪同孩子们听课，严肃认真检查作业，一丝不苟督促孩子养成良好行为习惯。时不时地到教室查看孩子的上课、自习情况，过问孩子的每天“六个一分钟训练”，每天定时、定量、定向、定位学习情况。

所有这些人与事，都让我们感动不已。祝福他们这些有心人，一分耕耘，一分收获，心想事成!

这些家校合作活动的顺利开展得益于老师、家长之间的相互交流与有效沟通。我们有如下感悟、收获:

1. 人格魅力是相互交流成功，吸引参与家校合作最关键的条件

（1）老师的人格魅力来源于爱心。爱心天下，没有爱就没有教育。有些学生看上去有点傻傻的，我们讲某个知识点，讲三十遍、五十遍可能他（她）都听不懂。但是哪个老师有爱心，对他（她）好，心里一清二楚。我们认为一个老师是否有爱心，不是表现在他（她）对所谓的尖子生做了什么，而是对这么几个令你头疼的所谓差生做了什么。社会管理学的“二八法则”也告诉我们，往往就是这么几个家长、学生会坏我们家校合作的菜。再说，现在的家长都很聪明，哪个老师有爱心，他们心里明镜似的，一清二楚。

（2）老师的人格魅力来源于口碑。老师的信誉积累和良好影响是相互交流有效、成功的前提。一个老师若是在家长朋友当中有口皆碑，家校合作工作就会如虎添翼。老师的教育教学质量如何？状元考了几个？老师自己家的孩子发展如何？……我们每一个老师的教育理念、教育质量，教学方法，工作态度，为人处世等方方面面，都在家长圈有或多或少，或轻或重，或真或假的传闻。现在的家长由原来的选择学校，变成了选择班主任、教师。老师师德高，能力强，口碑好，影响的家长人数自然就多，家校合作工作自然驾轻就熟、游刃有余。

（3）人格魅力来源于自强。自强就要改变苦乐观，就要处理四个关系。即正确处理好与社会、与工作、与他人、与自己的关系。自强就要把学习当作享受，与时俱进。

（4）人格魅力来源于工作有标准（规范）。我们的教育好像是缺乏标准的。家校合作工作应该有标准，我在讲座时喜欢讲十个“六”。比如健全人格的六方面，高效听课的六个有，我让妈妈露笑脸的六个一，核心素养的六方面，自主学习的六个环节（三定、三闲）等。老师平时得体的言谈、规范的举止可以增强人格魅力。

（5）人格魅力来源于对家长的理解、尊重。士为知己者死，朋友多了路好走。这些佩服、尊敬老师的家长就会成为家校合作的同盟军，时不时给我们加

油打气,你这个班主任的工作资源自然就增加了。负面影响少了,就有好多的义务班主任给你做宣传,做工作。一旦形成良性循环,自然事半功倍,工作如虎添翼。与家长、学生的交流沟通就会顺畅,甚至是无障碍。达到无话不说,心领神会的地步、境界。

(6)人格魅力来源于老师的智慧。思路决定出路,格局注定结局。老师的智慧体现在你的工作有规划、有思路。老师的智慧表现在公平公正。对学生公平公正,对家长朋友一视同仁。不因学生学习成绩高低,能力强弱而分一个三六九等。教育有时挺专业,是科学、是艺术。有时也十分简单,简单到就是提供家长、学生表演才艺、展示资源、表现能力、分享成果的平台。我们就在旁边点点赞、鼓鼓掌、喝喝彩。艺术地让有权、有钱、有势,有才、有时间、有精力,有体力等各类家长都有展示、表现、表演的舞台是考验老师智慧,搞好家校合作活动的重要方法。

老师的智慧也体现在我们讲究与家长交流的方法方式。该个别交流就个别交流,该集体谈话就谈话。比如,在今年的正月初一的"新年第一跑,跑出新气象"家校合作活动中,我在活动前,做了"不畏艰难、勇往直前,跑出精气神"的热情洋溢的动员讲话,鼓舞士气。在活动结束时,对同学、家长的表现进行全面的总结,发表了"心想阳光、风雨兼程,共奔美好前程"的讲话。意在激励孩子们在今后的学习、锻炼、生活中发扬活动中培养的精神品质。

老师的智慧还表现在对每一次家校合作活动全面规划、精心设计方案上。我们对整个活动方案、活动实施过程可能出现的方方面面的问题了如指掌。甚至点点滴滴的一些细节,也了然于胸。行家一出手就知道有没有。家长在每一次家校合作活动过程对你这个老师的敬意油然而生,对老师的佩服与日俱增。面对这样一个从容淡定、游刃有余的班主任,家长一定会积极参与家校合作活动。

2.系统智慧是相互交流有效,开展家校合作活动最重要的资源我们一线的老师与省教科所这些教育专家的差距最明显的可能在这两个方面：一是缺乏系统思想。有时我们认为，一就是一，二是二，事实不是这样。二是表现在细节挖掘。比如家校合作工作一般老师恐怕就晓得开几次家长会。我们在座老师都知道，家校合作有六种基本形式，有丰富的内容。

众所周知，学生是一个系统，家长是一个系统，教师是一个系统，学校是一个系统，生活肯定是一个大系统……我们一直认为某个系统的问题，就用某个系统的智慧、力量、资源去解决。学生当中的问题，我也喜欢与学生商量。用学生的资源解决一些问题。比如日常班务工作的承包责任制，“每天六个一分钟”的训练等。凡事我十分喜欢跟学生商量，从形式、内容、方式方法、人员安排等等都跟学生商量。比如教室卫生打扫这件事情，我会分解成无数个问题与学生商量。什么是教室卫生的标准？有哪些资源？有哪些方法？什么时间去扫？什么人去负责？运行中存在什么问题？如何解决？如何省时省力？假如你是全国最优秀的班主任如何指导学生搞好教室卫生？……小系统的问题，如果解决不了，就可以寻求、借助更大系统的帮助。陈之慧的爸爸妈妈工作忙，没有时间参加家校合作活动，她就把她的书法老师请来了。

家长的问题，我一般也是通过家长来做工作。我们学校一个领导被家长骂了个狗血淋头。几个领导也曾经处理，效果不好。领导叫我去救火。当时刘立炜的爸爸刘福军主任恰好在与我交流他孩子的事情。我们是朋友，关系好，相当支持我的工作。而且他是一个单位的办公室主任，能力强，口才好。我就叫他一起去做家长的工作。去之前，我们已经商量好了对策，对问题的复杂性，对可能出现的情况进行了预判。经过我们的努力，圆满成功地解决了这个冲突，这个家长还要请我们喝酒呢。一句话，就是用系统的智慧解决问题。学生的问题用学生这个系统的资源解决、家长的困难用家长系统的资源解决。

我们经常向家长宣传，教育是一个时效性十分明显、教育黄金时段显著的系统工程。可能过了这个村，就没有这个店。可以说过去了一天、一次关爱的机会，也许就是错过百次、千次，过去了一辈子，可能就成了一辈子的遗憾或者是永远的痛。

一个智慧的、负责任的家长不可能面对正处在青春期的、教育难度越来越大的事实而无动于衷。智慧的家长、负责任的家长，面对任何复杂的情形，第一都会悦纳现实。第二都会低头沉思，下一步，敢问路在何方？我能做什么？我该做点什么？第三都会积极投身家校合作。赶快行动！有效行动！持续行动！坚持行动！

量变促使质变，功到自然成！

家校合作的基本形式有：当好家长、在家学习、相互交流、志愿服务、参与决策、协助社区。美国的教育家爱普斯坦的交叠影响域理论告诉我们，家校合作的质量，就是真正的教育质量。家校合作的高度，就是孩子发展成长的高度。

让我们同心同德，聚精会神，携手并肩，在建设“家庭一样的学校，学校一样的家庭”的路上，做好我们应该做好的事情，就一定无愧于自己，无愧于孩子，无愧于彼此的这份缘分，无愧于这个伟大的时代！

家校合作，我们凝心聚力，我们一起走在路上，我们共奔美好前程！

万载二中“悦读越好”亲子共读活动纪实

万载县第二中学 钟学明

为传承中华优秀传统文化，营造“书香校园”和全民读书的良好氛围，更好地落实万载县委宣传部、县教育局联合开展的教育系统“三爱三淳”主题教育活动精神，践行“让每一个学生都健康成长”的教育理念，加强家校合作，提升学校德育工作质量，根据《万载二中家校合作实施方案》和《万载二中“日行一善、周明一理、月养一习”教育实践活动实施方案》的要求，从 2017 年 3 月起，万载二中在初一年级开展了“悦读越好”亲子教育读书活动。

2017 年 3 月 31 日，政教处组织初一年级全体班主任、年级主任、蹲点校长开会，讨论“悦读越好”亲子读书活动实施方案。“悦读越好”活动实施方案公布如下：

一、制定《万载二中“悦读越好”亲子教育读书活动方案》

为落实 “三爱三淳”主题教育活动精神，践行“让每一个学生都健康成长”的教育理念，加强家校合作，提升学校德育工作质量，结合《万载二中家校合作实施方案》和《万载二中“日行一善、周明一理、月养一习”教育实践活动实施方案》

的要求，经研究决定，从 2017 年 3 月起在初一年级开展“悦读越好”亲子教育读书活动。现制定活动实施方案如下：

1.指导思想

本着“让每一个学生都健康成长”的教育理念，根据素质教育的要求，借助“悦读”活动营造浓厚的学习氛围、打造优良的班风、校风，密切家校联系，促进学生德、智、体、美全面发展。

2.活动对象

初一年级全体学生和家长

3.活动主题

“悦读越好”亲子读书活动

4.活动目的

(1)促进学生成长。通过活动引导学生树立正确的人生价值观念，培养良好的行为习惯。

(2)推动亲子教育。通过活动拉近孩子与家长之间的距离，增进家长与孩子之间的亲情，提升家长家庭教育水平。

(3)优化班级管理。通过活动打造“书香班级”特色，让每一个孩子在快乐学习的同时获得精神上的升华，提升德育工作质量。

(4)推动家校合作。通过活动增强家长和老师之间的沟通与理解，逐步形成和谐的家校合作关系，促进我校的家校合作工作稳步发展。

(5)活动时间。每月双周的周一晚上 7:00—8:00，也可根据实际情况进行调整。

5.组织机构

组长：宋雄伟

副组长：陈伟、夏银兰、年级家长委员会会长

成员：黄科华、辛林伟、钟学明、初一年级年级主任及班主任

6.活动要求

(1)做好宣传动员工作。

第一,召开年级讨论会,征集意见和建议,统一教师的思想认识。

第二,组织学生学习本活动方案,让学生理解此项亲子教育读书活动的重要教育意义,引导学生以正确的方式积极参与到读书活动中来。

第三,通过微信群、QQ群等途径将本活动方案发送给全体学生家长,动员家长积极参与到此项活动中来。

(2)认真做好每一期亲子教育读书的组织工作。

第一,明确每一期亲子教育读书活动的主题(例如励志、感恩等)。提前1～2周告知学生和家长,引导学生和学生家长围绕主题选取恰当的文章、书籍或视频进行阅读。(初始阶段班主任要发挥好主导作用,可积极推荐优秀的文章、书籍或视频。)

第二,要充分利用好多媒体设备和校园网络。

第三,要根据活动时间的长短事先安排好朗读的学生或家长。

第四,及时利用手机或相机记录下每一次活动的精彩片段,由年级统一整理好之后上传至政教处邮箱,同时把拍摄的相片上传到班级微信群进行宣传,鼓励更多的家长积极参与到亲子读书活动中来。

(3)认真做好每一期的活动小结工作。

第一,每一期活动结束,班主任要对本期读书活动进行小结并填写《万载二中"悦读越好"亲子教育读书活动记录表》。同时根据活动开展实际情况,结合家长的意见、建议进行调整,规划好下一期的亲子教育读书活动。

第二,根据学生在"悦读"活动中的表现、平时读书的情况及日常行为表现,定期(每月或每学期)评选出班级的"悦读越好之星"进行公开表彰。

7.活动程序

(1)教室布置:展示本期主题、合理摆放课桌椅凳、搞好教室卫生等。

(2)家长接待:引导家长签到,安排家长在其子女位置就座。

(3)活动开始:主持人阐释本期“悦读”主题,介绍准备的文章、书籍或视频;初始阶段主要由班主任主持,条件成熟时也可由学生或学生家长主持。

(4)展开阅读:由学生或学生家长朗读文章,或组织共同观看视频、文章,也可多种方式相结合。

(5)组织讨论:引导学生和家长谈感悟、谈心得,班主任要及时点评以确保突出本期主题,深化教育效果。

(6)活动结束:主持者进行简短小结,深化教育主题,同时征询家长的意见和建议并布置下一期的“悦读”主题。

(7)强化教育:组织学生根据“悦读”活动写一篇心得体会(每周反省),并鼓励学生充分利用课外时间进行有计划、有选择性地读书,进行好词好句的整理。

二、活动过程

(1) 2017 年 4 月 10 日晚上 7:00,万载二中初一年级开展了首期“悦读越好”亲子阅读展示活动。

本次亲子阅读活动指定了阅读内容:为什么要读书。可敬的家长们和可爱的孩子们为我们呈现了营养大餐。亲子展示的形式多样,让人耳目一新！有亲子阅读的经验交流;有和孩子一起的分角色朗读;有温馨又有哲理的亲子阅读交谈。观摩的家长赞不绝口。学校并以此为契机进行了感恩教育。

(2)2017 年 4 月 24 日晚上 7:00,万载二中初一年级开展了第二期“悦读越好”亲子阅读展示活动。

此次亲子读书活动以“收获”为主题,孩子们提前与家长一起准备好朗读材料,与大家一起分享自己生活、学习中的收获和成果,树立自信。

(3)“播种行为,可以收获习惯;播种习惯,可以收获性格;播种性格,可以收获命运”。2017 年 6 月 1 日晚上 7:00 开始,万载二中初一年级以“习惯”为主题，顺利开展了第三期亲子读书活动。

“悦读越好”亲子阅读活动得到越来越多家长的赞誉和支持，他们热情参与，与孩子一起朗读，一句句感人的话语，令在场的学生、家长和老师深受感触！

在学校的高度重视下，初一年级主任和班主任积极认真地准备，同时得到了广大家长的大力支持，此次“悦读越好”亲子阅读活动取得了满意的成效，让每一个孩子更加热爱阅读，使更多的家长意识到：陪伴孩子、与孩子一起阅读对孩子成长的重要性。同时增强了家校合作关系，促进了万载二中家校合作工作的进一步发展。

(4)2017 年 10 月 19 日，初一年级以“励志”为主题、初二年级以“自信成就未来”开展了新一轮的“悦读越好”亲子读书活动，亲子展示的形式多样，让人耳目一新！

此次亲子阅读活动进一步拉近了家长与孩子之间的距离，越来越多的家长积极参与到亲子读书活动中来，学生、家长、教师一起分享读书的快乐，树立自信，和谐的家校合作关系得到进一步的发展。

三、活动效果

(1)开展“悦读越好”亲子教育读书活动促进了学生健康成长，引导学生树立正确的价值观念和思想品德，培养良好的行为习惯。

(2)推动了亲子教育，拉近了孩子与家长之间的距离，增进家长与孩子之间的亲情，提升家长家庭教育水平。

(3)优化了班级管理，通过活动打造“书香班级”特色，让每一个孩子在快乐学习的同时获得精神上的升华，提升德育工作质量。

(4)推动家校合作，通过活动增强家长和老师之间的理解，逐步形成和谐的家校合作关系，促进我校的家校合作工作稳步发展。

“悦读越好”亲子教育读书活动得到了学生、家长的高度欢迎和积极参与。

在每一期的集体阅读交流活动中，可敬的家长们和可爱的孩子们为我们呈现了精彩的文化大餐：有向大家奉上阅读心得的，有向大家分享亲子教育体验的，有家长和孩子一起的分角色朗读优秀文章的……

万载二中在初一、初二年级"悦读越好"亲子教育读书活动的基础上，将继续在初中部乃至全校开展形式多样、内容丰富的亲子教育活动，进一步促进家校合作的发展，打造万载二中德育新特色！

引万道清泉，育未来栋梁

新余市第六中学　吴秀根

家长是孩子的第一任老师，家庭教育是学校教育的基础，学校与家庭在教育学生的总目标基本是一致的，总希望他们成才，成为对社会有用的人。但是，家长在人才观、教育观、家教合作观等方面与学校教育的矛盾差异和对立不一致的情形也是客观存在的，这些矛盾处理不好，就会影响家庭与学校之间的和谐合作关系。因此，这些年来，我们积极探索家校沟通渠道，普及家庭教育方面的知识、方法，提高家长教育理论水平和教育技能，增强家庭与学校之间的相互了解和联系，促进学校与家庭的相互沟通，使家长自觉配合学校实现家校教育合力，并积极整合学校教育、家庭教育、社会教育资源，探求家校合作教育的有效途径，探索出“引万道清泉，育未来栋梁”合作模式。开展了成效显著的家校合作教育活动，受到了家长和社会各界的广泛赞誉。

一、科研引领，助推发展

科学技术是第一生产力，创新是重要动力，而理论创新是其他创新前提。为让家校合作深入开展，务必要有相关理论指导，提高教师和家长的理论水平和素养。

1. 积极探索,提高教师素养

为有效开展家庭教育提供指导,学校积极主动地开展了家庭教育课题的研究工作,努力探索家庭教育的新方法、新举措。通过向学生、家长发放问卷调查卷,开展调查分析,掌握第一手资料,确立了《新时期未成年人思想道德教育初探》和《学校家庭社会三位一体教育的研究》这两项课题。并通过撰写、评比优秀家庭教育论文、研究报告,提升家庭教育理论水平,用理论依据来支撑教育实践,使家庭教育指导更具科学性、实效性。

2. 坚持“引进来”和“走出去”相结合

在“引进来”方面,每年我们都将邀请家庭教育方面的专家,对我校初一、高一的家长进行家庭教育专业理论知识进行培训,以提高家长家庭教育和家校合作理论水平和素养。每年我们也会组织我们政教、团委和心理咨询室的相关教师积极“走出去”,去接受相关的专业培训和参加相关经验交流,以提升专业素养。

3. 成立家教沙龙

为提升家校共育的品位和内涵,我们还成立了家庭教育指导中心、家长俱乐部、家教沙龙。在沙龙里设有“读书交流”“问题解决”“给你支招”和“课程培训”等栏目。家长反映沙龙的开办,对他们解决教育孩子方面的棘手问题,了解最前沿的教育理念、教子方法等起到很大的指导和推动作用。

二、拓展交流,强身健体

学校非常注重学校与家庭、家长与学生之间的良性互动。通过开展家长开放系列活动,使家长深入参与到教育实践活动,通过活动的参与,家长对学校工作有了更多支持、理解和帮助。

1. 感恩教育,提升素质

我校以感恩教育作为德育主题教育的重要组成部分,通过灵活多样的形式引导和教育学生知恩、感恩、报恩。让学生常怀着一颗感恩的心,去孝敬父母,去尊敬师长,去热爱自然,去服务社会;学会包容,懂得去关心、帮助他人。在感恩教育活动中,政教处组建"家长委员会",由政教处负责人、班主任代表、家长代表共同组成,家校携手,共同探讨感恩教育策略,开展感恩教育活动;邀请家长到学校,精心设计,运用多种形式,使学生了解亲情、感悟亲情、感恩亲情;寒暑假开展各种形式的孝亲教育"六个一"活动——"我给父母一个承诺""我和父母算一笔亲情帐""对父母说一句感谢的话""我为父母洗一次脚""承包一项力所能及的家务活"以及"给爷爷奶奶拜年"。初一(5)班一位家长在家长会上感言:作为家长,我由衷感谢学校感恩教育活动,不仅锻炼了孩子独立生活的能力,学习自觉主动,待人谦让有礼,更让她懂得关心父母,理解父母,感觉她一下子长大了。我校的感恩教育活动有力地规范了学生日常行为,营造了良好的校风学风,进一步推进了未成年人思想道德建设,有效地推动了学校教育教学的发展,得到省、市关工委领导高度评价和肯定。在全省感恩教育经验交流会上,我校作为全省中学的唯一代表,在会上作典型发言。

2.家校互动,增进理解

(1)走进家庭,关爱学生。我校把家访工作作为密切家校联系,提高家长对学校教育满意度的有效载体来抓,组织开展"教师访千家"活动,要求每名参与活动的教师至少家访10名学生,向家长传授宣传学生健康成长的心理、生理及安全卫生等方面知识,指导家长用科学的方法教育孩子,丰富家长家教知识,提升家长的家教水平;组织开展"爱心家访,情暖特殊学生"活动,对贫困生、学困生、后进生、留守生、残障生等特殊学生进行有针对性的关爱,给贫困生送去助学金,对学困生进行学业辅导,对后进生进行思想教育,对留守生进行生活技能指导,对残障生进行生活关怀和心理疏导等。

(2)走进校园,增进理解。学校家长委员会积极开展"家长进校园"志愿服务活动，通过发放"'家长进校园'志愿服务活动意向表"进行摸底，再落实在校园服务时间和项目内容，进行周密的安排，然后把安排表发放给进校园进行志愿服务家长，让他们能按时到校园进行进教室听课、课后评课议课、监管学生言行、参与大型活动、进行困难帮扶等活动。通过零距离的接触，家长们既看到了自己孩子的成长，又发现了其他孩子的优点，既得到了鼓舞肯定又明确了努力方向，既增进了亲情又调动了其教育子女的积极性……在这种浓浓的教与学、实践与体验的氛围中，促使他们更加理解和支持学校的工作。

三、与社会融合，育时代新人

开发社会教育资源，形成学校、家庭和社会真正意义上的教育合力，是我校近年来探索的重要领域。让社会力量参与学校管理，学校也主动融入社会，这不仅让家校合作的路越走越宽，也有利于真正形成三位一体教育，培育时代新人。

1. 老少三代话党恩、感受幸福心向党

学校每年利用建党周年纪念日，开展"学党史、颂党恩、跟党走"主题教育活动。整个活动，我校密切联系社区老党员、劳模和家长，充分发挥社会教育资源和家庭教育资源的重要作用，利用暑假期间，把"学党史、颂党恩、跟党走"主题教育活动有机与社会、家庭结合，由爷爷、奶奶回忆、讲述党领导人民推翻压在中国劳苦大众头上的三座大山，建立新中国的历史和成就；父母畅谈、感怀党领导各族人民进行社会主义建设，改革开放的伟大创举；学生回顾、感悟近几年中国共产党领导全国人民战胜各种自然灾害、取得在经济、科技等方面的辉煌业绩，用切身的体验，向长辈汇报在学校享受到的各种来自党和政府的优惠、补助政策。通过共话党恩活动增进对党为国家和民族建立的丰功伟绩的了解，深切感受到共产党好、社会主义好、改革开放好、伟大祖国好，增强学生爱党、爱国、爱社会主义的情感，激励学生树立崇高的理想和信念。

2.走进社会,育时代新人

学校充分发挥家长委员会的作用,通过家校联盟与社区资源的有机整合,拓展学生进社区活动,将学生的学习延伸到家庭和社会。让学生在社会中学习,在生活中实践,会学有用的知识,会用所学的知识,为学生的健康成长营造良好氛围。假日里,在公园、社区、福利院、消防队、城市规划馆、新华书店、植物园、污水处理厂、仰天岗等城市的角角落落,您都能看到我们新余六中学生的身影。今年暑假,我们在"八一"建军节来临之际,新余市创建全国文明城市攻坚克难的关键节点。我校联合中国太平洋人寿保险新余中心支公司、渝水公安消防大队、城北街道办事处北湖社区在北湖公园南入口举办"庆'八一',创文明城"大型文艺会演,推动校园文化进社区。丰富多彩的实践活动带动了课堂各门学科素养的提升与发展,为学生的个性发展提供了广阔的天地,培养了他们的社会责任意识,增强了他们道德实践的能力与勇气。

引万道清泉,浇祖国花朵,倾一腔热血,育未来栋梁。四十四年栉风沐雨,在家长与社会的大力配合与支持下,一代代莘莘学子从这里走出。四十四年春华秋实,我们将继续在"办人民满意教育,育时代新人"的指引下,以满腔的热血和脚踏实地的工作,为新余六中家校工作涂抹出最亮丽的色彩!

丰城中学家长会及成人仪式活动纪实

丰城中学 钟贞明

家庭，是个体发展的根基，是成长的沃土，是心灵的港湾；学校，是知识的殿堂，是学生掌握知识技能、完成社会化的主要阵地；社会，是人类共同生活的基础，是展现个人价值的舞台。家校合作，就是要联合家庭、学校和社会的各方力量，共同促进学生的成长、家庭的幸福和社会的和谐。

丰城中学，是江西省重点中学，也是江西省中小学幼儿园创新性家校合作试点学校。在省教科所家校合作课题组的指导下，在学校领导的高度重视下，我校在家校合作领域开展了卓有成效的工作。为构建新型民主监督制度下的现代学校，我校组建了家长委员会财经工作小组和教育教学工作小组；为加强学校和家庭之间的有效沟通，促进相互理解和支持，我校每学期都会开展校园开放日暨家长会活动，并通过家校通短信平台或致家长的一封信等形式及时将学校近期的工作安排和孩子的近况发送给家长；为提升家长的教育理念，更好地服务家庭，学校还定期邀请专家来校给家长做报告；为增强学生成人的责任和担当意识，我校每年都举办隆重的成人仪式活动，并组织家长参加，见证孩子的成长；为拓宽学生的发展空间，增强学生的社会责任意识，我校与社区开展有效合作，社区向我校学生开放青年空间活动室，我校学生则可参加志愿者服务、“好人银行”等多种有意义的公益活动……为集中反映我校家校合作的具体做法，本文主要叙述我校如何开展家长会和成人仪式活动。

一、每学年两次校级家长会

为加强家长和学校之间的沟通和联系，促进相互理解和支持，我校每学期期中考试后都会举办家长会暨校园开放日活动。对于如此规模宏大的活动，学校高度重视，要求活动务必达到让家长了解学生在校学习生活情况、理解孩子成长和发展中遇到的困难及解决方法、支持学校的教育教学管理，同时掌握家长的关切和建议的目标。为此，学校精心布置，从方案制定到具体落实，从环境布置到展示交流，从发送邀请到引导接待，从组织实施到总结评价，形成了一套完备的家长会开展流程和方案。

2016—2017 学年下学期校园开放日暨家长会活动方案如下：

（一）活动方案

1.指导思想

全面贯彻落实素质教育，推进新课程改革，增强学校、教师、家长之间的沟通，让家长走进校园，走进教室，了解学校的管理与发展，更好地配合学校，关注孩子的成长。

2.活动目的

(1)让家长了解学生的学习与生活。

(2)让家长了解教师的工作。

(3)加强家校联系，呈现社会、家庭、学校共同关注学生的良好局面。

3.总体要求

(1) 让家长们了解自己孩子在学校的表现和学习生活，对我校教育水平有一个全面、立体的了解。因此，全体教师要高度重视，用我们的诚意尽心为家长、学生服务，将本次家长会作为宣传学校、展示自我的平台，科学安排，精心组织，保证质量，力求实效，努力让家长安心满意，让学生开心受益。

(2)各班要有一个好环境给家长看。会前有一个明确的主题让家长明了，让家长看到希望，班主任有一个好的家教方法介绍供家长借鉴，学生有一些精彩表现让家长赞赏，有一段孩子成长的故事与大家分享，会后有一个好心情给家长留下。

4.主要工作

(1)班主任：①用年级设计的封面填写好期中考试成绩，学生写好个人期中小结等装订材料(附期中考试各科试卷及答题卡)。②4 月 28 日(周五)下午第四节各班进行卫生打扫(教室、清洁区、寝室)。4 月 29 日(周六)上午开家长会时，各班安排部分学生保洁。③教室布置：前面黑板要有书写标语，后面黑板要有新一期班刊(主题为期中考试小结及家长会)，强调学生仪容仪表和个人物品摆放。寝室布置要整洁，大方，有特色。饮用水自备，一次性纸杯子由学校发放。④可以考虑别开生面的班级家长会形式，初中年级和高一年级要把班级特色展示作为家长会的内容之一。⑤ 考虑与哪些家长个别接触，准备与家长个别接触谈话的学生材料。⑥各班制作好开家长会的电子课件。

(2)年级组：①发放家长会邀请函，放假时让学生带给家长，各班再以短信的方式给家长发一个邀请通知。②设计好年级统一的期中考试小结封面，提前发放给各班级。③初中年级主任作有关课改创新措施广播讲话。④高一、高三、高四听有关高考须注意的有关问题，主会场设高三年级。⑤高二组织成人仪式。⑥由班主任组织(科任教师参与)家长在班上开家长会。⑦年级的文化墙建设要注意美观性、时效性、整齐性，在原有的基础上丰富和充实。⑧年级对各班召开家长会的情况进行检查评比。⑨对各班家长会意见、建议进行汇总，由各年级分管政教的副主任负责，上交政教处。⑩安排好跟班老师，并对跟班老师进行考勤。

(3)办公室:营造校园节日气氛,校园南门菱形标语“家长,欢迎您”,更换部分展板,电子显示屏内容等宣传报道,设计两个校长意见箱,分别放置在学校南门口和东门口。

(4)政教处:① 组织本方案实施。② 印制《家长会邀请函》,收集并汇总家长意见。③ 制作有关展板。展板要求以年级为单位统一制作,不能分到班级。展板数量分配如下:初中 4 块,高一南楼 3 块、高一北楼 3 块,高二南楼 4 块、高二北楼 2 块,高三南楼 3 块、北楼 3 块,高四 2 块,政教、团委 4 块,展板内容在 4 月 22 日之前上传到政教处家长会展板文件夹中,并注明年级。④ 卫生保洁:督促高一年级对校园环境进行打扫,主要是教学楼、学生公寓、校园内道路与草坪的塑料袋、纸张、杂草、石头及其它废弃物;保洁员、楼管员要注意保持好。⑤ 安保:指挥车辆停放,校外车辆一律不准进入校园内,保证家长会校园秩序。⑥ 对各班黑板报、卫生打扫等情况进行评比,评选出百分之三十的优秀班级,计入班级考评。⑦设置“学生常见心理问题和保险、贫困资助咨询台”。

(5)团委:① 家长进校门时,广播站学生致欢迎词。② 组织志愿者参与接待和向导服务。③ 组织全程拍摄和采访报道。

(6)教学处:① 安排上课教师。② 制作、更新部分展板。

(7)装备处:广播音响设备安装、调试。

(8)总务后勤:① 提前购买和发放一次性纸杯。② 做好一切后勤服务和医疗保障。

5.活动内容及安排

时间:2017 年 4 月 29 日。

6:50—9:10 正常早读,上两节课,高二只上一节课,家长可推门听课。

9:20—10:20 高三、高四、高一、初中报告会,高二成人仪式。

10:30—11:30 各年级各班家长会。

11:30—12:00 家长与老师个别交流，家长参观校园文化建设。

(二)活动效果

1. 通过家长会，让家长了解学生在校学习生活情况

作为一所县级中学，由于不少学生来自农村，为方便学习，我校有一半以上学生寄宿在学生公寓，很多家长由于各种原因平时少有机会进入学校了解学生的在校学习生活。为打破这种局面，通过召开家长会暨校园开放日活动，既能便于学校日常管理，同时又能让家长集中了解学生在校学习生活情况。

为了让家长了解学生在校学习情况，学校安排了“推门听课”活动，各班准备了期中考试成绩分析和评语，教室后黑板张榜各科成绩优异名单。为了让家长了解学生在校生活情况，学校教学、体育、公寓场所向家长开放，各年级制作了学生在校学习生活情况展示板，规范摆放到了广场家长必经之路上供家长观看。同时各班还精心布置了班刊和文化墙，展示本班学生学习生活点滴。通过系列精心的安排和布置，让家长整体了解了孩子在校学习生活情况。

2. 理解孩子成长和发展中遇到的困难，掌握解决方法

家长会除了让家长了解学生在校学习生活情况外，更重要的是要让家长理解孩子在成长和发展中遇到的困难，掌握必要的态度和解决方法，共同帮助孩子成长和发展。

为此，家长会期间，我校邀请知名专家通过校园广播给部分年级或全校家长开讲座，给家长传授系统科学的教育理念和教育方法；讲座结束后，各班主任主持召开班级家长会，针对性地分析学生发展现状，根据学生的个性特点和学习情况提出建议。家长会结束后，各班主任还与部分家长进行个别交流。

3. 支持学校的教育教学管理

校规校纪是学校管理的制度保障，是维持学校教育教学正常运行的必要条件。作为一所在校生规模近万人、生源素质参差不齐的超级中学，让每个学生

都自觉遵守学校的规章制度对学校的管理和发展意义重大。而要做到如此，家长的理解和配合也是十分重要的。为此，我校充分抓住家长会契机，由学校领导向全校家长解释学校的教育教学管理理念，各班主任则利用班级家长会向家长解释班级管理的策略和理念。

4. 了解家长的关切问题和建议

家长会不仅要让家长理解学校的管理和做法，学校也要通过家长会了解家长的关切问题，收集家长对学校教育教学管理方面的好建议。对此，我校在家长会期间都在校门口设立家长意见反馈箱，家长会结束后将组织人员进行归纳和整理，并报送校务会研究。

二、每年一次的成人仪式

长大成人，是每个家庭对孩子十几年的殷切期待，也是个体从幼稚依赖走向成熟自立的重要标志。成人，不仅意味着法定年龄夸入成年人的行列，更意味着开始担当个人、家庭和社会的责任和义务。

成人仪式，通过一种仪式化的活动促进成人意识的树立，自古就是一项重要的仪式活动。作为我校的一项传统项目，成人仪式给过太多学生深刻的记忆。记忆深刻的不仅是那些激动人心的演讲和宣誓，更有那感恩和责任于心的意识。

（一）学校精心策划组织

每年五四青年节前后，乘着学校召开家长会的契机，我校都会组织为高二年级学生举办隆重的成人仪式。仪式活动受到学校领导的高度重视，活动的每个环节和流程都经过认真的考虑和反复的修改，目的就是要让这样大型的活动发挥最大的效果。为了营造活动氛围，策划组精心制作喷绘有活动主题的背景墙、安放彩虹门、悬挂主题标语；为了增强活动仪式感，团委购置了几十套成人服和成人帽，并为每位学生准备了一枚成人徽章；为使仪式打动人心、促进成长，学校邀请了学生家长全程参加，为孩子准备一份成人礼物，并在老师代表富有情感的演讲和家长代表充满期许的发言下，诱发情感共鸣。丰城中学2018届高二年级“青春 成长 感恩 责任”成人仪式活动方案如下：

活动时间：4月29日 周六 上午8：20—10：00

1. 领导小组

组长：熊才卫

副组长：刘经扶、徐东鹏、金香山、涂春根、邱海洪、季晓琼、游甫、蔡海星

组员：胡奉贵、罗列、付光辉、范玉红、胡云华、熊明杰、刘强、陈云飞

2. 活动前准备

(1)活动地点：校田径运动场。

(2)4月27日查看天气，划分位置，布置场地(含主席台桌椅和讲台)。(刘强、熊明杰负责)

(3)4月28日联系电视台。(胡奉贵负责)

(4)4月28日下午，主席台布置，设计一个喷绘画，丰城中学高二年级“青春成长 感恩 责任”成人仪式，先装贴在运动场，后挂在高二北楼。操场国旗前安放彩虹门“成人门”，成人门两根柱子写上“今日成人立壮志 明日成才做栋梁”。(陈云飞负责，红地毯由游甫联系)

(5)“责任与青春同步，感恩与成长同在”，“高考挑战人生，成人意味责任”两个条幅，分别挂在操场的主席台下面。“师生齐心，攻坚克难，共话青春愿景；家校协作，戮力同心，共创学子前程”横幅挂在国旗围栏上。现高三百日誓师的条幅续用，只改四个字“决胜百日”——“龙行千里”。(陈云飞负责)

(6)组织升旗手(高二国旗班同学)；组织学生干部、志愿者12人，每人负责3个班成人徽章和成人帽的递送。(季晓琼书记负责)

(7)照相摄像。(璩鹏委员负责照相，年级联系无人机航拍)

(8)每班准备一块班牌,4 月 27 日下午,各班班长到总务处领取。(罗列主任负责)

(9)4 月 29 日早上 6:30,音箱设备调试。(装备处付光辉、吴建华负责)

(10)保安负责点燃烟花,年级负责购买并交袁万忠。(游甫主任负责)

(11)年级所有老师都要参加成人仪式,分配到班,帮助家长来不了的学生佩戴成人徽章;统一穿夏季长衬衫带领结。(年级负责分班、考勤)

(12)班主任打电话邀请家长参加并提醒家长做好三件事:(1)写给孩子的一封信;学生准备一封给家长的信(2)送给孩子一份带有纪念意义的成人礼物。(3)亲自参加,与孩子互动。如不能亲自前来,可由学生比较敬佩的亲友代替。

(13)用红纸打印好成人誓词,并分发下去。(年级负责拟词和打印分发)

(14)年级负责安排、衔接 38 位学生上台接受冠笄礼。(分 3 批,每批 12 人,建议各班班长,学生会主席和年级团总支书记,李玉平和金荣华负责,汉服、礼帽由团委负责)

(15)体育老师组织进场退场,队伍的整理等。(刘强等体育老师负责)

(16)主持:胡云华

3. 入场式(刘强负责,入场音乐 ELDorado Dubstep)

(1)4 月 29 日下了第一节课(8:20)学生立即到排球场指定位置集合,领操员穿领操服举班排站在班级队伍前列;家长按班牌找孩子。

(2)4 月 29 日 8:40 年级组织班主任带领家长和学生整队从操场南门进入;绕场跨过“成人门”,过成人门前,家长牵孩子的手,家长的手在下面;过成人门后,孩子牵家长的手,孩子的手在下面。(年级体育老师负责)

(3)年级跟班老师站到班级队伍后面,协助班主任维持会场纪律。(年级负责)

4. 开始仪式(时间上午 9:10)

主持人宣布活动开始。

第一项:先举行升旗仪式,高二国旗班同学负责,袁万忠协调;后点燃烟花(保安负责)。

第二项:生日许愿。

第三项:生日贺词(刘经扶校长)。

第四项:父母期望。家长代表讲话,《写给成人的孩子》;——配乐《父亲》

第五项:成人心声。男女学生各 2 人,配乐诗朗诵《未来的生活》1 年之后,5 年之后,10 年之后,20 年之后;——配乐《怒放的生命》。(1 班刘亚梅 25 班范一洲等,必须要有宪法关于成人的权利和义务的内容,丰秀祺负责审稿,学生统一着正装)

第六项:佩戴成人徽章。首先,在学生朗诵空隙,志愿者送成人徽章给班主任;朗诵结束后,班主任给家长;家长拿着,不急着给孩子戴;主持人组织向父母集体三鞠躬,并说爸妈我爱您;尔后父母走过去给自己的孩子佩戴成人徽章,和孩子拥抱,把准备好的信和礼物给孩子,学生把信给父母;父母和孩子说说话(配乐阎维文的歌曲《母亲》)。

第七项:行"冠笄之礼"。请 38 位学生代表上台(各班班长和学生会主席、团总支书,学生穿汉服),请熊才卫校长、刘经扶校长、徐东鹏校长、金香山校长、家长代表等 12 人为 36 位学生代表行"冠笄之礼"。团委安排高一志愿者分三批递送帽子。学生会主席和团总支书给校长戴博士帽,此时播放《超越梦想》。

第八项:宣誓仪式。领誓——熊明杰 。(歌曲伴奏《男儿当自强》

第九项:主持人宣布活动结束,欢送领导退场,组织学生带家长回到班级参加班级家长会。(播放《阳光总在风雨后》)

(二)家长全程参与

每个人,都是源自家庭。成人,当然也离不开父母的见证。为了让成人仪式更有意义,学校积极组织家长参与进来。通过父母与孩子手牵着手跨过成人门，父母为孩子精心准备的成人礼物，父母为孩子佩戴成人徽章，孩子向父母鞠躬表达感恩，浓浓的亲情自然流露；通过家长代表发言，齐诵宪法中关于公民的权利和义务的条款，庄严的责任感油然而生。

因为有了家长的参与，仪式才变得更加隆重而难忘；因为有了家长的陪伴，成人才有了腾飞的起点；因为有了家长的见证，才能更好地告别任性，走向成熟。

以上是我校在家校合作领域开展的两项富有特色的做法。通过这一系列的活动和措施，让社会和家长真正体会到教育不是学校单方面的事情，而是所有家长、老师、学生以及全社会共同的事业。家校携手，共育栋梁。家校合作，我们一直在路上！

景德镇市实验学校家校双向交流活动纪实

景德镇市实验学校 于娜

苏霍姆林斯基说:“只有学校教育而没有家庭教育,或只有家庭教育而无学校教育,都不能完成培养人这一极其艰巨而复杂的任务。”可见家校合作尤为重要,那么怎样开展具体而微、行之有效的家校合作呢?随着网络技术的发展以及智能手机的出现,中国已经进入了“微时代”,一个更为便捷高效的新兴媒介映入眼帘——微信社交平台。

一、了解微信社交平台

微信是腾讯公司于 2011 年 1 月 21 日推出的一个为智能终端提供即时通讯服务的免费应用程序 ,由张小龙所带领的腾讯广州研发中心产品团队打造 。微信支持跨通信运营商、跨操作系统平台通过网络快速发送免费(需消耗少量网络流量)语音短信、视频、图片和文字,同时,也可以使用通过共享流媒体内容的资料和基于位置的社交插件“摇一摇”“漂流瓶”“朋友圈”“公众平台”“语音记事本”等服务插件。微信提供公众平台、朋友圈、消息推送等功能,用户可以通过“摇一摇”、“搜索号码”、“附近的人”、扫二维码方式添加好友和关注公众平台，同时微信将内容分享给好友以及将用户看到的精彩内容分享到微信朋友圈。

截至2016年第二季度，微信已经覆盖中国94%以上的智能手机，月活跃用户达到8.06亿，用户覆盖200多个国家、超过20种语言。此外，各品牌的微信公众账号总数已经超过800万个，移动应用对接数量超过85000个，广告收入增至36.79亿人民币，微信支付用户则达到了4亿左右。

二、微信社交平台的优势

现在我们先就家校合作的几种沟通方式进行比较：

第一，家长会。传统家长会的弊端主要有以下几点：①家长会成了班主任演讲的舞台。班主任的“一言堂”，使得教师与家长之间难以进行深入的交流和沟通，也使得老师与家长之间的距离拉大，违背了家长会的初衷；②气氛沉闷内容单调枯燥。会议内容往往只是一些关于学校、任课教师及其班级情况的简单介绍，或者是学校在学习、管理、家长辅导方面的要求，以及班级里存在的问题通报等；③成绩分析成为重心。传统意义上的家长会，成绩分析和汇报是重中之重，家长会往往会变成向家长汇报在校表现和考试成绩的新闻发布会。年级排名、成绩宣布，忽视后进生在其他方面的优点，深深伤害了部分学生和家长的自尊及积极性。

第二，上门走访。景德镇市教育局多次开展“万名教师访万家”家访活动。教室走进学生的家庭，了解家境、拜访家长、陪伴孩子，架起家校之间沟通的连心桥，这无疑是好的。但有个和现实的问题“时间”，教师平时在校备课、上课、批阅作业、关注学生安全等已疲于奔命，时间本就紧张，走访只能放在周末或寒暑假。

一般来说，我一次会走访好几个家庭，像那些家挨得比较近的就一块儿去了，这样能照顾到更多的学生。然而，不少老师均表示，暑假还好些，但是寒假由于恰逢春节这一特殊的节日，你要是到人家家里，很容易让人联想到过年请客或者送礼，很难说清楚。现在，社会上对教师职业道德的讨论这么多，我们也觉得比较难处理。家访次数比暑假要少。这就让本就不多的时间更少了。

第三，请家长到校交流。请家长到校交流是解决了老师的时间问题，可又给家长带来了不便，家长们大多是上班族，经常请家长到校交流势必会耽误家长们的工作，并且老师无论请家长到校交流是报喜或报忧都容易给家长留下居高临下、好为人师的印象，不利于工作开展。

第四，电话沟通。要快速、便捷地与家长沟通，以前运用最多的方式还是电话，但孩子的教育教学等问题又不是三言两语能说清的，最多做到及时通告，并且长期大范围的电话沟通，电话资费也是一笔不小的负担了。要想做到深入交流、个性化家庭教育服务无异于痴人说梦，难于上青天了！

综上所述，就没有一种即便捷灵活又智能高效且节省资费的沟通方式吗？当然有的——微信社交平台。

三、实际运用微信社交平台

随着网络技术的发展以及智能手机的出现，中国已经进入了“微时代”，一个更为便捷高效的新兴媒介映入眼帘——微信平台。

第一，微信平台可以直接用手机登录，方便快捷，节省资费。学校可建设公共平台，例：我校早已建设《景德镇市实验学校》公众号，便于学校信息发布，校园新闻宣传，校园文化传播，教育经验交流，家校沟通，意见征询等。而教师更是便捷，只需要在微信平台建立一个班级群，邀请家长一起加入班级群，家校合作即可开展。而这些都是免费的，大大节省了资费。

第二，教育资源共享，家长们可以互相交流学习心得。微信现有的 8 亿客户的规模，提供了一个较为广阔的应用平台。一旦有用户将相应的教育资源上传或共享至微信平台（不一定非得通过移动设备，固定设备也可以完成这一过程)，所有用户都可以使用教育资源进行移动学习。

近期为促进家庭和学校合作，让家长和老师共同激发学生学习潜能，我校通过微信平台班级群积极组织家长、学生和老师观看《如何激发孩子学习潜能》主题视频节目，所有家长都可以及时获得教育资源并参与学习。甚至学习后，家长还能在群中共同交流学习心得，继而提高学习效果。

三(六)班班级群家长交流学习心得：

王＊＊爸爸：作为家长，我们要努力让孩子感到学习是一种快乐，而不是一种负担。

李＊＊妈妈：在学习中，孩子会因为喜欢而投入，也会因为投入而更加专注和高效。

郑＊＊爸爸：孩子学习的兴趣化培养，作为家长我感觉，首先要努力提高自己的学习以适应孩子。去了解孩子的内心，了解孩子所学的内容，随时为孩子释疑解惑，让他们感到家长和他们在一起。不让他们因为困惑而迷茫，失去信心。

徐＊＊奶奶：及时分享他们成功所带来的快乐和喜悦，让成就感和荣誉感成为他们不断前行的动力。

第三，老师可以针对某个学生和某类学生进行有针对性的教学并提高了教学的时效性。

微信平台信息传送的交互方式，可以使教学更加具有针对性。在课堂上进行的教学，针对的是全体学生，学生之间的差异和个性往往被忽视和无法顾及，利用微信的互动方式，老师可以针对某个学生和某类学生进行有针对性的教学，增强教学的针对性。

以前学生在课下遇到的问题只能在学校里请教老师，这就造成了学生遇到的问题不能及时得到解答和宝贵的课堂自习时间被过多的占用的情况。而微信的及时沟通功能却可以很好地解决这一问题，从而提高了教学的时效性。

第四，微信平台老师可以与学生实时进行交流，特别适用于互动式的学习。考虑到现在的生活节奏较快，不论是教师还是学习者，都无法抽出连续的时间进行1对1的沟通和学习。而微信所提供的免费聊天环境和实时留言、消息推送等功能，适合学习者随时随地地向教师提问，以及教师对学生反馈的快速响应。教学双方在不断地留言交流中，可以实时的建立1对1沟通环境，而无须专门的预约和安排。

第五，班主任老师用手机、照相机随时记录下学生们成长的点滴，并传到班级群或朋友圈，融入了情感的家校互动深受家长、同学们的喜爱。

实验学校四年级(7)班李锦鹏妈妈的手机里存着很多孩子在学校学习、生活的照片：教室里认真听讲的、唱歌的、同学过生日吃蛋糕的、和老师合影的及各种活动照片等等。这些照片是班主任老师第一时间从微信上传给家长的。如今，学生在校方方面面的表现，教师用手机抓拍下来，传到班级微信中，发送到朋友圈。家长登录微信，就可以看到。朋友圈中的家长都可以看到这些照片。这样的照片是家长最最喜欢的，他们能够一睹孩子在学校、在课堂上的鲜活灵动的表现，被很多家长称赞、收藏、留言。以往，孩子在校的学习情况、思想动态、性格情绪等等在家长眼里不是雾里看花就是水中捞月。过问多了，孩子厌烦；沟通少了，老师又觉得关心不够。现在微信不仅解决了家长"视察"需求的矛盾，更增强了家长参与班级管理的透明度，使班级管理形成了和谐、融洽的家校氛围。这样如此贴心的做法在实验学校已屡见不鲜，老师们在家长、学校沟通中充分地运用新型微信社交平台，其功能也不再是报分数、布置作业，而是融入了情感的互动。

"我们和老师、家长一起成长，一起进步，一起享受在育才校园的快乐时光，这就是幸福的洋溢。""我们都特别喜爱我们的微信群，因为我们的梦想要在这里启航，我们的精彩已在这里绽放，我们的未来将会更加阳光！"同学们纷纷在微信群里留下了对这些平台的喜爱之情。

四、微信社交平台在家校合作领域的发展

微信在教育领域会是一个很大的助力，首先，微信最大的优势就是建立学校（老师）与学生之间的互动平台，而教学如何教得好就是建立在双方互动的基础上，另外，微信教学方法多元化，可以图文、语音、视频，能很好地表达老师想要表达的东西，而且学生在微信上也可以很好、很详细地问出心中疑问，从而获得要学习的知识。

随着微信软件的发展，它被越来越多的人群所接受，它已经成为许多人生活中不可缺少的一种社会交流工具和平台。因此，微信也慢慢在教育领域中崭露头角，发挥其作用，在一定程度上较好的促进了学习者的学习，激发了学习者的学习兴趣，提高了学习者的学习效率和学习效果 ，使微信社交平台成为充满情感和人性化的家校互动新方式。

办家长学校，提家长素质，圆家庭梦想

石城县实验学校 温发开

石城县实验学校于2010年9月建成开始招生，是一所民办公助九年一贯制学校，江西省第二批家校合作试点学校。教先从家开始。学校深知家庭教育与家长素质的提高对学校教育的作用，因此在同年11月就成立了家长学校。家长学校以“更新家庭教育观念，传授科学教育方法，帮助家长提高素质”为主要内容，针对家庭热点、难点问题，建章立制、选聘良师、创新办学形式、完善考核机制，着实推进家长学校的稳步发展，实现家校共赢。

一、健全组织，建章立制，完善家校管理体系

1.组织保障

(1)成立领导小组。成立以学校校长为校长，德育主任、家委会主任为副校长的家长学校领导工作小组。

(2)建立三级家委会。为了便于管理和活动的开展，学校先后成立了校级、年级、班级三级家长委员会。

2.制度保障

(1)明确职责。为让每个工作人员明确自己的职责。制订《家长学校校长工作职责》《家长学校教师工作职责》《家长学校成员的权利和义务》等。

(2)建章立制。学校从考勤、考评、教师备课、意见反馈、评选表彰、家教档案管理等方面建立了11项制度,在家长学校管理中,我们把制度管理的"刚性"与人文管理的"柔性"有机融合,彰显了家长学校的生命力。

3.经费保障

有学校一把手的高度重视,校长在家长学校的人、财、物上尽全力支持。家长学校的讲课教材、讲课人员的劳务费用、课题研究费用、硬件设施的投入都得到了保障。六年来,学校投入资金10万多元用于家长学校建设。

二、夯实基础,选配名师,激发家长参与热情

1.活动有场地

学校把多媒体教室作为家长学校的活动基地,并悬挂了"家长学校"的校牌。

2.上课有名师

为保障家长在学校里接收到优质的教育,一是请进来。我们组织了一个稳定的具有一定专业知识和教学水平的专职教师队伍。除学校领导、骨干教师、班主任兼职授课外,还特别聘请县关工委周隽、高考状元家长陈月萍等进行授课,学校要求主讲教师都要认真备课,写好教案,教导主任要及时批阅教案,并组织家长课后认真填写"家长听课意见反馈表";二是走出去。先后派德育主任等15名教师参加江西省家校合作培训学习。

3.学习有教材

学校与家委会共同遴选《家长读本》《怎样培养孩子》等书作为家长学校的主要教材,要求家长学校学员人手一册,并按书中的章节进行授课。此外,学校校还购买了《与孩子一起成长》的光碟一套,刻录了中国家庭教育专家的讲座视

频《帮孩子成为学习的赢家》,作为家长学校的辅助教材。

4. 管理有方法

一是在授课时间安排上尽量满足家长的要求。根据问卷调查我们了解到大多数家长的需求,一般将家长培训时间安排在平时的周六或周日;二是提前通知家长,告知家长这次培训的内容、讲课的专家,说明课程的重要性,让家长安排好工作,作好参与培训的准备;三是发动全体学生,督促家长按时到校听课;四是家长听课免费,从心理上消除了家长对学校活动的抵触情绪,所有专家、学校教师的讲课费,接待费全部由学校支出;五是每次活动都要求签到。以便于班主任对家长学员出勤情况进行督查;六是开展优秀家长评比及表彰活动。我校利用家长会之机,组织开展优秀家长评比、表彰活动,这些措施保证了我校家长学员的参与率达到了98%以上。

三、内容丰富,形式多样,增强家长学习效果

1. 举行家长开放日活动

把家长请进学校,为学校的管理献计献策;把家长请进课堂,让家长亲眼看见孩子的课堂表现和教师的教学情况;把家长请进办公室,家长和老师面对面地交流沟通。

2. 创新家长会形式

为家长提供相互学习的机会。家长会采取教师与家长互动、学生和家长互动、家长与家长互动形式帮助家长提高家教水平。

3. 建立移动家长网络学校

鉴于许多家长工作忙或在外务工等原因,学校在学校网站、学校公众号开辟"家长学校"专栏,上传资料视频、直播讲座等供家长随时随地学习。

4. 举办分层主题家长讲座

根据不同的学生、不同类型的家长,有针对性地举办各种类型的主题讲座,

以提高家长学校的针对性和实效性。

(1)新生家长讲座。每年新生入学之后,举办新生家长培训班,传授教育学、心理学基本知识,明确怎样做好孩子从幼儿园到小学的转轨工作,知道怎样帮助 孩子逐步养成良好的生活、学习习惯。

(2)毕业生家长讲座。根据毕业班的特点,重点作“怎样的毕业生才是合格的毕业生”“如何做好小学与中学的衔接工作”等讲座;三是后进学生家长讲座。在这一专题家长学校中,学校十分注意方式方法。做到:①不告状;②不在会上批评或披露孩子的错误;③不责怪家长教育无方。请他们来谈认识,分析孩子前后的主客观原因,分析孩子的现状及双方配合的策略,使家长放心地来,满意而去。

5.成立三级家委会组织

为便于管理和活动的开展,学校成立班级、年级、校级家委会。它们上下联动、分层负责,积极参与学校管理及各项活动,为教育教学热点难点“问诊”把脉,促进家长更新家教观念,提升家校合育水平。如五(1)班家委会组织学生开展城市定向环保公益行等各种社会实践活动,组织学生开展研学旅行活动等。

6.开展家长志愿者活动

学校充分发挥家长的力量和教育资源,积极开展家长志愿者活动。如六一晚会等大型活动请家长志愿者参与化妆、维持秩序、做评委;请有特长爱好家长志愿者走进课堂为学生上课,如三(2)班家长刘称萍到校上《口腔保健》课、三(3)班家长曾珍珠到校上《烘焙》课一节等;组织家长自驾前往敬老院开展亲子义工行社会实践活动等。

7.举办家长培训班

坚持一月一次培训。一月一个专题的集中授课活动。由家长学校兼职教师讲授《牵手两代家长课程》中的相关内容或请专家进行专题讲座。

8.建立班级微信群,开通家校通,每天及时反馈交流信息

四、以研促教，科研兴校，保证家校发展动力

教学质量是学校发展的生命线，教育科研是学校发展的助推器。为此，学校每学期至少开展两次专题研讨会，组织一次教学观摩研讨活动，活动促进了教学效率的提高，研讨促进了教师的专业成长。

五、总结反思，提升理念，发挥家校引领作用

在家长学校的办学过程中，虽然饱尝了艰辛，却也收获着欣慰。家长们的素质及家教水平普遍得到提高，全体学生在家长的正确教育下，形成了良好的行为习惯，整体素质得到较快提高，家长们从不太理解学校的工作到理解、支持，并能主动配合学校开展工作，强有力的推动学校整体工作向前迈进。学校连续六年评为县德育先进集体，校家委会主任张惠慧被评为“江西省优秀家长”“石城县最美家长”。虽然学校家庭教育已经取得了一定的成绩，但真正把家庭教育工作做到家长心坎上，提高每个家长素质，还需不断努力。路漫漫其修远兮，家长学校工作任重而道远。在今后的家长学校工作中，学校一定会继续坚持和巩固已有的成果并不断创新；相信有广大家长的热心支持，在学校与家长的密切配合下，实验学校的家长学校一定会越办越好。

“压岁”赠言向远方

南城县实验中学　吴小文

在推进制度化家校合作的探索实践中，江西省南城县实验中学(以下简称为实中)自2013年起，发动和组织家长在寒假春节前夕给自己的孩子赠“压岁言”。一个看似简单的举动，取得意想不到的收获，助推学校整体发展跃上新的台阶。

一、问题背景

当代教育是一个开放系统，它不能是一口尖底锅，只有学校教育一个支点，这会摇摆不定；它应该是一只鼎，包含学校教育、家庭教育和社会教育三足，有了三足才能鼎立。新时期，如何建立与基础教育改革相适应的家校合作体系；如何创设有时代特色的家校互动网络；如何组织强大的家校教育行动，实现教育资源和学校办学融合的最优化，这是学校教育需要创新的一个课题。

每逢春节家长给孩子“压岁钱”，这是千百年来中华民族形成的传统风俗，意在图吉利、买高兴、送吉祥、祈平安。但是，随着人们生活水平的提高，作为象征性礼物的“压岁钱”动辄成千上万，在无谓的攀比中“压岁钱”逐渐异化，给孩子们的成长带来诸多负面的影响。如何提倡过年新风，过一个真正有意义的春节；如何以新春佳节为契机，鼓励孩子学知识、长本领、培习惯、养美德；如何增添家长与孩子情感和精神交流的绿色专用通道，让孩子懂得父母对人生的感悟、生活的体验，愉快地倾听父母的心声，这是学校教育需要创导的一个课题。

尽管现在大部分家长日渐意识到与学校合作教育孩子的意义，但是一旦需要家长配合和采取行动时，他们往往又会以种种理由搪塞敷衍，尤其是学校组织的家校活动遭遇到“升学率”时，他们可能少有热心参与。如何纠正家长中普遍存在的“家庭与学校教育责任分离，孩子的学习、思想、品德等由学校管，家里只管吃穿住，家校合作只限于关注和督促学生学习”等思想偏差，如何让家长真正认识到家校合作中的责任、义务，如何让家校活动更具前瞻性、计划性、系统性、互动性，这是学校教育需要引领的一个课题。

在家校合作中，学校和家庭是两个平等的主体，学校起主导而非领导的作用，充当的是服务角色，而非服务对象。如何尊重家长的教育主体地位；如何激发家长的教育参与热情；如何深挖家庭教育的资源潜力，这是学校教育需要改进的课题。

二、转换工作思维

1. 共生思维

自然界常见这样一种现象：当一株植物单独生长时，显得矮小、单调，而与众多同类植物一起生长时，则根深叶茂、生机盎然。这种相互影响、共同促进的现象，被称为“共生现象”。

共生思维强调“自我”与“他者”密不可分的现代性存在，倡导摆脱封闭狭隘的“个体教育”，走向互为关联的“群类教育”，认为只有在开放教育中，和不同的主体、不同的文化交流、碰撞且彼此相互启发、吸纳、融合，家校合作方能增强活力、发展进步。自我封闭、与世隔绝、孤芳自赏的结局只能是衰败落伍，被时代

淘汰。

2.跨界思维

跨界思维，指的是用大眼光、多视野、多角度去看待问题和提出解决方案的一种思维，其本质是一种开放、创新、发散的思维方式。

跨界思维的基本要义是相互学习，主要目的是为了"借智"。在家校合作的教育过程中，要相互学习、成功"借智"、相得益彰，就必须不断提高自身从低维到高维的分析能力、学习能力。更为重要的是，教师与家长、家长与家长之间要跨越"心态"之界、"角色"之界、"知识"之界、"行业"之界、"观念"之界。这其中最需跨越也最难跨越的，就是"观念"之界。

3.杠杆思维

杠杆思维最突出的特征是找到和利用事物发展的动力、阻力、支点的分布以小博大，即是一种信息、物质和能量尽其所用，借力使力，事半功倍地改善条件、简化治理、促使进步的思维模式。

关于给孩子的教育或期望，教师和家长展开对自己和他人思考过程的思考，以及再思考，不断循环，就是元认知思考过程。这就可以撬动规模化的信息量以萃取相关思想最本质的支点；就可以印证总有一部分人与你的教育方式或期望梦想是一致或相似的；就可以将受到触动和启发的信息迁移到自身或相同逻辑的场景中去思考和应用。由此通过人际间想法的交流，通过重构自我，就可以碰撞出巨大的改变现状的能量，更高效地学习知识和智慧，更简单地感受快乐和幸福。

4.上游思维

所谓上游思维，就是从源头看问题、追根溯源的思维方式。

例如，发展的上游是愿望。发展离不开理念、策略和方法，但这还不属于上游思维，教育发展首先要考虑师生和家长的愿望，即意愿、诉求和欲望。脱离了师生和家长的愿望，就难以实现真正意义上的教育发展。要求是外在的、被动的，愿望才是内在的、主动的，把要求变为愿望是发展追求的理想境界，发展的前提是打开每一位师生和家长的心扉。目标的上游是为生。办学的根本目标不仅是为学校的成功，更是为学生的成长。强校的上游是培根。家校合作为的是使每位学生的身体、学习、品性、精神、心灵等各方面都得到安顿，因此，真正的名校不仅是花红，而且是根深。立德树人，实中追求的是树冠要美、树干要直、树根要深。

三、具体行动措施

1. 动员部署

每年寒假前夕，实中校长办公会、党总支都要组织召开家长赠“压岁言”专题工作会议。校领导班子成员及各年级主任针对往年出现的问题提出改进措施和创新建议，并就即将开展的家长赠“压岁言”活动进行动员和部署。

2. 倡导实施

寒假时，实中以《敬告家长书》的方式倡议全校每一位学生家长在新春佳节之际赠孩子“压岁言”。学校特用水红纸印制“新年家长赠压岁言”信笺，其内容包括前言说明、学生姓名、学生所在班级、家长姓名、“压岁言”等。“前言说明”阐明活动的初衷和意义，评比的标准和要求，特别强调所有“压岁言”将供全班学生家长学习借鉴并归档保存。

3. 评比展出

新学期开学时，实中按照预设标准组织对全校家长的“压岁言”进行评比。先由各班推选出20份质量较高的“压岁言”，再由学校设立评选委员会对推选出的“压岁言”以年级为单位展开评比。奖项按各年级推选总数的5%、10%、15%分设一、二、三等奖，获奖名单在校园橱窗内和学校网站上公布，获奖作品装订成册，建成实中家长“压岁箴言”库。学校还专门邀请作品获一等奖的家长与孩子在校园合影留念，并在橱窗和网站上开辟专栏展示“压岁言”一等奖的作品及获奖家长与孩子的合影，橱窗的展出宣传一直要延续到全校家长会结束为止，网站的展出宣传则长期保留。

4.回馈期望

实中认真对待每一份家长的“压岁言”，评比展出并不是结束，此时应用“压岁言”才刚刚开始。学校将所有家长对孩子的合理期望，看成是对教育的期望、对学校的期望。通过研读“压岁言”，在字里行间了解家情、学情，捕捉家长的诉求和孩子的喜好，将学生成长的内需当作教育创新的出发点、着力点和侧重点。学校先后为学生搭建了“学子成长树”课程框架；为家长开设了“手机家长学校”；为留守学生建立了“留守少年之家”；为“五困生”(贫困生、学困生、德困生、体困生、心困生)完善了导师帮扶制度。学校还设置“漂流书架”激发学生的读书热情；开展“以爱育爱、用心筑心”活动捐资助学；开展“幸福春游”活动引导学生融入自然；开辟“幸福种植园”、开展生活技能大赛、组织“实中艺术进社区”等活动，提高学生的动手实践能力，为每位学生提供展示自我、为人所需、自信成长的舞台。

四、实践成效

1.学生受教益

家长赠“压岁言”，是家长在非常的日子里，经过非常认真的斟酌和准备，传递给孩子非常有必要了解的知心话，因而此举具有非凡的意义。“爸妈在外打工每天都想你，希望你会学习，会做人，会生活”“好好抒写属于你的生活，释放来自你的光芒”“别忘了，一路走来时把笑容和自信带在身上”“午马性烈，桀骜不驯，应去急存慧，常思龙马精神，长存龙马精神，长存广阔视野”……纵观家长赠“压岁言”作品，或朴实，或文雅，或富有思想，或蕴含哲理，字字句句都发自肺腑，倾诉着家长对孩子无限的关怀和期待。一段段简朴而真挚的话语，让学生们懂得父母的用心良苦，明白青春成长当奋斗的道理，知道品行端正、追求上进是对父母最好的回报。2015 级(现初三)曾之锦同学在校表现越来越优秀,学业成绩也一步一个台阶,谈及进步的原因时,他说在初二上学期时有几次曾想辍学,总觉得父母不关心他,学习没意思也没意义。可当他看了爸爸写给他的“压岁言”后,他落泪了,原来爸妈在外打工是那么的不容易,原来父母从来都未对自己失去信心,原来自己从来都没有缺少过爱。

2.家长受实益

实中家长赠“压岁言”活动开展已有五年,深得大家的认可,赢得社会的赞誉,尤其是在家长中间产生了强烈反响。在不断地参与、交流、对比、行进中,家长们对“压岁言”越来越看重,2016 级初中邱羽喆的家长就曾代表大家赞叹道:“这份压岁言比送孩子再多的金钱、再昂贵的礼品都更有意义!”与此同时,家长们对活动的深刻用意越来越理解。在学校的启发引导下,越来越多的家长意识到:教育最大的不均不是起点层面的,也不是物质层面的,而是过程与精神层面的,是教益和精神安顿不同导致的差异;既要培养孩子拥有聪明智慧的大脑,更要培养孩子拥有善良美好的心灵;家校同创不能满足于两股力量的简单叠加,还可以让两股力量同频共振、深度融合;家校合作不能满足于一般意义上的心连心,因为家校原本就是一条心!

3.学校受广益

自开展家长赠“压岁言”活动以来,家长助教的热情持续高涨,家校合作的范围持续扩大,家校同创的效益持续提高,实中曾经暴露出的“学校教育孤位、家庭教育缺位、社会教育错位”现象得以明显改善,由家长赠“压岁言”派生出来的“扶贫日”师生家长义卖活动、“幸福日”亲子远足游、学生生活技能大赛、素质教育展评周等活动,极大地提升了学校的办学水准和品味,已成为实中学校发力、学生出力、家长给力的富有建树感、获得感、成就感的品牌特色活动。中新网、人民网、《人民教育》《江西日报》《江西教育》、江西电视台、江西教育电视台等主流媒体纷纷来校专访,并对“压岁言”系列活动进行大篇幅、全方位的报道。

卓有成效的家校合作，不仅打造了实中内涵发展的新常态，更为学校办学实力的提升助力添彩。近年来，实中高考屡结硕果，中考名震全市，教学评估蝉联全县第一，学校先后被授予全国体育工作示范校、全国百所示范青少年法律学校、全国青少年校园足球特色学校、国家级电影课实验校；江西省文明单位、全省首届文明校园、全省校园文化特色学校、全省关心下一代工作先进集体、省家校合作试点学校、全省家长教育和省家长函授学校办学工作示范教学点；抚州市示范校、抚州市“十大名校”等荣誉称号。

家访让我看到孩子的另一面

抚州市东乡区第二中学 夏松

当代社会的突飞猛进，为孩子提供了一个五彩缤纷的世界，在这样的环境下，孩子的内心世界也会变得像外面的世界一样纷繁复杂，不可揣摩。这样的时代需要的教师，不光要在教学上下功夫，更要能走进孩子的生活圈子，了解他们的另一面。家访就是为我们老师提供了一个这样的平台。

来到东乡二中已经有一年半的时间了，对于班里孩子们的情况也从当时的一无所知到现在基本熟悉。为了更深入地走进孩子的内心世界，我校开展了“千名教师访万家”——家校同创的主题活动，借此机会我结合班级实际情况进行了多次的家访工作。在一次次的家访过程中，我感受着不同的家庭氛围，有非常关心孩子学习的，也有对孩子学习漠不关心的……在形形色色的家庭当中，我聆听着父母讲述着孩子的点点滴滴，他们成长的画面一幕幕都浮现在我的脑海中。

想起教育家苏霍姆林斯基曾经说过这样的话：“在每个孩子心中最隐秘的一角，都有一根独特的琴弦，拨动它就会发出特有的音响，要使孩子的心同我讲的话发生共鸣，我自身就需要同孩子的心弦对准音调。”在家访的过程中，我不断摸索着，如何才能和孩子对准“音调”。

我班上的熊骏同学是个少言寡语的孩子，初一新生的第一次大扫除让我对他印象深刻。记得当时我给孩子们分配好任务后就让他们各自劳动，期间我一直在观察他们的表现。有个忙碌的身影吸引了我的注意，这个叫作熊骏的学生做事很麻利，看来平时在家里经常做家务，打扫卫生的劳动对他来说很是轻松，忙完自己手上的任务后他又开始四处找活干，直到教室里被打扫得干干净净后他才抬头看了看我，这时同学们都已经收拾书包回家了，我对他微微一笑让他早点回家。第二天我便征求了大家的意见让他担任了劳动委员的职务。自那以后他变得更加积极，班上的卫生也一直保持的不错。可是在初二开学后不久我发现他上课时常打瞌睡，而且经常迟到了，有时候甚至会忘记安排当天的值日生。在对他仔细观察后我觉得要找他好好谈谈了：一天放学我把他叫到了办公室，本来想看看他的作业，却不想在他书包里发现了一部手机。当时的他满脸的惊慌、无奈甚至还有一丝的愤怒，我知道问题可能比较严重了。果然，在手机里我发现了他的小秘密，原来他通过 QQ 认识了一些辍学的校外人员，并且和他们打得火热，这一情况大大出乎我的意料。这时候天色已经不早了，于是我决定借送他回家的机会进行一次随机的家访。

在熊骏的家里，他的爸爸妈妈热情地接待了我。当我走进他家的大门时，平日里默不作声的他恭敬地招呼道：“夏老师，您请坐这儿。”那热情而周到的接待让我心头一怔：“那是平日里的熊骏吗？”“老师，请吃瓜子、水果。”“谢谢！”当我坐下来和他的爸爸妈妈交流的过程中，我一直在悄悄地观察着他的表现：只见他一直站在父亲身后，全然没有要打扰我们的意思，静静地、静静地；他妈妈告诉我他在家里平日里也不闹人，许多朋友都很喜欢他；在家里整体表现也还不错，也不知为什么在学校会这样控制不住自己，在交流的过程中，我也开始深思起来：是呀，如果家长所反映的情况属实，今天看到的全然是他真实在家的表现的话，那他在家与在校的表现那么完全是两个样了。为什么会出现这样的情况呢？“是不是因为在家里和在校外的表现总是得到大家的赏识，而在学校老师要照顾到69个同学，不可能每次都关注他，而那些他手机里的朋友能让他觉得自己被重视呢？“有可能！”他的妈妈笑笑点了点头。于是，我把他请到我身边，询问他：“熊骏，今天我来你们家家访你高不高兴呀？”“高兴！”“下次让老师在学校也看到你在家里这样的表现，好不好呀？”他笑了笑，难为情地低下了头，“你在学校和在家能一样棒吧？”他考虑了一下，“能——”“那老师和同学可高兴啦！加油哦！”当然手机的事情也和他的父母进行了交流，他自己也觉得自己的行为是不好的，最后我决定替他暂时保管手机，让他用自己的行动来换回自己的手机。

走出熊骏的家，我再一次陷入了沉思：很多孩子据家长反映，在学校会比在家的表现好，因为学校对他有约束性，老师对他有管束性，所以他“怕”老师，很“听”老师的话；那是不是有些孩子却相反，在家一个人没有伙伴，在学校有那么多同学，那么多好玩的，所以会比家里表现得更大胆，做出许多让家长觉得在家根本不可能的事呢？或者是有些家庭素养不错的家长，比较重视民主、自由的教育方式，以尊重他为主要教育倾向，给孩子造成了家长就应该关注他，就应该先听他的，就应该把他的事情作为头等大事先来处理。看来，家庭教育需要民主，但民主的前提是要学会尊重他人，学会聆听他人的意见也是尊重他人的表现之一，它是打开成功大门的第一把钥匙。也许熊骏就属于是这种情况比较明显的案例吧！

在一般情况下，我首先会选择一些在学校的学习生活中出现问题比较多的孩子进行家访。其实在这个时候，孩子从心里是不欢迎你的，甚至有点害怕老师的到来。家长听到孩子犯错，也是很难堪的。在这种情况下，家长和孩子都不能敞开彼此的心扉，和老师交流，家访的效果就可想而知了。与其这样，不如换个角度，带着“赞美”去走进孩子的生活圈子，往往会有意想不到的收获呢！

美国心理学家查丝雷尔说：“称赞对鼓励人类灵魂而言，就像阳光对于树苗

一样，没有它就无法开花结果。”家访的目的是关心、爱护、转化、教育学生，而不是因教师管教不了才去向家长“告状”，因为这无异于给家长送去一根“棍子”，学生回家不免要受皮肉之苦。这样做不但解决不了任何问题，而且学生还会迁怒于教师，不忘这一“棍”之仇，给下一步的工作制造了障碍。所以，我家访的原则是：一定舍得给学生机会。我家访的对象主要是后进生、学困生。对于他们是“雪中送炭”给以“温暖”，多给差生家长“报喜”。家访更是一个纽带，它把老师、学生、家长联系在一起，形成了一个老师、学生、家长有机结合的三维共同体，在这里，老师、家长、学生都可以敞开心扉，畅所欲言，共同设计出一个有利于学生发展的教育环境。